第五届中华优秀出版物奖
全国优秀出版科研论文奖
获奖文集

中国新闻出版研究院 / 编

中国书籍出版社
China Book Press

图书在版编目（CIP）数据

第五届中华优秀出版物奖全国优秀出版科研论文奖获奖文集/中国新闻出版研究院编．—北京：中国书籍出版社，2015.1
ISBN 978-7-5068-4645-5

Ⅰ.①第… Ⅱ.①中… Ⅲ.①出版工作-中国-文集 Ⅳ.①G239.2-53

中国版本图书馆CIP数据核字（2014）第301195号

第五届中华优秀出版物奖全国优秀出版科研论文奖获奖文集
中国新闻出版研究院　编

责任编辑／杨铠瑞
责任印制／孙马飞　马　芝
封面设计／北京楠竹文化
出版发行／中国书籍出版社
　　　　　地　　址：北京市丰台区三路居路97号（邮编：100073）
　　　　　电　　话：（010）52257143（总编室）
　　　　　　　　　　（010）52257140（发行部）
　　　　　电子邮箱／chinabp@vip.sina.com
经　　销／全国新华书店
印　　刷／北京温林源印刷有限公司
开　　本／880毫米×1230毫米　1/32
印　　张／10
字　　数／263千字
版　　次／2015年7月第1版　2015年7月第1次印刷
书　　号／ISBN 978-7-5068-4645-5
定　　价／46.00元

版权所有　翻印必究

目 录
CONTENTS

出版社图书选题风险管理现状调查 …………………… 1
出版的革命 …………………………………………… 16
三联书店向学术文化出版重镇成功转型的思考 ……… 28
中国出版"公益不足"的制度障碍及市场机制效用研究 …… 39
论未来出版社的变革与发展 …………………………… 48
坚持"九三一"质量控制体系,全程全员全面提升图书出版
　质量 ………………………………………………… 63
信仰的力量历经时空变迁而不衰
　——以《忠诚与背叛》为例谈经典题材主题出版的价值
　　取向 ……………………………………………… 71
出版转型与阅读文化重建 ……………………………… 78
拓展二元书业时代的现实空间 ………………………… 89
信息权力结构的演变和大数据时代的"编辑智能论" …… 102
隐性知识显性化：编辑专业发展的有效路径 ………… 111
各遵其道,相依而存
　——试析图书编辑的三种能力及相互关系 ……… 120
从拼音读物的高差错率看汉语拼音亟待规范化 ……… 128
不官不商,有书香
　——范用的书籍设计 ……………………………… 136
实用科技图书选题策划的基本依据、价值分析及途径 …… 144

中国学术文摘：现状与展望
　　——以"三大文摘"为中心的实证研究 …………… 155
高影响力医学期刊参考文献引用错误分析 …………… 172
中国科学院科技期刊开放获取问题分析与发展探讨 … 185
基于信息技术的科技期刊虚拟出版集团的构建探索 … 195
国际学术期刊的数字化发展趋势 ……………………… 207
数字化出版对内容生产的逆向颠覆
　　——以网络文学为例 ………………………………… 224
数字出版"七问" ………………………………………… 231
数字出版：手机为王？
　　——手机出版的特征及其在中国的发展 …………… 242
大学出版社版权贸易管窥 ……………………………… 251
困境与出路
　　——广西农村出版物发行网点建设情况的调查 …… 258
全球化背景下的政府规制与文化产业发展 …………… 266
拯救，首先要准确地把脉
　　——再谈实体书店的生与死 ………………………… 277
国家出版基金项目遴选规律探析
　　——兼谈学术出版重大项目的策划 ………………… 286
试论出版人的文化自觉
　　——以张元济等编辑出版家为例 …………………… 298
数字时代"扫黄打非"的落点与内化 ………………… 306
后记 ……………………………………………………… 314

出版社图书选题风险管理现状调查

刘明辉　李智慧

摘要：以我国出版社为调查对象，针对图书选题策划、论证和实施三个阶段，对图书选题风险管理现状进行问卷调查。基于问卷调查的数据，分析这三个阶段图书选题主要风险的管理现状，揭示出版单位图书选题风险管理存在的主要问题，并进一步提出对策建议。

关键词：图书选题　风险管理　问卷调查

出版社是我国传统图书出版的主力军。但近些年来，在经济全球化、信息数字化等外力的冲击下，尽管采取了转企改制等应对措施，但仍然有不少出版社生存空间日益窘迫，发展状况和前景堪忧。对2005～2009年我国图书出版产业的产销存情况进行对比分析发现，图书生产品种扩张而印数下降，图书销售徘徊不前甚至是负增长，图书库存总量巨大且积压严重。[1]北京开卷信息技术有限公司四年来的报告分析都显示，在传统图书卖场中，月销量一册及以下的图书品种常年达到书店在架总品种数的50%以上。以2011年以来最少102万种（2011年6月）的在架品种和最低52.24%（2012年3月）的未动销率计算，当前至少有53万种图书基本属于无效供给。[2]而日益膨胀的图书供给和庞大的品种堆积，使得"书业正在走向另一个极端，即从'书荒'走向'书殇'……近一半的图书从开印之日就注定了其'化为纸浆'的悲惨命运，没有和读者见面就胎死腹中了。"[3]这无疑增加了出版资源的竞争成本,造成严重的出版内耗和浪费,使传统出版单位进一步陷入内忧外患的境况。

造成这一现状的原因是多方面的,但最主要、最根本的内因来自图书产品自身——即图书选题不当,造成图书产品无法形成有效供给。因此,亟须研究我国传统出版社选题风险管理的现状与问题,以找到症结所在和应对策略,降低图书选题失败率。

为了调查我国出版社选题风险管理现状,本研究将图书选题的实现过程分为策划、论证及实施三个阶段,并针对这三个阶段设计了46个问题,每个问题设置3个选项:"是""不是"和"不确定"。通过对问卷进行频数分析,可以反映我国传统出版社在图书选题策划、论证和实施过程中的风险管理现状及存在的主要问题。

一、问卷设置情况

由于我国出版社地域分布广泛,考虑到调查成本和效率,本问卷调查主要采用网络传送方式,同时辅之以电话调查方式复核。在正式调查之前,本研究先做了两次小规模的调查,各发出问卷20份,并根据调查反馈情况对问卷进行了修改。正式调查从2012年4月9日至2012年5月8日,历时1个月。总共发放问卷300份,回收206份。其中无效问卷20份,有效问卷186份,有效问卷回收率为62%。调查对象为各出版社工作人员,以其所在社的年出书码洋进行分类。为更准确掌握全国出版社的规模分布,本研究依据《中国出版年鉴(2010)》公布的各出版社年出书码洋进行归类、统计并分档,按照年出书码洋数据将全国出版社划分为五档,并最终按照各档出版社数量的相应份额发放问卷(实际发放问卷数进行了略微调整)。问卷发放及回收情况见表1。

表1 调查问卷发放及回收情况

出版社类型（以年出书码洋分档）	数量（家）	占比（%）	应发问卷数	实发问卷数	回收有效数	回收率（%）	有效占比（%）
5 000万元以下	219	39	120	100	44	44	23.65
5 000万~1亿元	141	25	75	75	56	75	30.10
1亿~2亿元	99	17	50	50	41	82	22.04
2亿~5亿元	79	14	40	50	27	54.	14.51
5亿元以上	28	5	15	25	18	72	9.67
合计	566	100	300	300	186	62	100

调查对象所处的工作岗位不同，对选题风险管理现状的理解会存在差异。本研究将调查对象划分为生产类、销售类、行政管理类、高级管理者及其他共五个岗位，调查对象数量及占比分别为86（46.2%）、50（26.9%）、20（10.8%）、29（15.6%）、1（0.5%）。

调查对象从事出版工作的年限会影响其对选题风险管理现状的理解程度。本研究中的调查对象被划分为从事出版工作5年及以下、6~10年、11~15年、16年及以上四档，调查对象数量及占比分别为31（16.7%）、66（35.5%）、55（29.6%）、34（18.3%）。

为了考察调查对象对选题风险的了解程度，问卷中设计了问题"是否做过选题策划工作"。其中做过选题策划工作的占66.7%，有124人，没有做过选题策划工作的占33.3%，有62人。这一比例基本合理。

二、选题策划风险管理现状调查分析

针对图书选题策划，本阶段问卷设计了14个问题（问题1~问题14）。

1. 选题策划问卷调查频数分析（见表2）

表2　图书选题策划问卷调查频数分析

序号	问题	变量类型	频数	占比（%）	有效占比（%）	累计占比（%）
1	选题具有明确的主攻方向	是	145	78.0	78.0	78.0
		否	12	6.5	6.5	84.4
		不确定	29	15.6	15.6	100.0
2	能够根据市场变化调整选题战略	是	66	35.5	35.5	35.5
		否	25	13.4	13.4	48.9
		不确定	95	51.1	51.1	100.0
3	实行策划编辑书号配额制	是	34	18.3	18.3	18.3
		否	97	52.2	52.2	70.4
		不确定	55	29.6	29.6	100.0
4	编辑人员深知图书发生导向问题（如政治问题、格调低下等）的严重危害	是	146	78.5	78.5	78.5
		否	3	1.6	1.6	80.1
		不确定	37	19.9	19.9	100.0
5	安排专人或某部门负责选题风险管理	是	4	2.2	2.2	2.2
		否	177	95.2	95.2	97.3
		不确定	5	2.7	2.7	100.0
6	对筛选策划编辑制定了严格的标准	是	16	8.6	8.6	8.6
		否	136	73.1	73.1	81.7
		不确定	34	18.3	18.3	100.0
7	策划编辑有明确的选题方向和范围的划分	是	68	36.6	36.6	36.6
		否	69	37.1	37.1	73.7
		不确定	49	26.3	26.3	100.0
8	主要以部门、小组或团队为单位进行选题策划	是	60	32.3	32.3	32.3
		否	109	58.6	58.6	90.9
		不确定	17	9.1	9.1	100.0
9	主要以个人为单位进行选题策划	是	123	66.1	66.1	66.1
		否	48	25.8	25.8	91.9
		不确定	15	8.1	8.1	100.0

续表

序号	问题	变量类型	频数	占比(%)	有效占比(%)	累计占比(%)
10	策划选题时,对目标读者和竞争产品都进行了深入调研	是	24	12.9	12.9	12.9
		否	60	32.3	32.3	45.2
		不确定	102	54.8	54.8	100.0
11	策划选题时,必须对图书需求量进行预测	是	141	75.8	75.8	75.8
		否	13	7.0	7.0	82.8
		不确定	32	17.2	17.2	100.0
12	策划选题时,做有可靠数据支持的盈亏预测	是	14	7.5	7.5	7.5
		否	131	70.4	70.4	78.0
		不确定	41	22.0	22.0	100.0
13	图书发生亏损时,追责到策划人或策划团队	是	89	47.8	47.8	47.8
		否	51	27.4	27.4	75.3
		不确定	46	24.7	24.7	100.0
14	明确规定图书发生导向问题要追责到个人	是	114	61.3	61.3	61.3
		否	21	11.3	11.3	72.6
		不确定	51	27.4	27.4	100.0

2. 选题策划主要风险管理现状分析

本研究将图书选题策划阶段的主要风险归纳为信息风险、创新风险和竞争风险,从频数分析的结果看,这三类风险的现状和问题为:

(1)信息风险。问题8~10反映图书选题策划中的信息风险管理现状。从调查结果来看,主要以个人策划为主的策划工作组织方式,使得策划信息不丰富、不全面甚至不完整;在进行具体的选题项目策划时,不能对目标读者和竞争产品进行深入调研(这两方面信息是选题策划最基础的信息),不能获取这两方面的准确信息，使得选题策划存在很大的信息风险。

（2）创新风险。问题6、7侧重考察创新风险管理现状。对于问题6，有73.1%的调查对象认为没有对策划编辑筛选制定严格的标准。对于问题7，调查对象的肯定和否定回答数量十分接近，反映出有近40%的出版社策划编辑的选题方向和范围是不明确的。同时，有73.1%的出版社对策划编辑筛选未制定严格的标准，有37.1%的出版社策划编辑的选题方向和范围不明确。这也是选题创新不足以及重复和跟风出版的重要原因。

（3）竞争风险。问题10~12考察竞争风险管理现状。对于问题12，"策划选题时，做有可靠数据支持的盈亏预测"，回答"是""否"和"不确定"的比率分别为7.5%、70.4%和22.0%，说明约70%的出版社要么未做盈亏预测，要么是所做盈亏预测缺乏可靠的数据支持。10~12这三个问题回答"是"的比率分别为12.9%、75.8%和7.5%，显然其中的需求量预测已经成为绝大多数出版社防范竞争风险的必修课，相比之下，深入的市场调研和有效的盈亏预测还相距甚远，无法有力地防范竞争风险。

此外，问题1~5既是图书选题策划的基本问题，也同时考察出版单位风险管理内部环境。对于问题1，78.0%的调查对象认为"选题具有明确的主攻方向"，不过仍有15.6%的调查对象认为"不确定"。问题5显示95.2%的调查对象没有安排专人或某部门负责选题风险管理。问题13、14用于考察选题策划人员准入及策划编辑的工作和管理方式。

三、选题论证风险管理现状调查分析

本问卷针对图书选题论证设计了15个问题（问题15~29）。

1. 选题论证问卷调查频数分析（见表3）

表3 图书选题论证问卷调查频数分析

序号	问题	变量类型	频数	占比(%)	有效占比(%)	累计占比(%)
15	选题论证时，提交完善的选题策划方案或类似报告	是	81	43.5	43.5	43.5
		否	31	16.7	16.7	60.2
		不确定	74	39.8	39.8	100.0
16	选题论证时，提交宣传推广方案或营销预案	是	6	3.2	3.2	3.2
		否	163	87.6	87.6	90.9
		不确定	17	9.1	9.1	100.0
17[4]	选题论证时，提供书稿内容简介、大纲、样章或至少三者之一正文	是	127	68.3	68.6	68.6
		否	46	24.7	24.9	93.5
		不确定	12	6.5	6.5	100.0
18	设立专门的选题论证委员会或类似组织	是	133	71.5	71.5	71.5
		否	46	24.7	24.7	96.2
		不确定	7	3.8	3.8	100.0
19	选题论证会的参加者能够充分表达见解	是	38	20.4	20.4	20.4
		否	80	43.0	43.0	63.4
		不确定	68	36.6	36.6	100.0
20	选题论证时有财务人员参与	是	26	14.0	14.0	14.0
		否	127	68.3	68.3	82.3
		不确定	33	17.7	17.7	100.0
21	涉及法律问题时，邀请法律顾问或法律专业人士参与选题论证	是	26	14.0	14.0	14.0
		否	98	52.7	52.7	66.7
		不确定	62	33.3	33.3	100.0
22	聘请社外专家参与专业性很强的选题论证	是	77	41.4	41.4	41.4
		否	44	23.7	23.7	65.1
		不确定	65	34.9	34.9	100.0
23	选题论证会的参加者常常以个人好恶来评价选题的优劣	是	90	48.4	48.4	48.4
		否	40	21.5	21.5	69.9
		不确定	56	30.1	30.1	100.0

续表

序号	问题	变量类型	频数	占比(%)	有效占比(%)	累计占比(%)
24	只要销量和利润有保证，选题通常就可以通过并立项	是	167	89.8	89.8	89.8
		否	14	7.5	7.5	97.3
		不确定	5	2.7	2.7	100.0
25	年度选题论证因时间紧、任务重，常常流于形式	是	132	71.0	71.0	71.0
		否	22	11.8	11.8	82.8
		不确定	32	17.2	17.2	100.0
26	对选题的取舍有明确的评判标准	是	35	18.8	18.8	18.8
		否	110	59.1	59.1	78.0
		不确定	41	22.0	22.0	100.0
27	主要由策划编辑自己决定选题的取舍	是	37	19.9	19.9	19.9
		否	129	69.4	69.4	89.2
		不确定	20	10.8	10.8	100.0
28	主要由社领导决定选题的取舍	是	96	51.6	51.6	51.6
		否	61	32.8	32.8	84.4
		不确定	29	15.6	15.6	100.0
29	即使选题决策失误，也无法追究决策者的责任	是	126	67.7	67.7	67.7
		否	32	17.2	17.2	84.9
		不确定	28	15.1	15.1	100.0

2. 选题论证主要风险管理现状分析

本研究将选题论证阶段的风险分为信息风险、程序风险和决策风险，各类风险的管理现状为：

（1）信息风险。问题15~17、19考察选题论证信息风险管理现状。问题15的否定和不确定回答的累计百分比为56.5%，一是说明部分出版社在选题论证时不提交选题策划方案，二是反映有近40%的策划方案不能确定是否提交以及是否完善。问题16的调查结果显示，87.6%的出版社在选题论证时不提交宣传推广方案或营销预案。问题19的否定和不确定回答的占比合计为79.6%，反映出多数选题论证会的参加者不能充分表达见解或不确定是否能够充分表达。以上调查结果揭示出，在策划者与论证者、论证者与论证者之间存在选题论证的信息风险。

（2）程序风险。问题18、23、25、29考察选题论证的程序风险管理现状。问题18有24.7%的否定回答，反映出不少出版社未成立专门的选题论证委员会。对于问题23，48.4%的调查对象认为选题论证会的参加者常常以个人好恶来评价选题的优劣。对于问题25，71.0%的调查对象认为年度选题论证因时间紧、任务重，常常流于形式。对于问题29，67.7%的调查对象认为即使选题决策失误，也无法追究决策者的责任。总之，选题论证的程序风险管理存在着较为突出的问题。

（3）决策风险。问题20~22、24、26~28考察选题论证的决策风险管理现状。在选题论证时，财务人员、法律人士及专家的参与可以有效降低决策风险，而问卷调查显示，这三类人士的参与比率分别只有14.0%、14.0%和41.40%。关于24题，89.8%的调查对象认为"只要销量和利润有保证，选题通常就可以通过并立项"，这反映出大部分出版社为了实现经济效益，在一定程度上有可能放松选题战略和选题规划，导致选题散乱。至于问题26~28，有59.1%的调查对象认为对选题的取舍没有明确的评判标准，有19.9%的调查对象认为"主要由策划编辑自己决定选题的取舍"，有51.6%的调查对象认为，"主要由社领导决定选题的取舍"。可见在选题决策时，集体决策和按照明确的标准进行决策还只占很小的比例。

四、选题实施风险管理现状调查分析

这部分问卷以选题实施阶段各项活动发生的时间为序，设计了17个问题（问题30~46）。

1. 选题实施问卷调查频数分析（见表4）

2. 选题实施主要风险管理现状分析

本研究将图书选题实施阶段的风险归纳为选题夭折风险、进度风险、质量风险、成本风险和印量风险。在图书选题实施阶段的17个问题中，问题30~34调查来稿前的作者遴选和组稿活动的风险管理现状，问题35~46调查来稿后的制作和复制等活动的风险管理现状。来稿前主要存在夭折风险和进度风险管理问题；来稿后不同程度地存在进度风险、质量风险、成本风险和印量风险管理问题。

(1) 夭折风险。问题30、34考察选题夭折风险管理现状。从问题30的调查结果看，有的选题在立项后因找不到合适的作者而取消的比例为81.2%；而问题34的调查结果显示，若策划编辑因离职或患病不能工作，其选题自然搁浅的比例为62.4%。因此，当前出版社对选题夭折风险管理仍有很大的空白。

(2) 进度风险。问题32、33、35、45考察进度风险管理现状。对于问题32，由于对编辑是否要跟进作者的写作进度、跟进的程度以及跟进效果的质疑，选择"不确定"的高达57.0%。对问题33作出否定回答的比例为93.5%，综合"年度新书选题实现率"的调查结果（有58.6%的出版社的年度新书选题实现率在30%~60%之间[5]）可知，选题实现率偏低的重要原因之一是对年度内的到稿计划缺乏监督管理。来稿时到编务部门办理登记手续比分散在各个编辑部门或者编辑手上更有利于统一调度和进度控制。问题35、45也从不同角度表明相当比例的出版社未达到完善的进度风险管理效果。

(3) 质量风险。问题36~39、44考察质量风险管理现状，具体包括内容、编校、设计和印制的质量风险，分别对应问题36、问题37和39、问题38、问题44。各问题的调查结果说明在图书质量风险控制中，也不同程度地存在程序简化或流程不规范现象。

表4　图书选题实施问卷调查频数分析

序号	问题	变量类型	频数	占比(%)	有效占比(%)	累计占比(%)
30	有些选题在立项后因找不到合适的作者而取消	是	151	81.2	81.2	81.2
		否	21	11.3	11.3	92.5
		不确定	14	7.5	7.5	100.0
31	在合同中明确说明作者的著作权责任	是	161	86.6	86.6	86.6
		否	6	3.2	3.2	89.8
		不确定	19	10.2	10.2	100.0
32	编辑要跟进作者的写作进度	是	67	36.0	36.0	36.0
		否	13	7.0	7.0	43.0
		不确定	106	57.0	57.0	100.0
33	对年度内的到稿计划有专门人员负责监督落实	是	9	4.8	4.8	4.8
		否	174	93.5	93.5	98.4
		不确定	3	1.6	1.6	100.0
34	若策划编辑因离职或患病不能工作，其选题自然搁浅	是	116	62.4	62.4	62.4
		否	35	18.8	18.8	81.2
		不确定	35	18.8	18.8	100.0
35	来稿时必须到编务部门办理登记手续	是	81	43.5	43.5	43.5
		否	89	47.8	47.8	91.4
		不确定	16	8.6	8.6	100.0
36	书稿能够达到选题策划方案设计的标准和要求	是	15	8.1	8.1	8.1
		否	59	31.7	31.7	39.8
		不确定	112	60.2	60.2	100.0
37	书稿差错率必须达到万分之一及以下时才能付印	是	85	45.7	45.7	45.7
		否	36	19.4	19.4	65.1
		不确定	65	34.9	34.9	100.0
38	封面由美编、责编、质检人员、社领导等共同把关	是	118	63.4	63.4	63.4
		否	40	21.5	21.5	84.9
		不确定	28	15.1	15.1	100.0

续表

序号	问题	变量类型	频数	占比（%）	有效占比（%）	累计占比（%）
39	社内有专职的书稿质检人员	是	140	75.3	75.3	75.3
		否	44	23.7	23.7	98.9
		不确定	2	1.1	1.1	100.0
40	大批量纸张采购采取招标方式	是	16	8.6	8.6	8.6
		否	58	31.2	31.2	39.8
		不确定	112	60.2	60.2	100.0
41	纸张采购成本基本合理	是	90	48.4	48.4	48.4
		否	2	1.1	1.1	49.5
		不确定	94	50.5	50.5	100.0
42	由编辑、营销、社领导等多方人员共同确定图书首印量	是	130	69.9	69.9	69.9
		否	37	19.9	19.9	89.8
		不确定	19	10.2	10.2	100.0
43	首印量的确定主要依靠经验数据	是	156	83.9	83.9	83.9
		否	16	8.6	8.6	92.5
		不确定	14	7.5	7.5	100.0
44	严格执行批量印制前的图书送样检查制度	是	20	10.8	10.8	10.8
		否	134	72.0	72.0	82.8
		不确定	32	17.2	17.2	100.0
45	图书能够在预定日期上市发行	是	151	81.2	81.2	81.2
		否	12	6.5	6.5	87.7
		不确定	23	12.4	12.4	100.0
46	图书实际销量与印量基本一致	是	154	82.8	82.8	82.8
		否	19	10.2	10.2	93.0
		不确定	13	7.0	7.0	100.0

（4）成本风险。问题40和41意在考察成本风险管理现状。结果显示，尽管认为"纸张采购成本基本合理"的调查对象占

比48.4%，但是关于大批量纸张采购是否采取招标方式，60.2%的调查对象"不确定"，而关于纸张采购成本是否基本合理，50.5%的调查对象"不确定"。可见，作为成本的主要构成，纸张采购和纸张成本不透明，甚至可能成为管理的黑箱，其风险管理目前也只能依靠个别部门来进行。

（5）印量风险。问题42、43和46意在考察印量风险管理现状。集体决策，即由编辑、营销、社领导等多方人员共同确定图书首印量比单独由社领导、策划编辑或营销人员个人决策更能集思广益、降低风险，而对问题42作出否定和不确定回答的占比合计约为30%。问题43的肯定答案占比83.9%，反映出图书首印量的确定以经验判断为主，缺乏科学的方法。而对问题46"图书实际销量与印量基本一致"作出"否"和"不确定"回答的比例分别为10.2%和7.0%，说明至少有10%的印量风险没有得到控制。

五、小　结

通过对调查问卷的分析，揭示出我国出版社图书选题风险管理主要存在以下问题：

第一，风险管理意识薄弱，组织体系尚待完善。比如没有将图书选题风险管理提上日程，没有安排专人或某个部门负责选题风险管理，没有成立选题论证委员会，部分出版单位甚至没有明确的主攻方向等。即便在日常管理中或多或少、有意无意地对图书选题进行了一些风险控制，但是按照风险管理要素来衡量，在内部环境（如风险管理理念、必要的机构设置、制度建设等）、控制活动、信息与沟通、监督等各方面都存在缺陷。

第二，图书选题策划、论证和实施的风险管理现状都不容乐观，存在着策划编辑没有严格的准入制度、选题方向和范围不明确、市场调研不深入、盈亏预测不切合实际、选题论证程序不完善、对决策人员监督缺位、书稿质量把关不严、书稿进度控制不力、图书印量把握不当等问题。

第三，图书选题的导向风险、法律风险、市场风险和操作风险管理存在漏洞。纵观图书选题策划、论证和实施三个阶段，风险主要表现为导向风险、法律风险、市场风险和操作风险。通过问卷调查得知，导向风险的严重危害仍被很多人漠视（问题4、14），法律风险尚未得到有效的控制（问题21、31），经常发生的市场风险没有做到全面管理（问题10~12、16），而日常的操作风险更是没有做到精细管理（问题32、33、35、37、38、40、42、44）。

综上，为了提高图书选题成功率，出版社需要明确选题方向和战略，增强全员风险管理意识，健全风险管理组织体系；在经营管理过程中，不妨研究借鉴其他行业（如金融业、保险业、航天业等）风险管理的先进理念和做法，提高图书选题风险管理的技术与方法；在图书选题开发过程中，狠抓重要部门和岗位以及关键开发环节的风险管理；在具体的图书选题策划、论证和实施过程中，踏踏实实做好每一项工作，让每一粒选题种子都开出灿烂的花朵并结出丰硕的果实。

参考文献

[1] 李智慧. 基于2005~2009年图书生产、销售、库存数据的比较分析 [J]. 编辑之友，2011（10）；取得2010年的数据后，作者对2005~2010年的产销存情况重新作了对比分析，结论一致。

[2] 开卷公司2012年3月图书卖场动销活力分析 [EB/OL]. 开卷网，http://www.openbook.com.cn/Information/2310/2106_0.html，2012-05-24.

[3] 周蔚华. 从"书荒"到"书殇" [J]. 编辑之友，2008（6）.

[4] 全部有效问卷中,有一份漏答此题,因此频数合计为185,百分比合计为99.5%。

[5] 本问卷调查分为"基本信息"和"图书选题风险管理现状调查"两部分,其中第一部分的第三个问题是"贵社年度新书选题实现率为( )",并设立了四个选项,分别是:30%以下、30%~60%、60%~90%、90%以上。

(作者单位:大连出版社;东北财经大学出版社)

出版的革命

耿相新

摘要: 数字技术引发一系列革命。首先是读者的革命;读者需求的根本性变化直接导致了书籍内容的创造者——作者的革命;在读者与作者的双层变革下,书籍自身也在悄然革命;数字技术正在改变人类的社会活动和文化活动,也正在改变包括出版在内的商业活动。这一系列革命已经触及出版的本质。未来出版业,真正的核心竞争力不是技术,而是人,是编辑的远见与识见以及编辑的内容组织能力。

关键词: 数字技术 出版 本质

如火如荼的数字技术正在引发一系列革命,作者的革命、读者的革命、书籍的革命、出版的革命,只不过是数字技术点燃的一堆堆篝火,但这一堆堆篝火已让传统出版人感受到了切肤之痛,一堆堆迷茫正在冉冉上升。如何顺应一系列的出版革命、如何改变传统的内容组织方式以适应新型读者的新需求,传统出版人如何转身为数字出版人,这已经是当下出版人不得不面对的问题。本文拟就由技术革命而引发的出版革命,谈一点管见。

一

移动互联网、云计算、大数据等新一代数字技术正在诱发数字出版加速度发展。移动互联使得手机、平板电脑迅速普及于大众，据艾媒咨询最新发布的《2012年中国手机应用市场年度报告》(《通信信息报》2013年6月14日发布）称2012年中国智能手机网民规模已达到4.5亿人，2013年这个数字还在增长中[①]。

这个庞大的人群，也同样是内容提供商潜在的读者群。移动互联为云计算创造了条件，云计算催生了大数据库的诞生。云计算是通过网络将庞大的计算处理程序分拆成无数个较小的子程序，再由多部服务器所组成的庞大系统搜索、计算分析之后将处理结果回传给用户，具有以下特征：按需自助服务；随时随地用任何网络设备访问；多人共享资源库；快速重新部署内容资源；提供可被监控和量测的服务，这一技术极大地拓展了内容提供商的外延。大数据，是指一般的软件工具难以捕捉、管理和分析的大容量数据，是一种海量、高增长率和多样化的信息资产，它的意义在于通过对海量数据的交换、整合和分析，发现新的知识，创造新的价值，这一技术为内容提供商提供了新的思维路径与商业模式。作为内容提供商之一的出版商，以上三种技术的共同作用，不仅引发了上游——作者的革命，下游——读者的革命，而且还引发了产品形态——书籍呈现方式以及出版自身组织——商业模式的一系列革命。

首先是读者的革命。我之所以敢用"革命"一词，是因为读者的各项需求与变化均带有根本性的改变。一是读者对内容的需求具有更强的个性化，其选择性需求具有更强的针对性。新型读者不再对出版商所提供的一厚本一厚本的整部书感兴趣，他或她们更愿意为一部书中的一章或者一节付费，读者已经不再心甘情愿因仅需书中的20页而必须购买另外的200页，于是，书籍的碎片化、杂志化——犹如一本杂志可按篇付费下载一般，

---

① 艾媒咨询集团.2012年中国手机应用市场年度报告[N]，通信信息报，2013-06-14.

或许更能满足读者的心理预期。这种个性化需求，在数字技术的支持下，已经不再是一种奢望。二是读者阅读的方式呈现更强的碎片化。他或她们更喜欢利用碎片化时间，随时随地地阅读主题精炼、篇幅短小、信息集中、知识丰富、思想简明的书籍或者其他经过筛选加工过的出版物，这种需求，将迫使出版商认真思考，以什么样的书籍呈现方式才能满足新型读者的碎片化阅读。书籍呈现方式的多样化，将逐步成为数字阅读时代的一大出版趋势。三是读者的阅读体验更加关注于感受分享的即时性。由互联网联结起来的打破地域空间限制的一个个兴趣小组，将成为或者已经成为大众阅读的主力，这些经过无数细分的兴趣小组，尽管阅读指向千差万别，但他或她们有一点兴趣却是共同的，那就是每一位读者都希望第一时间与其他读者分享自己的阅读快感，即时的网络交流提升了书籍的内在价值和体验价值。满足书籍体验价值将成为出版商的新课题。四是读者与作者之间的关系已呈互动化。新型读者已不喜欢被动阅读，他或她们更希望通过网络直接建立与作者的某种联系，直接向作者提出问题或者提出某种建议，读者企图进入作品内部，企图成为作品的一部分，或修正或创造，或者试图影响作者的创作思路和文本构架，读者角色反串的企图将为书籍烙上读者的印记，这一互动关系将有助于提高书稿的内容质量，同时也有助于书籍的更广泛传播。五是读者消费书籍的方式呈即时性。与以往购书必须到实体书店所不同，现在可以通过网络书店即时下单，但更大的趋势是读者可通过移动互联网随时随地付费下载或阅读自己感兴趣的书籍或者书籍的部分章节，这种改变将直接改变出版商的传统营销方式与传播渠道，更多的基于数字化网络化的服务平台将加入到书籍销售的队列中。六是专业研究型读者，其研究资料更倾向于具有全面性、稀缺性、唯一性的大型数据库，其研究工具将更依赖于精准搜索引擎，其研究方法将更关注于研究内容的关联性与可比性，其学术视野将更具集成式的整合性，其学术成果将追求原创与独创。对于研究型专业读者，无论其研究领域有何不同，但需求最新最全面的信息是共同的，这一需求在数字化时代被进一步放大，如何组织最新内容已成为检验一个出版商成功与否的标准之一。

二

由读者需求的根本性变化，直接导致了书籍内容的创造者——作者的革命。换句话说，在移动互联时代，作者为了满足新型读者的新需求，也不得不改变自己的创作方式与创作内容。首先是作者群体的泛化。无数的各种类型互联网平台的搭建，为不同文化层次的人群提供了发表言论或文本的广阔空间，数以百万计的平台为数以千万甚至亿计的人们提供了发表文字的机会，这一井喷式、爆炸式的文字作者队伍以及由他们书写下来的海量文字正在改变"出版"以及"出版物"两个概念定义，但无论文本篇幅的长短我们均无法否认他们的文字作者的身份，我们所能限定的也许只是是否符合书籍范畴而已。这一泛化的作者群体，在催生海量书籍的同时，毫无疑问也将导致书籍品质的普遍下降，但并不排除偶发的精品问世。其次是作者创作内容的碎片化。由信息、知识和思想所构成的书籍文本，在碎片化阅读需求的总趋势下，文本的篇幅正在单元化，小说的篇幅越来越长，由多个主题构成的书籍文本正在分拆成不同的独立阅读单元以适应读者的碎片化时间，或者适应读者的小单元需求。书籍文本的碎片化正在解构传统的书籍形态，宏大叙事将越来越让位于主题细化，信息型、知识型书籍将大行其道，而思想的表达将越来越集中于专题之中。其三是作者队伍呈两端分化。一方面是服务于大众阅读的作者呈几何增长，另一方面是学术研究型作者更趋专业化，去精英化与精英化、大众化与去大众化两向发展。与大众阅读文本的碎片化不同，学术专著还呈现研究领域比过去更专更细、文本篇幅比过去更多更长的趋势，专业作者突破了手工作业与纸载体的限制，数字载体为集大成式的研究成果提供了技术可能，动辄百万甚至数百万字的学术成果已不再叹为观止，甚至个人创建特色鲜明、主题明确的专业数据库也已不再稀见。其四是作者的写作方式呈即兴式的网络化状态。在线写作的人群日益壮大，尤其是虚构类作品的创作，作者的即时写作逐步演为常态，甚至主流，至少从字数上可以这么认定，随写随发式的网络在线创作已大大超过专业作家，至于质量当不能恭维。这类创作方式有类过去的报刊连载，其所不同的是作者与读者间的互动性大大增强，而作品的数量更可能是一日越千年，而文本的完整性、系统性甚至逻辑性更有可能随着作者的心态变化而不断打折呈现，甚至夭折。其五，作者的著作权权力呈放大趋势。目前，硬件制造商（如汉王科技、苹果）、电信运营商（如中国移动"手机阅读"、电信"天翼阅读"、联通"沃阅读"）、内容提供商（如盛大文学、中文在线、3G门户）、电商（如当当网"电子书频道+都看阅读器"、亚马逊Kindle）、门户网站（QQ阅读、新浪读书频道）等等，纷纷上线阅读平台，作者资源争夺已呈白热化状态，传统的作者著作权授权给一家出版社的专有出版权被打破，数字作品的著作权不再具有排他性，作者可以将著作权同时授予不同的数字出版商，其作品可以在不同的阅读平台上传播，作者的著作权使用范围与权限被无形中放大。争夺优质内容资源，无疑让作者处于强势地位。其六，作者角色正在朝着出版人角色转向。互联网尤其是移动互联网上各种原创阅读平台的线上运营，已经让网络线上作家抛开传统的纸质图书出版社而直接在阅读平台发表作品，但作者们很快就沮丧地发现实质上阅读平台也只不过是传统出版社的变脸而已，说到底网络阅读平台就是数字出版商。不过，互联网无疑给作者自助出版创造了可能性与可操作性，作者可以自创网页发表自己的作品，自己去编校文本而只将传播权授权给网络运营商，从而使自己获得包括传统出版商利益在内的更多收益。作者试图成为独立出版人的企图将会随着自出版的兴起而在未来呈越来越强的趋势。也许，作者的革命对传统出版商而言是最致命的。

三

在读者与作者的双层变革下，书籍自身也在悄然革命。书籍是将不同的文字，将不同的信息、知识、思想通过不同的复制手段，复制于不同的载体以不同的传播渠道进行传播的出版物。文字载体的变化随着技术的进步而不断变化，众所周知，载体经历过石头、金属、甲骨、木牍、缣帛、竹简、纸等等，目前已进入纸与数字化屏幕并用的时代。每一次载体形式与复制技术的变化毫无疑问都影响到内容的呈现方式与传播方式的巨大变化。纵观历史，由技术而引起的书籍的内涵与外延一直在不断的扩大中，尤其是在当下，由纸向屏幕的转变，已经给书籍自身带来了具有划时代意义的革命。

书籍的疆界在扩大。第一，由纸转向屏幕，文字与图像的结合，变得更像书籍的常态。近二十年来，纸质图书进入读图时代；近十年来，图像更是广泛进入电子图书领域。图像突破纸幅的限制，它在读屏时代，更容易进入文字中间去以图证文或以文证图，但却并不增加过多的相应成本。图像广泛进入书籍内部，拓宽了书籍的表现能力，拓展了书籍的表达能力，提高了书籍的视觉冲击力和艺术感染力，同时它也提高了读者的理解能力和记忆能力。在读屏时代，文字找到图像这个同盟军后，图文并茂的书籍变得生动活泼起来。数字图像的崛起，反之也几乎同时推动了纸质图文书籍的进一步兴盛。第二，由纸转向屏幕，文字与音频的结合，也在数字技术的帮助下开始兴起。文字书籍与声音的结合无疑拓展了书籍的功能，阅读与听读书籍得以同步实现。MPR出版物（Multimedia Print Reader）是最典型的新型书籍。MPR出版物就是以MPR码将音（视）频等数字媒体文件与印刷图文关联，借助于播放器，使读者能够在阅读的同时，同步聆听和观看数字媒体文件。MPR技术架起了纸媒与数媒之间的桥梁，在纸质媒体上借助播放器（点读笔）也可以听到声音，智能手机也将很快拥有点读功能，届时，有声读物将会成为书籍的新宠。第三，由纸转向屏幕，文字、图像、音频、视频四者的结合，将成为数字书籍的最新形态。MPR出版物已经能将四者同时呈现给读者，但这种听读书籍还要借助于播放器和电脑或电视屏幕，不久，智能手机将会完全实现读、听、观的完美结合。目前，在智能手机的屏幕上，我们已经能够在数字书籍中在阅读文字的同时，一边浏览图片，一边听着文字解说，如果对某一文字或图片感兴趣，我们还可以点开文字或图片背后所隐藏的视频，四种功能同时呈现，这类出版物将是未来的出版方向。

总体而言，未来书籍的呈现方式一定是多元的，尤其是音、视频的加入，书籍的功能大大拓展，它将充分弥补文字时而出现的苍白无力，尤其是手工艺流程方面的书籍，如果加入言传身教，书籍的文化传承功能将会完美无缺。

四

数字技术正在改变人类的社会活动和文化活动，也正在改变包括出版在内的商业活动。传统出版的概念是通过批量复制内容实现信息传播的一种社会活动，而现代出版的概念则演化为：对以图书、报刊、音像、电子、网络等媒体承载的内容进行编辑、复制、发行或网络传播的一种社会活动。数字技术正在颠覆出版的以上概念，至少可以说它正在颠覆传统的出版商业模式。

首先，媒体的边界正在模糊。书籍正在杂志化，书籍的内容编排不再一定存在有机的逻辑联系，同一书名的书籍也可以像连续性出版物一样按月出版；杂志正在书籍化，杂志的内容越来越多地分类编排成书，杂志的主题集中越来越像是书籍出版的预演，杂志的厚度甚至越来越超过书；报纸正在网络化，报纸内容越来越像是经过记者加工过的博客集群，有时还越来越像微博的拉长，深度报道和消息报道的版面越来越网站面孔化；门户网站正在报纸化，新闻类门户网站几乎已看不出来与纸质报纸有什么不同，唯一的不同可能是网站的新闻比报纸还快；门户网站正在向书籍看齐，读书频道或者原创阅读平台越来越像是一家正规出版社的出版物卖场展示；书籍正在声音化、视频化，书籍越来越渴望具有全媒体的功能。以上等等，均在展示不同媒体正在朝着融合的方向发展。

其次，不同媒体的内容组织形式正在趋向网络化。网络博大的开放性以及即时性、互动性，越来越成为不同媒体的内容来源与信息来源，同时它还成为不同媒体的另一种载体。网络平台正在装载传统的各种媒体，在智能手机屏幕上我们可以阅读书籍、报纸、杂志，也可以听音乐、玩游戏、看电影，硬件设备提供商通过建立内容平台正在指挥各种内容提供商归顺到其麾下，电信运营商通过建立阅读基地并以其垄断性的权威迫使内容提供商含笑送上优质资源，网络发行商也以其庞大的商户群体为支撑通过电子书平台与阅读器进入内容提供商的传统领地，而原创网络平台正在通过建立阅读平台与自出版平台转化成内容提供商与数字出版商，数字图书馆提供商则以一种多媒体制作的分布式信息系统网购正式出版的各类出版物再转售于客户，只有传统的纸媒内容提供商还没有真正的大的举动从而沦为为各方平台提供内容支持的配角。与提供内容角色相反，纸媒媒体的内容来源也越来越依赖于网络运营商，从网站上下载信息、知识以及思想，再编辑加工成书籍、报纸、杂志内容进行再出版，这已经是传统媒体从业者心照不宣的共识。网络的威力彻底易容了内容提供商的面貌，尤其是关乎其核心竞争力的——内容组织方式。

再次是内容的呈现方式与复制手段，在移动互联与大数据时代，已经发生天翻地覆的革命性变化。纸媒正在顽强地抵抗数媒屏幕的进攻，线上阅读、电子书以及数据库毫无悬念地争夺着海量的人群，它们以新界面新体验的内容呈现方式，以压缩技术压缩海量内容转换成小体积的数字载体，以低到几乎可以忽略不计的复制成本传播给读者，以部分免费或超低价格售卖给读者。无疑，纸媒靠大工业生产的规模复制的商业模式，在数媒新的商业模式的进攻下，其失败的命运已是注定的。即使是数字印刷可以单本复制和小批量复制，并且在价格上低于或趋平于传统复制，但这一技术仅仅是延缓纸媒的退出时间而已。不过，在新的复制技术面前，我们也不必过于悲观，纸书与数字书籍并行的时间可能相当漫长，纸书不再，书却依然在，只不过是另一种载体而已。

第四是出版物的传播方式正在发生革命。最具革命性的传播方式是在网上直接付费下载电子文档或电子书，以及直接在线上付费阅读，制作手持终端阅读器并附加内容资源也已经成为书籍内容传播的一种流行方式。除以上三种形式外，还有两种较为传统但又区别于纸质出版物传播形式的是光盘与数据库，光盘可以在实体店面与网上书店购买，而数据库大多采用建立镜像站点按年收费，供高校、研究机构等团体客户局域传播，但也有一些数据库提供商是采用会员制传播形式的。以上五种传播方式不仅可以提供海量的内容资源，同时这些传播方式还革新了出版商的营销模式，线上营销、智能手机营销、目录营销，甚至采用数据库营销等等，新的营销模式均已风生水起。

最后是出版商业模式正在发生革命性的变革。新的商业模式包括两个层面：一个层面是传统的内容提供商，其多年积累的和新开发的内容资源借助新技术与新的传播方式从而实现多次售卖，可将同一内容出版成纸介质，同时可转化成线上阅读、光盘、数据库等多种形式实现多次售卖；另一个层面是数字出版商，其成功的商业模式在国外的有以谷歌为代表的数字图书馆模式，有以苹果和亚马逊为代表的"内容平台+终端设备"模式，有以爱思唯尔和斯普林格为代表的专业数据库模式；在国内有以超星、中文在线、方正为代表的数字图书馆模式，有以汉王、津科、易博士为代表的电子阅读器模式，有以同方知网、万方、龙源为代表的数据库模式，有以盛大网络原创文学、中国移动和中国电信的移动阅读平台模式。同时，这些数字出版商还提供部分的少量的内容资源转成纸质出版，以获取传统的纸质出版利益，这种数字加纸质的综合商业模式目前在国内还比较流行。

出版商业模式的转变，预示了出版革命的真正到来。作为传统的纸质出版商，我们必须正视这一现实，只有以数字化的思维方式才能理解整体出版产业的变迁，只有如此才能真正顺应不可倒退的历史。

五

由技术而引发的一系列革命，已经屡屡触及出版概念的本质。出版到底还是不是作者与读者之间的中介？书籍的呈现方式是载体的变化还是书籍的终结？书籍复制成本的剧降是否意味着出版流程将要重组？出版内容传播方式的改变是否意味着出版商以及出版商业模式需要重新定义？这一系列的问号都关乎一个根本问题——出版商的核心竞争力究竟在哪里？

也许我们还不能给每个问题找到一个人人满意的答案，但我们现阶段可以对每个问题给出部分或让部分人满意的答案。内容复制技术的进步与内容传播方式的改变，一定意味着出版流程与出版商业模式已经到了不得不重构的历史阶段，书籍内容呈现方式的改变意味着书籍外延的扩大，而出版还仍然是作者与读者之间一座桥梁，所变化的只是出版人与出版平台的变化而已。无论是纸媒出版商还是数媒出版商，真正的核心竞争力最终不是技术而是人,是编辑的远见与识见以及编辑的内容组织能力。尤其是在读屏时代与数字出版商风起云涌的时代,内容资源的组织能力已经成为出版商成败的重要标志。

如何组织内容资源,我认为有以下几种方式值得认真思考:一是建立原创网络平台对接原创作者。不同的内容提供商要依据自己的原有编辑优势和熟知的细分内容领域,创建细分专业网站,为作者提供创作平台,提供与读者、编辑之间的交流、互动平台,以专业化的水准吸引优质内容资源。如果是大型传媒集团,还可以建立多个细分网站构成网站集群,创建综合性的原创作品门户网站,集中管理。二是在网上创建开放式的投稿平台。不同的内容提供商根据自己的出版方向,设定若干细分专业领域或大众阅读需求领域,在全国甚至整个华文人群中,吸引全球作者自由投稿,然后再对这些稿件进行编辑甄别。三是在网上创建开放式的约稿平台。由编辑自己提出不同的主题,直接策划选题方案,提出具体的内容体例要求与撰写方案,采取同题作文式的约稿方式,邀请不同的作者参与投稿。四是在网上建立自助出版系统和作品授权系统,对已完成的作品或已出版的作品,意欲出版或重新出版的建立一个授权平台,对接编辑与作者。五是挖掘现有的独特的内容资源,建设不同的专业数据库。各行业都保存有数量惊人的档案资源,可选择有研究价值和应用价值的行业档案,建立分门别类的专业档案数据库或特色资源数据库。六是主动开发具有商业价值的不同行业的产业资源数据库,将即时产生的内容资源即时装入动态的专业数据库,实现内容资源与数据库出版双同步。

未来出版的竞争,内容资源的争夺将成为主战场。转变内容组织方式,目的是将优质内容资源集中并传播给不同的受众,因此,作为出版商,还要建立一个庞大的海量的内容资源数据库或者内容资产管理中心,通过建立书稿数据库或内容档案数据库实现后台管理的数字化。与此同时,还要建立具有自我知识产权的阅读平台、传播平台、销售平台以对接读者的需求。作为纸媒出版商,接下来我们还可以通过内容资源数据库进一步挖掘商业价值:一是实现与三大运营商阅读平台的对接,检验内容资源价值并实现商业价值;二是实现与按需印刷生产线的对接,以规模化的小批量实现长尾产品的商业价值;三是实现与传统纸质出版的对接,从中发现畅销书并降低传统的出版风险。也许,以上的三个对接是我们传统纸质出版商的新希望所在。

总之,我们已经身处纸媒与数媒之间,我们只有以数媒思维引跑纸媒,以纸媒思维领悟数媒,行动起来、思想起来、实践起来,舍此,便是空谈误业。

(作者单位:中原大地传媒股份有限公司)

三联书店向学术文化出版重镇
成功转型的思考

樊希安

今年是生活·读书·新知三联书店创建八十周年，在党和国家领导人的关心和广大作者、读者的支持下，成功地举办了系列店庆活动，"7·26"人民大会堂召开的庆祝大会，更是将店庆活动推向了高潮，产生了广泛的社会影响。三联书店这一我国出版业的著名品牌，将会受到更多人的关注，它所走过的八十年道路，将会有更多人研究和探讨，它未来的发展走向，将会在总结历史经验的基础上按时代的要求进行确定。纵观八十年成长发展史，三联书店的命运和国家命运、人民命运、民族命运紧密相连，三联的进步与时代进步、社会进步、人民进步同步。因此，三联不单是三联人的三联，更是知识界、文化界和社会各界及广大作者、读者的三联，人们关注它、研究它、呵护它成长进步，是真诚而又自然的。

对此，作为三联人，既感到欣慰、自豪，同时也深感肩上沉甸甸的压力。研究三联的发展史，总结它的经验，以期有更大的进步，是我们应尽的责任。

在回顾三联书店八十年历史的时候，对它的前半程和后半程有两个清晰的定位，一个是红色出版中心，一个是学术文化出版重镇，两者之间如何链接，又如何成功转型的，是人们普遍关注的一个话题。本文就这一话题展开研究，谈一点个人的思索。

一、转型的必然性、条件以及为转型成功付出的努力

众所周知,上世纪三四十年代三联书店的前身生活书店、新知书店、读书出版社先后有邹韬奋、胡愈之、黄洛峰、李公朴、徐伯昕、钱俊瑞、徐雪寒、华应申、艾思奇等进步人士大量出版马克思主义经典读物,传播先进的思想理论,成为国统区进步出版事业的堡垒,对于青年人追求进步、走向革命产生了极大的影响。从事进步事业,有三联前辈们自身的选择和追求,也有中国共产党的支持和指导。如生活书店是在党推动下成立的,创始人之一胡愈之是老党员,邹韬奋病逝前留下遗言:"如其合格,请追认入党",去世后获得党中央批准。读书出版社创始人艾思奇1935年入党,黄洛峰1927年入党,新知书店的钱俊瑞、徐雪寒、薛暮桥等都是中共党员。三家书店均建有党组织,1937年三家书店完全置于党的领导之下,从事革命出版活动。1987年中央有文件规定,凡1949年10月1日前在三联工作的员工,承认其革命经历,享受离休待遇。在党的指导下,三联前辈们所从事的出版工作以"力谋改造社会"(邹韬奋语)为目的,明确提出改造社会的方法就是进行社会主义革命。那时许多出版物都是围绕中国革命这一主题组织出版的,这类书有马列主义经典著作,有研究和介绍马克思主义思想和理论的著作,有介绍马克思主义经典作家生平事迹的著作,有宣传马克思主义思想、理论、方法的普及读物,以及作为"红色经典"的中外名著,如郭大力、王亚楠翻译的全译本《资本论》,艾思奇《大众哲学》,张仲实译、普列汉诺夫著《社会科学的基本问题》,斯诺著《西行漫记》,鲁迅译、(苏)法捷耶夫著《毁灭》等。据统计,三家书店共出版图书2000余种,刊物50余种,在全国开设百余家分店,对于马克思主义在中国的传播,对于民众特别是青年知识分子的影响和启迪,起到了至关重要和无可替代的作用。1949年7月,中共中央发布了《中共中央关于三

联书店今后工作方针的指示》，其中明确指出，三联书店"过去在国民党统治区及香港起过巨大的革命出版主要负责者的作用"，对三联人曾经为革命和进步出版事业作出的贡献给予了高度评价。

有着红色印记与红色基调，被誉为"红色出版中心"的三联书店为什么会"转型"？这是由社会变革和新中国出版布局形成与调整诸多因素造成的。1948年10月26日按照党的指示，生活书店、读书出版社、新知书店在香港合并成立生活·读书·新知三联书店，随后大批骨干回内地发展，1949年三联书店总管理处迁至北京，1951年，三联书店事业发展至顶峰，分店恢复和开办至全国各地，出版物品种、数量、影响力，居全国各出版单位前列，事业兴旺发达蓬勃发展。正当此时，三联书店的"转型"和"被转型"被悄然提上了议事日程。首先，这是由社会根本变革造成的。国民党蒋家王朝被推翻，人民当家做主的新中国成立，这使三联书店从事出版工作的目的发生了根本变化，虽然"力谋改造社会"的目标没变，但过去是"砸碎一个旧世界"，现在是"建设一个新中国"，从过去的"破坏者"到今天的"建设者"，三联书店的出版方向和出版思路必然发生变化，它要投身到社会主义建设中来，参与到社会主义新文化建设中来，必然更多地关注学术发展、文化建设，而从过去以"红色"为主流转变为以"文化"为主流，随时代潮流而动，与时俱进，这是必然的，也是"必须的"。其次，这是新中国出版布局调整形成的。1950年10月，经中共中央批准，出版署于当年9月15日至25日组织召开的全国出版会议决定，新华书店改为国营的书刊发行机构，不再兼营出版，而以原属新华书店总店的出版部门为基础，分别成立人民出版社、教育出版社、美术出版社等。地方各级新华书店也做相应调整，成立各地人民出版社等出版机构。规定中央和各省人民出版社，统一出版马克思列宁主义经典著作和政治读物。这样，过去以出版政治性读物为主的三联书店面临调整。1951年三联书店被合并到人民出版社，作为其副牌存在，实际上，到此时三联书店出版政治类读物的使命已经完成或曰终结。再次，为三联书店自身的经营特点所决定。三联书店及其前身生活、读书、新知三家书店，经营上都采用股份制，虽然归党所领导，但在经营方式上呈私营性质，这为新中国成立后日益强化的公有制所不容。新中国成立前夕，中共中央亦曾决策继续发展以三联书店为代表的公私合营出版事业，在关于三联书店今后工作方针的指示中说：三联书店"是公私合营的进步书店，将来亦应仍旧保持此种性质"，但随着私有制社会主义改造的加速，三联书店最终以"被合并"的方式完成了所有制和经营模式的改变。

三联书店面临转型是必然的，但转型的路径有多条，何以选择学术文化出版呢？这又是由三联书店自身条件等因素决定的。

首先，三联书店自有其学术文化出版的根基。上世纪三四十年代，生活书店、读书出版社、新知书店在出版大量具有革命性、战斗性红色出版物的同时，也先后出版了许多学术研究著作。这些学术著作是三联前辈"力谋改造社会"的一个侧面，体现了他们对于民族前途、社会进步方面的深刻思考和使命感。这些著作不是为学术而学术，为研究而研究，而是从中求索真理、启迪民智，许多著作在今天仍然有开启山林、泽被后世的意义。如探求人生问题、研究社会问题的有傅雷译《人生五大问题》、吕叔湘译《文明与野蛮》、薛暮桥著《中国革命问题》、张申府著《民主与宪政》、费孝通著《民主？宪政？人权》、沈志远《近代经济学说史大纲》，以马克思主义的史学观念研究历史、为中国革命道路提供理论论证的著作有吕振羽《简明中国通史》、吴晗《历史的镜子》、范文澜主编《中国通史简编》、杜守素、侯外庐等《中国思想通史》第一卷等。这里有原创著作，也有大量的引进西方人文社科与科学著作。新近由三联书店出版的《三联经典文库》（第一辑100种），其中一大部分是学术著作。这些学术著作不仅为以后三联学术出版奠定了基础，而且形成三联学术著作出版的鲜明特点，这就是密切结合社会实际，通过学术研究回答现实问题，学术书富含思想性。"学术的思想，思想的学术"，三联书店的学术著作出版蕴含有这样一种特色。

其次，五十年代的学术出版使三联学术著作出版的传统得到较好接续。1954年初在胡乔木同志的关怀下，由中宣部上报中共中央并经批转的《关于改进人民出版社工作状况的报告》里提出，"应在人民出版社内部设立三联书店编辑部……三联书店应当更多出版著作书籍，以便使党员和非党员作者的各种虽然尚有某些缺点，但有一定用处的作品都能印出来。……翻译书籍中除马克思列宁主义的著作外，各种古典学术著作也应陆续有译著出版。三联书店可以较多出版社会科学其他古典著作的译本。"根据这一指示，不仅失去独立建制的三联有了自己名义的编辑室，而且"马上做了一件事"，就是由陈原亲自领导出版"汉译世界学术名著"。当时做的计划是要翻译出版一亿两千万字的世界学术名著，并且在1954至1957年间已经出版了如黑格尔《小逻辑》、凯恩斯《就业、利息和货币通论》等名著。虽然这个庞大的系列出版计划后来被1958年恢复业务的商务印书馆和中华书局转走，但是三联人又一次经历了学术著作出版的历练，三联书店获得植入学术基因的又一次重要机会。

第三，改革开放新时期为三联学术著作出版提供了新的机遇。应运而生的《读书》杂志成为思想界、知识界改革开放的一面旗帜，"读书无禁区"喊出了知识分子的心声，赢得了广大知识分子的极大信任，在那个年代里团结一大批知识分子，使之成为今后三联书店的作者和忠实朋友，三联书店从此和广大知识分子"同气相求"，建立了血肉相连的密切联系。1986年1月三联书店从人民出版社分离出来独立建制，这是一次机遇，也是一次选择。三联书店既不能沿袭过去"红色出版"的老路，又要遵守专业分工，同人民出版社"保持距离"，故而选择了学术文化出版道路，被定位"以出版人文科学和社会科学书刊为主的综合出版社"。从此，三联书店的发展道路尘埃落定。学术文化基因植入渊源有自也好，先天的禀赋传承也好，时代造化的机遇也好，总之，三联书店在我国出版领域最终选择了一条适合自己发展的道路。

机遇是为有准备的人准备的，这句话，同样适合三联书店。三联书店从选择学术文化出版道路，到真正成为人们公认的学术文化出版重镇，为此付出了艰辛而又不懈的努力。

许多三联同仁为三联书店的成功转型付出了心血。在这里，我们必须提到范用、沈昌文、董秀玉的名字，他们对三联的成功转型多有建树。范用和陈翰伯、陈原、倪子明创办《读书》杂志，组织出版了《傅雷家书》《随想录》等三联转型的标志性产品，凝聚和团结了大批优秀的作者和忠诚的读者群体。"谈笑有鸿儒，往来无白丁"，范用为三联书店凝聚了广泛的作者人脉，也积淀了浓郁的人文气质。沈昌文抓住改革开放初期的极好机遇期，把陈原等人当年批量引进西方人文著作的愿望变为现实，大量翻译出版西方学术文化著作《宽容》《情爱论》《第三次浪潮》等，一时间洛阳纸贵，使三联书店有了面向世界面向未来的面孔，使转型更富有现代意义。董秀玉借助在香港三联工作的历练，具有了更加丰富的经验，进一步向学术文化出版的深度和广度进军，组织出版了《钱锺书集》《陈寅恪集》等重头产品，而《我们仨》的出版和常销不衰，则让人品味到三联的图书更洋溢着一种人文关怀。新锐、一流的质量标准，思想智慧、人文精神的出版理念，昭示着转型的成功。据我观察分析，三联书店向学术文化出版重镇的成功转型完成于上世纪末，而在本世纪又不断得到丰富和完善，应该说，这是几代三联人前赴后继共同努力的结果。

二、变与不变：在坚持中守望和发展

转型意味着变化，转型成功意味着变革成功。转型前后对比，三联书店发生了明显的变化。首先是出书方向方面的变化。三联书店不再以出版介绍马克思主义原理和阐释马克思主义原理的著作为己任，而是以社会主义意识形态的思想建设和文化建设为追求，将出版学术文化著作作为出版方向，革命性、战斗性弱化，思想性、研究性突显。其次是出版结构方面的变化。有人做过统计，上世纪三四十年代，全国出版《资本论》《列宁传》等纯粹红色出版物400余种，而三联书店及其前身出版机构出版的就占一半左右，其余一半为解放区的新华书店所出版。而转型之后，三联书店的出版物大量的是学术类著作及其普及读物，政治和时政类读物大幅度减少，现今三联书店每年也会安排一些具有三联特点的政治类图书出版，如《早年毛泽东》《毛泽东的读书生活》《万水朝东》等，但比重较小。再次是读者对象方面的变化。三联书店过去面向广大要求进步的青年宣传革命真理，向大众宣传抗战和社会进步，现在更多的是面向知识界、学术界、文化界，面向严格意义上的知识分子和文化大众，按范用先生所言，即是"文化人出给文化人看的书"。与此同时，所依赖的作者也悄然发生变化，结识了一批学界大家和新生代，整合和扩大了自己的作者资源。

进入21世纪之后，为了适应市场和读者变化的新形势，继续葆有三联书店我国学术文化出版重镇的地位，三联书店大胆创新求变，不断调整自己的发展思路。近年来更是加快改革发展步伐，多有变革创新之举。比如调整选题结构，在坚持原有学术、思想版块的同时，组织出版大众读物，提升社会效益和经济效益；比如提出品牌、人才、企业文化战略和"做强做开"的基本思路，发展品牌，依托品牌发展，力求扩大出版能力和扩大社会影响，不盲目追求数量和规模的扩张；比如做强发行渠道，通过和各省新华书店建成战略合作联盟，或者尝试建设自有渠道，将书刊顺畅地送到读者手中。近年来我店针对三联读者、作者较多"上网"的特点，注重网上销售，既扩大了业绩，又增加了社会影响。比如加大内部体制机制改革，实行分社制和双效业绩目标考核等，调动编辑人员的积极性。我们还将2012年定为"创新发展年"，通过一系列创新来谋求更大的发展，等等。

然而，为转型求变也好，为发展求变也好，都是以"不变"为前提的。千变万变，决定三联书店基本属性的东西不能变。作为众多读者心中的"学术文化出版重镇"和广大知识分子心目中的"精神家园"，三联书店必须坚守自己的根本，因为有坚守才有个性，有个性才有未来。

一是坚持与时代同行的革新精神不能变。站在时代前沿，与时代同行，这是三联书店最本质的东西。"激流勇进"，在回望三联八十年的时候，我们用这四个字概括三联的历史。"弄潮儿向涛头立，手把红旗旗不湿"，宋代诗人潘阆《酒泉子》中的这一名句是三联书店自身形象的真实写照。一些读者形容三联书店是穿"青年装"的，有理想、有朝气，领时代潮流，开风气之先，其中一以贯之的是三联的变革精神，它永远站在时代的潮头，从民主革命时期的宣传真理、鼓吹革命，到社会主义革命时期的倾情投身文化建设，到改革开放新时期的"读书无禁区"的一声呼喊，再到今天的积极投身变革，在变革社会中也变革自己，在谋求社会进步中也实现自身的进步，而这一切，均与三联创始人"力谋改造社会"的初衷有关，源于三联人对社会进步、时代发展、人民幸福的责任感，这是最可宝贵的力量源泉和最能打动人心的现实表现。

二是坚持以文化为本位的定位不能变。有八十年历史的三联书店，在新的市场条件下，重新发力重新崛起。拓展渠道，扩大品牌影响力，以及成立集团公司，是目前阶段的重点与未来的目标。然而，这一切依然只是手段。三联有自己的文化坚守，所有努力都是为着我们的理想：传承文化精神，探索真理与新知。这是由三联书店创立之初即明了的"事业性"所决定的。韬奋先生说得很清楚，首先我们要坚持事业性，事业性是根本，我们是为文化而生的，离开文化传承，我们的根本就没有了。这同样是为我们学术文化出版的定位所决定的。号称"学术文化出版重镇"而不重视文化含量，不努力于文化传承，不着力于文化贡献是不可想象的。近些年为了生存和发展，三联书店非常重视"商业性"，重视经营和市场拓展，而且取得了不错的经营业绩，销售收入达到近2亿元，年实现利润3300万元，是2008年的近4倍，但这些同样是手段，是为自己的"事业性"也即文化发展和传承服务的。三联书店任何时候任何情况下都不会把追逐赢利作为自己的根本目的。

三是坚持"竭诚为读者服务"的办店宗旨不能变。韬奋先生创办生活书店时，就将服务精神作为"生活精神"的重要内涵。竭诚为读者服务与中国共产党"全心全意为人民服务"的宗旨有本质上的一致性，又具有出版行业的特点。它从根本上解决了出版"为了谁"的问题，成了一代又一代三联人遵循的座右铭。今天竭诚为读者服务，仍要继承老三联时时处处为读者着想的传统，为读者排忧解难，提供热情周到细致入微的服务，但首先是要出版适合读者需要深受读者欢迎的优美精神食粮，在当今出版物市场泥沙俱下的状况下，强调这一点尤为必要。出版行业的着力点、兴奋点必须放在多出好书好刊，力推精品力作上面。这是最本质、最贴心、最能体现"服务精神"的服务，三联书店必须带头坚持。

四是坚持"一流、新锐"的质量标准不能变。多年来三联书店形成了自己的产品质量标准，这就是"一流、新锐"。所谓"一流"，即无论出版学术读物、文化读物和大众读物，都要求居国内一流和领先地位；所谓"新锐"，就是具有创新性、开拓性，具有探索意义，不人云亦云、拾人牙慧。这是三联书店对作者的要求，也是对自身出版物的要求。三联书店坚持自己的质量标准，从不以"合作"名义放弃质量把关，从不让经济利益左右对书稿内容质量的评估。符合三联图书的质量标准，不赢利或暂时不赢利也精心出版，达不到三联图书质量标准，给多少资助、包销多少册也不予接纳。这一点从领导层到编辑形成了高度共识。为此三联书店多年走"少而精"的精品路线，近年来调整战略布局，为提高竞争力逐步在扩大规模，但是质量仍被视为三联的生命线。今年以来，我们总结以往学术著作的出版经验，整合、提高各部门已有质量标准，形成《生活·读书·新知三联书店学术著作出版规范》，从6月1日开始在全店试行。"炮制虽繁必不敢省人工，品味虽贵必不敢减物力。"三联同仁牢记"同仁堂"的古训，无论发展到多大规模，都要坚持"一流、新锐"的质量标准。

五是坚持"人文精神、思想智慧"的出版理念不能变。探索真理、启迪民智、传播新知是三联书店"红色出版中心"时期的出版理念，"人文精神、思想智慧"则是今天三联的出版理念，它传承了三联的原有理念，又具有当今"学术文化出版重镇"的特点。倡导人文精神，提升思想智慧，清楚地勾划出了三联书店服务于社会的着力点，也决定了三联图书有较高的文化品位。坚持出版富含思想性的学术著作，富含人文精神的文化读物，即使面向大众的读物，也传播新的生活理念和健康的生活方式，倡导人与社会、人与自然、人与人的和谐，宣赞美好的心灵，体现人文关怀。近几年《目送》《巨流河》《新论语》等图书的畅销，可以看出三联人沿着这一出版理念做出的努力。

六是保持"不官不商，有书香"和"清新、庄重、认真、求实"的格调不能变。杨绛先生和季羡林先生先后这样评价三联书店的风格，这既是对三联人的勉励，也是三联人的一种追求。这种风格和格调是三联和广大知识分子共同营造的，只有

"不官不商，有书香"，才能和知识分子相亲相近；只有保持"清新、庄重、认真、求实"，才能受到知识分子的欢迎；也只有坚守这种风格和格调，才能更好地成为党团结广大知识分子的"统战部"，发挥其作为党联系知识分子纽带的作用。近年来三联书店致力于打造"三联文化场"，建立读者俱乐部，开通书香巷，成功改制韬奋书店，创建全国出版社第一个面向社会开放的公共图书馆，都旨在营造浓厚的书香氛围，使三联的特色更加鲜明，同时为建设书香社会做出更多努力。

八十年过去了，三联书店从红色出版中心到学术出版重镇，经历了一次次成功的跨越，又站在了新的历史起点上。在今天坚守文化使命，传承文化精神，继续探索真理与新知，需要更加坚忍，更加有定力，但三联人决心不负广大作者、读者的期冀，在坚持与时代同行中去开创更加辉煌的未来。

（作者单位：中国出版集团公司）

中国出版"公益不足"的制度障碍及市场机制效用研究[①]

张大伟 黄强

摘要：本论文运用制度分析理论和比较研究方法，力图分析造成中国出版"公益不足"的体制机制原因，研究认为：市场和政府资源配置作用的界限不明和公益使命的外在性，造成中国公益出版内在动力不足。从制度分析理论来看，市场发挥资源配置作用的核心在于价格机制，市场要通过价格的杠杆作用，对公益出版资源发挥配置作用；使命外在性与监督成本过高存在内在联系，信息的透明可以有效降低监督成本。

关键词：媒介管理 公益出版 制度分析 市场机制

出版业公益性改革的核心是建立公益出版单位管理体制，解决出版单位的"公益不足"问题。因为组织目标不同，公益出版单位管理体制不可能完全等同于企业管理体制；因为要提高组织效率，公益出版单位管理体制也不应等同于原有的事业管理体制。因此，如何界定政府和市场在公益出版资源配置中的角色和权力边界，是公益性改革的核心命题。对此，国内的研究形成了完全不同的三种观点：公益性出版单位由政府投资，

[①] 本文为国家社科基金项目"中国公益性出版单位的制度模式、机制设计及评价因素"（C104115）和上海市教委重点创新项目"中国公益性出版单位的制度设计与效率评估研究"（11ZS12）的阶段性研究成果。

"国家财政应该供养公益出版"[1]；"出版的基本属性与管理方式不能混为一谈，要通过市场取得经济效益"[2]；公益性出版单位改制的目标模式应该为非营利组织模式[3]。在笔者看来，破解中国出版"公益不足"的难题，不仅需要深刻透析造成中国公益出版"公益不足"的体制原因，也需要相关公益组织管理理论的智力支持。仅从主观经验进行公益出版制度设计，而对公益组织管理理论视而不见，将陷入"头痛医头脚痛医脚"的误区。

一、中国公益出版"公益不足"的制度困境

1. 从内部机制来看，公益使命的外在性造成公益出版内在动力不足

中国出版的公益性改革是由政府主导的，优点在于改革力度大，缺点在于对各出版单位内在的复杂性缺乏具体分析；管理规模和管理框架的宏观改革，不能同步促进内部管理理念、组织文化的根本性转化。改革都存在组织内部目标认同问题，对公益性出版单位来说，需要把政府主管部门的改革目标内化为组织自身的发展目标，其中首要的是公益出版单位的领导要认可并积极实践公益使命，这是改革的难点所在。在调研中我们发现，与被动地进行企业化改制不同，出版单位对公益性改革表现出了巨大的热情，反差意味深长。让人担忧的是，公益性出版仍然被出版单位认为是"稳定的、收入有保障、国家要加大支持的领域"，这种认识和期待是改革目标没有内在化的体现。公益使命外在性的直接结果是：公益性出版单位很重视与政府之间保持密切的关系，以此获得政策和资金扶持，而对出版物和服务质量却重视不足，因此导致公益出版单位的"公益不足"。

比较中外公益出版单位的管理体制不难发现，中国公益出版单位与上级主管部门之间的关系更为复杂。首先，国外的公

益出版组织从民间自发产生，在发展到一定阶段之后，政府才进行相关的规范化管理（包括信息透明度法案），二者关系相对比较疏远，表现在：政府依靠相关基金进行宏观调控，公益出版组织的独立性较强，除了争取各种基金外，还要依靠良好的社会声誉争取社会捐赠。中国公益性出版单位是从事业单位改制而来，与政府的关系是多维度的，既有管理的层级关系，也有财税、人事的勾连，是典型的政府主导型公益出版管理模式，其与国外公益出版组织管理模式（所谓非营利组织）之间具有很大的差异。其次，中国公益出版单位在保证"民众的基本文化权益"以外，还必须完成党的意识形态宣传任务。无论是意识形态宣传还是"民众的基本文化权益"，都是"外在使命"，也是公益出版单位呼吁政府给予其更多支持的重要理由。从相关文件精神来看，"增加投入"是对公益性出版单位的一种许诺，出版社争取成为公益出版单位，目标也是获得政府支持，主要是资金支持。问题在于：制度设计必须有效规避公益出版单位"公益不足"的现状。

2. 从外部体制来看，政府和市场角色不明造成公益出版资源配置不合理

政府和市场的角色在企业的资源配置中是很容易确定的，但在公益出版资源的配置中，如果仅由市场来进行资源配置，很可能因追求利润而导致"公益不足"；如果仅由政府进行资源配置，将可能因为缺乏竞争以及代理人的渎职造成组织低效，同样产生"公益不足"。合理有效的公益性出版单位制度设计，应该解决原有事业单位效率低下的问题，也要有效规避纯粹为了利润而对公益的漠视，在资源配置中既注意公益目标的实现，又引入竞争机制是必须考虑的。

一是考虑在制度设计上是否需要对公益出版单位进行政策性保护。目前，公益出版资源主要包括政府拨款、项目支持、政府采购以及政府补贴等。其中，项目支持和政府采购已经形

成了公益性出版单位与出版企业相互竞争的格局。相比出版企业，目前确立的公益出版单位的效率较低、规模较小，因此提高公益出版政策保护的呼声一直很高。问题是政策保护后的公益出版单位是否会提高效率，是否能完成"公益使命"的内化。如果不能提高效率和实现使命内化，或者正是因为政策保护而无法实现效率提升和使命内化，那么，这种结果与改革的初衷是背道而驰的。

二是是否需要市场发挥资源配置的作用。公益性出版的主要服务对象是弱势群体（比如残疾人）、低文化层次、低收入人群（比如农民等），使用本民族语言的少数群体（比如少数民族）等。这些群体对出版品有自己独特的要求，对价格十分敏感。而另一方面，生产符合其品位的出版物成本相对较高，有些出版物对编辑也有特殊的要求（如盲文、少数民族语言等）。针对这些群体的出版物要质优价廉，要有更多的人喜欢阅读。因此，公益出版单位的市场化手段不能等同于出版企业的市场化，公益出版单位的市场化一方面体现在政府对公益出版单位的监管上，政府应该把更多的资金给予那些能够提供多（数量）且好（质量）公益出版物、受众满意度高的出版单位；另一方面，公益出版单位也需要运用市场化的手段进行内部管理，这包括严格的成本核算、公平的内部人才激励机制、健全的发行网络等。下面我们对"公益不足"的现状进行理论分析。

二、对"公益不足"的理论分析

1. 在理论上，公益性出版改革的重点在于界定政府与市场的边界

政府和市场的边界一直是公益性出版单位管理模式的核心，公益出版单位的最优所有权安排更是一个复杂的理论和政策问题，同时也具有争议性。全世界存在不同的社会模式，对于公益产品的提供同样形成了各种具有代表性的制度安排，例如美

国模式、德国模式以及北欧模式等。不同模式的存在也许正是缺乏共识的具体体现。参考国际经济学界有关公共服务部门所有权安排的最新研究成果，并不存在完全依靠公有制或私有制之一种就可解决公共服务部门所有问题的方案，"公益不足"的解决需要公有制和私有制共存并各取其长，最终实现一定的效率目标和社会目标。

关于此问题，王永钦和许海波（2007）认为，公益产品具有的公共品、经验品的特征以及公共合约的不完备性和利益相关者的多重复杂性共同决定了在公益产品的提供上，单纯的私有化并不能促进有效的竞争。相反，多种所有制并存才能促进实质性的竞争。如果消费者具有异质性，多种所有制并存允许消费者"用脚投票"，从而可以满足不同的消费者偏好，提高配置效率，这时多元资本和生产力结构占优。如果消费者是同质的，多种所有制并存可以互为基准从而促进竞争，降低道德风险并提高生产效率。无论消费者是异质性的还是同质性的，两种效应均表明在公益产品的提供方面，多种所有制并存要优于单一的所有制。[4]与竞争性私人品领域中私人企业越多越能促进竞争的情况不同，对于公益产品的提供而言，政府、企业和非营利组织等多种所有权形式的并存才能促进实质性的竞争。

市场在公益出版资源配置中发挥作用，要求多元资本的进入。在发展路径的选择上，"政治性公益出版单位"和"公益性公益出版单位"的分类管理是中国公益出版单位发展的第一步，下一步应该是公益出版的多元有序发展，打破只有公益出版单位才从事公益出版的思维定势。公益性应该是一种目标和效果，而不仅仅只是某种机构的产物。在条件成熟的情况下，应该鼓励多元资本进入公益性出版领域，规范进入路径及出版行为，只有在竞争的境况下做公益，公益才可能最大程度地满足大众基本的文化生活需求。

2. 理论上，使命外在性与监督成本过高存在必然联系

公益使命外在性一方面可能造成内在动力的不足；另一方面，很可能造成政府部门监管成本过高。长期以来，事业单位是国有产权，在管理模式上形成了委托—代理关系。所有权与决策权和经营权是分离的，对决策权和经营权的合理监督就成了产权结构中必须重视的一环，这也导致了监督成本过高的结果。

监督成本过高的原因在于代理人（单位负责人）在事前就了解和掌握一些上级主管部门（出资人、产权所有人）无法获知的信息，客观上造成了单位负责人和上级主管部门之间的信息不对称，信息不对称极易造成道德风险，即单位负责人在经营活动中最大限度地增进其自身效用时做出与上级主管部门意志不同甚至相反的行为，其主要是由以下原因造成的：

（1）作为"经济人"，单位负责人和上级主管部门意志的差异是客观存在的。

（2）由于道德风险和逆向选择的存在，单位负责人可能通过职务怠慢、超标准在职消费等行为损害和侵蚀主管部门和民众的利益。

（3）组织所处环境的多变性，使上级主管部门既难以判断单位负责人的工作努力与否，也难以判断其主观故意和客观能力。

为解决单位负责人的道德风险问题，一方面主管部门必须设计一套有效的制衡机制规范和约束代理人的行为，降低委托风险和代理成本，确保主管部门和被服务者的利益。对于公益性出版单位的监督问题，主要可以从内部监督和外部监督两个方面着手。内部监督主要是改革董事会，赋予其监督职责；外部监督主要是要求非营利组织加强信息管理工作。美国最高法院的大法官路易斯·布兰代斯（Louis Brandies）于1913年指出："公开是解决社会和经济问题的良药。正像人们常说的那

样，阳光是最佳的防腐剂。"公益性出版单位作为事业单位，应该定期公开发布反映工作效果（如服务对象满意度）、财务、经营业绩的信息，要提高公益出版单位的透明度要求。可参考透明度方案（简称 DADS 法）进行相关设计。它包括四个环节：信息披露、信息分析、信息公布和违规惩罚措施（E. 赫茨琳杰，1996）。[5]要保证信息披露及时且高质量，并且为公众容易理解。

另一方面，选择合适的公益性出版单位负责人至关重要。公益性出版单位的负责人应该有较强的业务素质，对公益事业有深刻的认识，并且乐于做公益，乐于了解自己独特的受众，对受众需要有切身的体会，这样才有可能较快地完成公益出版单位内部公益目标的内化难题。

市场的合理配置作用来自于信息的透明。公益性出版单位使命内在化的核心在于领导使命的内在化。公益性出版单位要使其组织行为符合单位的公益使命，一是要根据实际情况建立具有较强监督功能的董事会，负责对出版项目实施的监控；二是要善于提拔那些具有公益热情、政治素质过硬、业务素质够强的人承担组织的行政主管；三是要加强信息管理工作，要保证信息披露及时且高质量，并且为公众容易理解。通过信息透明，不仅公开公益性出版单位的资金使用情况，也公开项目取得的效果和受惠群体，以便媒体和公众监督。通过有效的监督，一方面让公益性出版单位的组织行为尽量不偏离其目标使命，另一方面使组织不断提高其公益服务能力和服务效率。

三、价格机制：市场发挥资源配置作用的必然选择

政府补贴只能是公益出版收益来源的补充形式。一方面，公益出版受众对于公益性出版物的价格水平非常敏感，提高价格会对来自市场的公益出版受众需求产生较大的负面影响，而公益出版受众数量的减少意味着无法获取公益性出版所蕴含的

巨大的正的外部性，社会福利会出现净损失。另一方面，如果在维持较低价格水平的同时继续提供公益性出版服务，又会使得公益性出版单位负重前行，发展缓慢且动力不足，公益性出版的稳定性和充足性均难以确保，这种社会选择也不是最优的。为了获取公益性出版的外部性所带来的正反馈，建立政府等第三方补偿机制对于促进公益性出版单位发展具有重要意义。政府对于公益性出版单位的支持与公益性出版单位的经营收入共同构成公益性出版单位的收益来源，但是二者之间可以是互补的关系，也可能出现替代的关系。在一些情况下，政府补贴反而可能产生低效率的问题。

价格是公益资源配置中十分有效的市场手段。市场主要通过价格的杠杆作用，来对公益出版资源发挥配置作用。可以按照国外公益出版社通行的做法：公益性出版物的价格仅为商业性出版物的 1/3 到 1/4（甚至远远低于成本价）发行，目的就是让更多的人群能够买得起、读得到公益性出版物，对于因定价偏低造成的出版社损失，可以经考核之后由出版基金和政策相关款项进行补偿，发行越多，补偿越多。降低价格的办法可以让市场在公益性出版基金的分配中重新发挥作用，那些提供优质的公益出版物的出版单位可以获得更多的政府补贴，这在一定程度上可以调动公益性出版单位的工作积极性。

四、结 论

综合以上的分析，笔者认为，造成公益出版单位"公益不足"的制度障碍：从体制来看是政府和市场在公益出版资源配置中的角色不明；从机制来看是政府"强加的"公益出版使命难以成为企业自身的目标追求。要有效解决公益性出版单位的"公益不足"现状，应该充分发挥市场对公益性出版资源的配置作用。市场发挥公益出版资源配置的作用主要体现在三个方面：市场的合理配置作用来自于信息的透明；市场在公益出版资源配置中发挥作用，要求多元资本的进入；市场主要通过价格的杠杆作用来对公益出版资源发挥配置作用。

参考文献

［1］汪晓军. 转来转去的念头［J］. 出版广角，2005（2）：18-19.

［2］宋木文. 出版社转制问题的观察与思考［J］. 出版科学，2005（4）：4-8.

［3］尹章池. 论公益性出版单位的外部治理结构设计［J］. 中国出版，2010（8）：34-36.

［4］王永钦，许海波. 社会异质性、公私互动与公共品提供的最优所有权安排［J］. 世界经济，2010（4）：85-101.

［5］赫茨琳杰. 非营利组织管理［M］. 陈江，王岚译. 中国人民大学出版社，2000：31.

（作者单位：复旦大学新闻学院；中国教育出版传媒股份有限公司）

论未来出版社的变革与发展

李 强

摘要: 出版业面临着环境的剧变。出版社这种产业组织结构也将适应环境而变革。在数字出版时代,新的产业生态圈形成,出版社将定位于基于版权内容的创意产业,成为创意中心和产业链集成者。未来的出版社因小而美,大部分出版社将变小,只有具备独特价值的出版社才会在竞争中立于不败之地。

关键词: 出版　版权　创意产业　产业链　组织结构

出版业正处在白垩纪的前夜。在这个产业的星球上,各种各样的恐龙四处游荡,它们是这个星球的统治者,无论天空、海洋还是陆地,都是它们的领地,它们却对即将到来的灾难毫无察觉,或者感到无能为力。当白垩纪到来,小行星和环境剧变带来了毁灭,恐龙灭绝了。但剧变同时提供了创造新物种的环境和条件。出版业的未来应该像是这种自然的进化,所谓的庞然大物终将灭绝,有着超强的适应能力,并且进化的物种,得以存活并繁衍生息。我把今天的出版社比喻为白垩纪前夜那些形形色色的恐龙,不是哗众取宠,也非耸人听闻。出版业正面临着环境的剧变,出版社这种产业组织结构也必将变革。

出版业所面临的环境剧变,一是数字化。以互联网为核心的数字化浪潮已经在深刻影响传统出版的走向。数字化阅读习惯、不断创新的数字出版形态及商业模式创新,推动着数字出版产业的快速发展。二是产业融合。从技术融合到产品和业务融合，再到市场融合，数字化让不同产业或同一产业不同行业在技术与制度创新的基础上相互渗透、相互交叉，逐步形成新型产业形态。传媒出版业及相关产业的融合非常迅猛，曾经的新闻出版、电影电视、游戏、信息服务等不相干的业态，现在都归于互联网之下，互联网和终端的结合，涵盖了以上所有业态，而这种产业又与信息产业有着无法分解的关系。基于数字化以文化传播为核心的各种产业的融合成为一种现实。

在这样的产业变革背景下，出版社这种产业组织结构将呈现两种趋势的变革发展：一种趋势是产业集中，出版业的超级航母将出现，将以出版产业为核心横跨多种产业，打造一条相对完整的文化传播产业链，从而主导出版业的变革——他们是新的产业生态中的极少数，是食物链顶端的猎食者，譬如狮子和象群，当然也有着天然的缺陷；一种趋势是产业分拆和行业细分，大多数出版社将适应出版业的变革，而变得越来越小，越来越专业——它们构成了新的产业生态中的大多数，它们将展现自然生物的多样性和神奇魅力。

本文着重探讨产业进化中的"多数派"：大多数出版社将如何变小？究竟会发生什么样的改变？无论变大还是变小，在数字化时代，出版社将成为创意中心和产业链集成者，只有具备独特价值的出版社才会在未来的竞争中立于不败之地。

一、智库化：未来的出版社将定位于基于版权内容的创意产业，新的产业生态圈将形成

1. 基于版权内容的创意产业

数字化和产业融合的趋势，使得版权内容的多样化呈现成为可能，也成为必须，因为它必须适用于不同的产品形态、不同的呈现介质、不同的阅读终端和多样化的读者需求。因此，基于版权内容的创意成为产业的关键和核心。

学术界和产业界对于"创意产业"并没有严格的定义，创意产业又被称为创意工业、创意经济、版权产业等。创意产业的概念最早出现在1998年出台的《英国创意产业路径文件》中，该文件明确提出，"所谓创意产业，就是指那些从个人的创造力、技能和天分中获取发展动力的企业，以及那些通过对知识产权的开发可创造潜在财富和就业机会的活动。"（约翰·霍金斯）。[1]事实上，美国的创意产业就是基于版权概念，形成了生产和分销知识产权的庞大产业。

企业版权资产，即企业著作权资产，通常可以理解为企业所拥有或控制的，能够持续发挥作用并且预期能带来经济利益的著作权的财产权益和与著作权有关权利的财产权益。据中央文资办调查统计，目前全国共有国有文化企业9000多家，其中90%以上的发展依赖于版权管理运营，版权的产生就是文化企业的生产原创过程，版权的流转就是文化企业的运营开发过程，版权的收益则构成了文化企业的主要现金流。"薄资产、厚效益"已经成为文化创意产业的显著特征。[2]这时候，版权的价值属性和财富属性就得到充分彰显，版权资产成为出版社的核心资产，对版权资产的管理和运营能力也正在成为决定一个企业核心竞争力的关键。

对版权资产的管理和运营能力，可以理解为"文化创意"能力。而"文化创意"的结果就是产品的多形态呈现。以互联网为核心的数字化浪潮已经在深刻影响传统出版的走向。从用户、阅读终端到数字平台再到内容版权、作者资源等整个产业链都为数字出版的发展提供了必要的前提。而数字化阅读习惯和不断创新的数字出版形态及商业模式，推动着数字出版产业的加速发展，并呈现出一种数字出版与传统纸质出版彼此补充、相互融合的态势，这为出版社的转型发展提供了契机。这种多样化呈现包括：纸质图书，也就是传统出版的范畴；多媒体，应用多媒体技术为读者提供视听的阅读方式，比如点读笔、有声故事等；数字应用，基于平板电脑和智能手机的互动式体验式阅读；图书馆数据，适合数字图书馆要求的数字化呈现方式；电影电视，版权的影视化开发；游戏，版权内容拓展的网络游戏或小游戏开发，有很多幼儿、少儿类数字图书直接就采用了游戏的方式进行呈现；等等。

　　出版社将决定一个版权内容适合开发哪些产品，应该如何开发。同时，在开发和营销过程中，产品的附加值也会获得突破和创新：比如哪些产品适合植入广告？哪些产品需要推送？哪些可以免费？哪些可以绑定？或者以上的形态、设想兼而有之。随着数字技术的发展，每个人都将拥有相应的社会图谱，因为人们在不同的网站留下脚印。企业可以利用各种聚合数据，建立起目标客户数据库，在此基础上展开营销。这对提供广告支持的媒体来说，无疑是一种现实威胁，因为这远比广告商在报纸网站上投放大量的资金要来的更真实有效。但这对出版商来说却是福音——只要它们掌握相应的技能，尽快创建用户信息库，并熟练使用社交工具就可以。[3]因此出版业的变革并不仅在于图书生产环节，而且在销售、售后服务等各个环节都会发生。

　　那时候，这个产业链中不仅需要图书编辑、设计排版、印刷和发行等，它可能还需要数据转化员、插图人员、动漫制作团队、游戏开发团队、软件开发者、程序员、数字渠道营销者，甚或广告人员、代言人，如果涉及影视制作的话，编剧、导演、演员以及庞大的剧组人员……这些可能已经远远超出传统出版社的想象，但真的会发生。

　　2. 新的产业生态圈

　　出版社传统的组织架构和业务功能根本无法满足这种新诞生的产业链。极少数庞大的出版传媒集团或许会通过资本运营，并购相关产业的公司，在集团框架内涵盖大部分产业，拥有相对完整的产业链，从而实现内部的协作和资源整合。但对整个产业而言，这种变革所带来的发展趋势是不断的产业分拆和市场细分。出版社的组织架构面临解体,很多部门会被剥离。更多的专业的小公司诞生,承担起某一类型的工作。

这时,一个新的产业生态圈将形成(图1)。

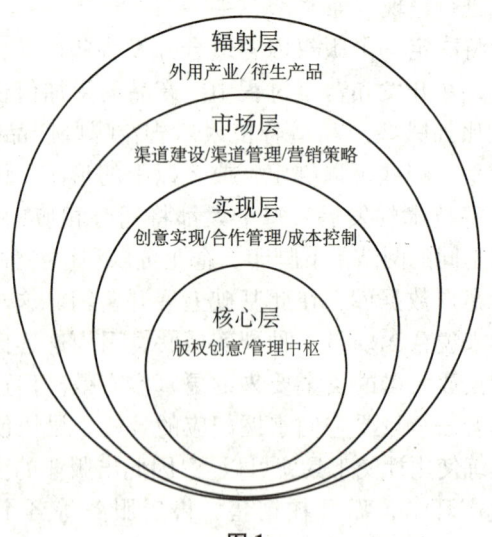

辐射层
外用产业/衍生产品

市场层
渠道建设/渠道管理/营销策略

实现层
创意实现/合作管理/成本控制

核心层
版权创意/管理中枢

图1

在这个新的产业生态中,版权及创意取代图书,成为根本。其中,出版社将承担起产业链中"智库"的功能,负责版权内容的创意,从而构成整个庞大产业中的"核心层",这是整个产业中的"创意中心"和"管理中枢";然后是"实现层",即"创意实现层",是基于创意的产品开发和生产环节,"实现层"的绝大部分业务应该是外包的,是由更多的专业的公司参与,比如图书编辑公司、设计制作公司、印刷公司、动漫公司、软件公司、广告公司、影视制作公司、数字平台第三方公司等等。这时,外包服务——如同今天的信息产业一样——成为出版业的主流生产模式,在这个层面上,还有一块"版权交易"业务,也就是出版社会把一些版权及创意卖给更专业的公司;再外一圈是"市场层",在这个层面,产品将进入市场,产品只有进入各种销售渠道和终端，并最终和消费者发生关系，才会获得价值实现。这个圈层就是产品的发行销售业务，通过各种渠道和终端，比如互联网、数字平台、智能手机、电影院线、电视频道、电商、书店等等，直接面对消费者，整个层面中主要涉及的是渠道，对于大部分出版社而言，"自有渠道"是一项庞大而事倍功半的事业，占据主流的，仍将是平台合作和渠道外包业务；最外一圈是"辐射层"，是创意产品的相关产业，比如智能终端的系统开发、电影放映设备制作、电视3D屏生产、主题公园建设以至于服装、玩具等创意产品的衍生产品的生产制造。在这个圈层，创意产业已经和工业生产实现了交集。

这样的产业生态在文化产业高度发达的国家早已形成。比如在日本，动漫产业已经形成了较为完整的产业链，其上游是期刊原创作品的连载和单行本图书的结集出版，中游是电影或电视剧（动画片）的拍摄，下游是围绕动画片或漫画书中主体形象的衍生品开发，此外，日本动画片中的形象使用权的增值效果也十分突出，比如《口袋精灵》中皮卡丘的形象使用权，每年就能卖出1000亿日元，超过了整个动画业的制作产值。[4]

二、管理中枢化：出版社对"文本"的主导权决定了其在产业链中的地位

1. 对"文本"的主导权及"解释的权力"

出版社在未来将成为出版产业链的集成者，成为一个管理中枢。为什么是出版社？基于产业融合的理念，似乎传媒公司、影视公司、游戏公司、渠道商甚或软件公司都可以成为产业链的管理中枢。事实上，出版社在未来承担这一重任的论调并非一厢情愿，其原因就是出版社对于"文本"的绝对主导权。

数字出版中呈现出一种"脱媒化"趋势。"脱媒"（disintermediation）一般是指在进行交易时跳过所有中间人而直接在供需双方间进行。对于出版业而言，"脱媒化"就是"去中心化"，出版社作为传统出版产业链条中的核心，曾经是图书从作者到读者的最重要中介，但现在被边缘化，数字平台和网络阅读，催生了从作者到读者的全新的阅读模式，曾经是不可或缺的出版社被忽略。这很容易给我们造成一种"去文本"的错觉，似乎在数字化时代，文本已经不那么重要了。

事实恰恰相反，越是在数字化的变革中，文本的重要性才会获得凸显。版权内容的所有多样化呈现，或者说是多产品形态，必定是基于文本的。世界版权组织把版权产业分为核心版权产业、部分版权产业、边缘版权产业和交叉版权产业四类。生产或发行报纸、图书、期刊、摄影、录音、音乐等产品的产业属核心版权产业。[5]据统计，2005年美国核心版权产业产值约为8190.6亿美元，占美国国民生产总值的6.56%，对美国经济整体增长的贡献率为12.96%。[6]出版社是传统的版权内容的核心掌控者之一，同时，出版社作为一种人类组织机构，其在文化传播尤其是文化传承中所起的作用，是无可替代的，历史所赋予的这种权威性将决定其在数字化时代的历史使命——正是出版社这种与生俱来的优势，将赋予出版社一个崭新的未来。

法国哲学家保罗·利科从话语和文字的区分来界定文本：用文字写出来的是文本。[7]德国哲学家加达默尔说解释学是从"对文本的理解艺术"开端。由此可见，解释学的任务就在于对文本的理解和解释。基于文本的解释学为版权内容的创意提供了一个哲学的视角。因为主体间性的断裂，即在理解的主体和被理解的对象之间睽隔着无法忽视的历史罅隙，所以解释学就"必须弥合我们所熟悉的并置身其中的世界与抵制同化与我们世界视域中的陌生意义之间的鸿沟"。[8]我们从中得到启发，或可对版权创意这样来理解：版权即"文本"，而创意，就是对文本的"解释"。在创意产业中，文本是一个"系统解释的中心"。显然，二者只是相似，并不相同，不同之处在于"解释的形式"。简而言之，解释学是以学术和批评的形式寻找人生和世界存在的意义和价值,而创意则显然没有到达这样的哲学层面,它依然是以"作品"的形式来认识世界,而这种作品本身又形成新的文本。

出版社的未来一定是基于"文本",又不拘囿于文本的,是发端于图书而又超越图书的。看看历史上各国学者给予出版的定义,日本学者认为:"采用印刷术及其他机械的或化学的方法,对文稿、图画、照片等著作品进行复制,将其整理成各种出版物的形态,向大众颁布的一系列行为,统称为出版。"[9]英国学者认为,出版是指"向公众提供用抄写、印刷或其他任何方法复制的书籍、地图、版画、照片、歌篇或其他作品"。[10]美国学者认为:"出版——公众可获的,以印刷物或电子媒介为形式的出版物的准备和印刷、制作的过程。"[11]不同时代、不同国家的定义都提到了出版的"方法"和"形态",都不是局限于传统纸质图书的,恰和当今数字化时代的潮流相吻合。

出版社正是对"文本"的主导和"解释的权力",才使出版社能够在版权创意中发挥主导作用,而这种主导体现在版权创意和基于版权的产业链管理之中。

2. 产业链"管理中枢"

对于我国文化企业尤其是出版社而言,几乎全部的发展都依赖于版权管理运营,版权产生就是文化企业的生产原创过程,版权的流转就是文化企业的运营开发过程,版权的收益则构成了文化企业的主要现金流。版权资产无疑是出版社的核心资产,对版权资产的管理和运营能力也将成为决定出版社核心竞争力的关键。因此,出版社在作为"智库"负责版权内容的创意之外,还将承担起产业链中"管理中枢"的重任。

出版社在产业链中的"管理中枢"作用体现在两个方面。

一方面是对于"实现层",即对"创意实现"的管理,出版社主要承担整合资源和控制成本的功能。整合所有能够实现出版社创意的小公司,将它们集合在出版社周围,形成一个虚拟的整体，这个整体类似出版业中极少数的"航母"，但它们又是不存在的。通过不断地当然也是动态的遴选、磨合、合作、淘汰，最终能够形成一个稳定的虚拟组合，能够顺利地实现出版社的各种创意，开发生产出各种产品，同时也能够达到控制成本的目的。

另一方面是对于"市场层"，也就是对"产品实现"的管理，主要承担渠道建设和营销策略的功能。传统的出版社，曾经面对一个单一的渠道，就是新华书店，后来又有了二渠道，而在进入互联网时代之后，营销渠道开始变得既多元又复杂，实体书店（比如新华书店），网上书店（比如当当网），数字阅读平台（比如盛大文学），手机阅读平台（比如中国移动手机阅读），阅读器（比如 kindle），应用商店（比如 App Store），而随着产品形式的不断外延和扩展，可能我们还需要加入更多的之前我们一无所知的渠道（比如智能电视），还需要面对诸如图书的新媒体化等新的趋向。这时候，出版社就需要对各种各样的渠道进行梳理、比较、取舍、合作，最终建立一个适合出版社自身特点的立体的渠道组合，即属于出版社的营销体系，让这个体系围绕着出版社的产品而运行。同时还要针对这个渠道组合，策划合适的营销策略，进而实现产品的营销。

针对创意实现和产品实现的管理，使得出版社成为了整个产业链中的管理中枢。这两种管理，一定程度上体现了传统出版社中总编室和发行部的职能，只不过职能更加复合化，对管理人员的知识架构、社会资源等提出了更高的要求。到此，我们会发现，传统出版社中曾经最为核心的编辑部消失了——未来的出版社中，极有可能没有它的位置，取而代之的，是版权创意中心，这是一种全新的职能和业务要求，并非编辑部的改变或者升级。在产业智库的定位和产业外包的生产模式下，出版社将不会再拥有一个传统的完整的产业链，而成为一个崭新的更长的产业链中的一环，但它是核心的一环，是整个产业链的集成者。

  智库与管理中枢——理解了出版社在未来的产业链中的定位，我们就容易考量彼时出版社的职能架构。未来的出版社将围绕版权内容创意和产业链管理展开，它原有的生产功能严重弱化，而市场，则掌握在各种各样的渠道商手中，通过合作的方式，形成一个适合出版社产品特点并且是面对独特的消费者群体的立体渠道（如图2）。

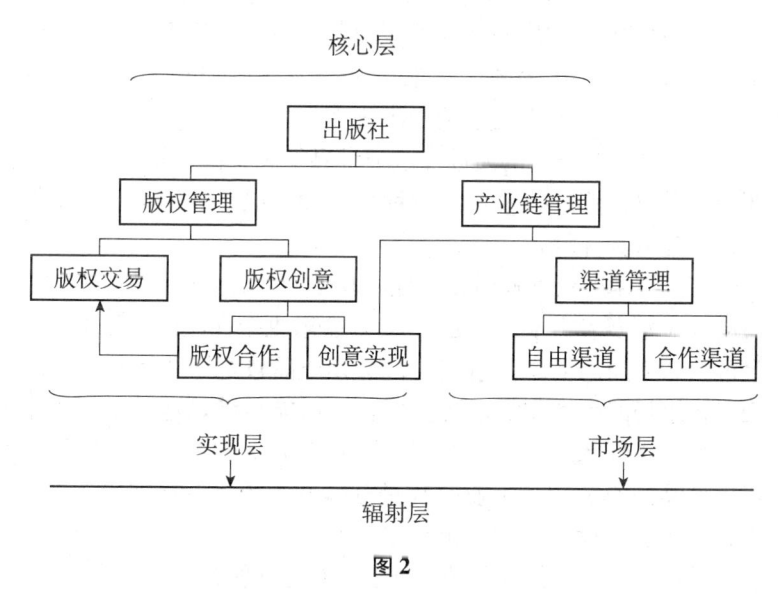

```
                       核心层
                    ┌────┴────┐
                      出版社
                  ┌─────┴─────┐
              版权管理        产业链管理
           ┌─────┴─────┐         │
       版权交易    版权创意      渠道管理
                              ┌───┴───┐
           版权合作  创意实现  自由渠道 合作渠道
           └──实现层──┘      └──市场层──┘
                       辐射层
```

图2

三、因小而美：环境剧变中的适者生存法则

  产业链的不断延伸，新的产业生态的形成，以及产业政策驱动，必将催生极少数出版业的"超级航母"，但再大的公司都无法摆脱对其所处环境的依赖，也无法获得产业链中完全的自我满足，在新的生态圈中，它可能基本满足"创意实现"层面的需求，能够依靠自身的力量完成大部分工作，但再向外，到达市场圈层面时，它还必须依赖于更专业的渠道和平台，需要

业务合作和外包。这些大公司适应变革而生，但也最容易在持续的变革中沉没；而新的产业生态中的行业细分，会让绝大多数出版社变小。

1. 因小而美：以消费者需求为中心

马云在2009年新加坡APEC中小企业峰会的演讲中提出"因小而美（small is beautiful）"，"因为现在比的不是你的机器有多快，或你的设备有多少，而是你转变自己以满足市场需求的速度够不够快。"[12]曾经企业规模更大就意味着更好，大企业用户有大工厂、大资本，所有东西都要大，但很多大企业在2008年的全球经济衰退浪潮中率先倒下。马云的观点，在信息时代，互联网和技术的演进使这个世界发生了翻天覆地的变化，在上个世纪，信息技术旨在帮助生产商，但在本世纪，信息技术旨在为消费者服务。

信息技术带给商业最根本性的改变，是从"以产品为中心"转向"以消费者需求为中心"，这就要求更个性化的产品，以满足消费者不同的需求。事实上，文化产品较之工业消费类产品而言，市场的个性化需求更为明显。而能够满足这种市场需求的，并不是赢者通吃的大公司，而是无数个能够提供不同服务不同产品的小公司。工业时代过分强调大规模、标准化，把个性化需求、人性化要求压抑住了；当专业主义越来越突出，消费者数以亿计，即使细分的领域也会有足够的客户来支撑。

互联网让世界扁平化，全球一体化，"全球化有其自己独特的技术：计算机化、小型化、数字化、卫星通讯、光导和因特网。这些技术加快了全球化的经济一体化。"[13]在为小公司提供发展机会的同时，信息技术也为小公司的繁荣提供了必备的条件。首先是类似淘宝网的电商平台或者类似盛大文学的专业数据平台，改变了传统的交易模式，新型的B2C和C2C模式，实现了生产商和消费者的面对面，供需之间的充分沟通使得消费者的个性化需求得以呼应，而生产商则会以最快的反应来提供相应的产品，还极大地压缩了双方的交易成本。在这种交易模式下，小公司的反应无疑占据优势；其次，网络的积聚效应，加快了信息的流动，能够实现生产信息、需求信息以及交易信息等资源的汇集，加上行业细分的专业化，都会极大地降低公司的成本，给小公司以充足的发展空间。一言以蔽之，工业化时代的生产，是通过规模化来降低成本，比如纸质图书的印量是图书成本的关键因素；但在信息化时代，在全球一体化的今天，很多领域可以通过扁平化管理和分工取代规模化而实现产品成本的降低。正如弗里德曼在《世界是平的》一书中，将柏林墙的倒塌和个人电脑的风行、互联网、应用软件、开放源代码、外包、离岸生产、供应链、搜索技术、移动技术描述成"碾平世界的10大动力"。这些因素互相强化，在2000年左右以前所未有的规模和强度汇合在一起，创造了一个全新的创造性平台，世界上任何地方的个人、组织都可以不受时空和语言的限制在这个平台上进行合作。

现在我们知道，不是所有优势都属于大企业。在未来的产业生态中，作为出版社，要么最大，要么更小。数字化浪潮必将永久改变顾客与企业之间的力量态势，小公司会更加容易把握这些新契机和新趋势，并为之改变。"小"并非适应出版产业生态进化的目的，而仅仅是结果，在这场适者生存的竞争中。

2. 变革中的出版社需要什么

首先是要发掘出版社的独特价值。

"小"同时意味着多样性，生物多样性可抵御物种灭绝。但"小"并非优势，其真正的优势，是专业化，是产品细分，是追求产品的卓越价值和极致完美。越专业的出版社，才会对读者需求理解得越深入，你的产品才会"美"，才会体现一个出版社的独特价值，从而在市场竞争中确立优势。

其次是持续的创新能力。

出版社的变革发展必须是基于互联网的。互联网，尤其是移动互联网时代的到来，为新技术的运用、新产品的创新提供了可能。从传统图书出版到网络文学，从纸质出版到多媒体出版，从"图书"到"应用"，从"单向阅读"到"互动体验"，这些都已经自然而然地发生了，而且会越来越快地变革；同时，互联网为整合传统商业类型、连接各种商业渠道，从而创造新的商业模式提供了基础。具有高创新、高价值、高赢利、高风险的全新商业运作和组织构架模式层出不穷，我们一直关注的那些新的商业模式，有一些是基于传统行业，由于互联网而产生了新的可能性，比如当当网，它通过互联网重塑了图书营销渠道，比如亚马逊，它通过 Kindle 整合了电子书出版业；有一些是对现有商业模式的细分和深耕，比如苹果，它通过 App Store 重塑了童书的数字应用，比如点读笔，它基于 MPR 技术改变了少儿阅读方式。它们无一例外都是基于互联网来思考和创新的，而互联网本身，就是一个高速成长进化的事物，从宽带互联到移动互联仅仅用了 10 年的时间，门户网站、数字平台、云计算、博客、微博、微信等媒介形态的创新层出不穷，因此，商业模式的创新业必将是与时俱进和持续不断的。

无疑，在未来的竞争中，谁具备更敏锐的反应、更快的变革、更强的创新能力，谁就将在竞争中占得先机。

再者是对复合型人才的需求。

传统出版编辑将面临严峻的挑战。尽管他们的专业知识依然会是出版社的宝贵财富，但他们的核心地位势必不保。出版社在未来的竞争中不仅需要图书编辑，更需要文化创意编辑，他能够理解并精通各种文化产品形态，他同时还要具备丰富的组织协调管理能力，会实现版权内容价值最大化。因此，对复合型人才的需求将成为出版社变革的最大短板——基于这一点考虑，我们乐于看到，在不久的将来，出版社将打破历来人才的封闭政策，打破围城，跨产业跨媒体去延揽人才。

白垩纪到来，恐龙灭绝了，但同时带来了物种的大爆发，而且，恐龙的后代——鸟类存活下来，并在地球的每个角落自由飞翔，生生不息。因小而美的根本在于，只有发掘独特价值，出版社才会在未来的竞争中立于不败之地。

参考文献

[1] 王蔚，金旼旼.创意之父约翰·霍金斯诠释创意经济[J].瞭望，2006（9）.

[2] 李子木.银行该为文化产业做什么[N].中国新闻出版报，2012.9月.日（3）.

[3] 麦克·沙特金，丛挺 编译.未来五到十年，大众出版变得更像报业还是广告业？[EB/OL].[2013-5-18].http://www.bookdao.com/article/60588/.

[4] 夏颖.版权资源增值利用政策研究[J].编辑之友，2010（3）.

[5] 李婉彬，王锦贵.国内外版权产业研究进展[J].新世纪图书馆，2011（4）.

[6] Stephen E Siwek. Copyright Industries in the U. S. Economy: the 2006 Report [EB/OL]. [2013-2-11]. http://www.iipa.com/pressrelcases2004_Oct7_Siwek.pdf.

[7] 孙际惠.保罗·利科的语言哲学观[J].求索，2011（6）.

[8] （德）伽达默尔.哲学解释学[M].1.上海：上海译文出版社，1994.

[9] 中国出版科学研究所.编辑实用百科全书[M].1.北京：中国书籍出版社，1994.

[10] 林穗芳.明确出版概念，加强出版学研究[J].出版发行研究，1990（6）.

[11] 彭建炎.出版学概论[M].1.长春：吉林大学出版社，1992.

[12] 马云.因小而美 [J].商业故事,2009 (12).
[13] (美) 托马斯·弗里德曼 著,赵绍棣 黄其祥 译.世界是平的 [M].1.北京:东方出版社,2006.

(作者单位:泰山出版社)

坚持"九三一"质量控制体系，全程全员全面提升图书出版质量

杜 贤

摘要：图书质量管理一直是新闻出版广电总局出版管理的重中之重，也是图书出版单位关心和深入研究探讨的问题。人民卫生出版社经过长期的探索、实践和积累，在总局有关质量管理规定和要求的基础上，以全程全员理念为核心，不断结合医药图书编辑出版工作的实际，不断创新和完善图书质量管理体系，逐渐形成了具有人卫特色的、完整的、操作性强的质量管理控制体系——"九三一"质量控制体系。本文以"九三一"质量控制体系为主线，阐述了出版社从选题策划到实施、从书稿审定到印装等各个环节的质量控制理念、要点与方法，希望为出版业全面提升图书质量提供借鉴。

关键词：图书编辑出版 "九三一"质量控制体系 图书质量

改革开放以来，我国的图书出版行业空前繁荣，出版企业面临着前所未有的良好发展机遇，也面临着出版竞争空前激烈、出版质量下滑等一系列严峻挑战。现在全国每年出版图书30多万种，其中有不少精品和传世之作。大量优秀图书的出版，对于提高我国教育质量、丰富人们精神文化生活、推动社会进步、使优秀的民族文化薪火相传发挥了重要作用。然而在看到成绩的同时，也应看到在由计划经济向市场经济转型的过程中，出

版行业也出现了许多新问题，其中最突出、也是制约行业发展最大的问题是图书质量问题。图书的内容质量（包括选题质量）、编校质量、设计质量、印制质量都不同程度地存在问题，其中选题质量、编校质量存在的问题还相当严重。影响和制约图书质量的原因是多方面的，有体制、观念、人才等方面的原因，但最主要的还是出版单位质量管理理念欠缺，管理体系不完善，管理措施不到位。如何提高图书出版质量，更好地满足广大读者的需求，提高我国图书出版行业的竞争力，一直是出版管理部门、图书出版单位关心和深入研究的问题。

医药卫生出版是出版行业较为特殊的领域，它肩负着健康所系、生命相托的医药卫生人才的培养重任，责任更加重大，质量控制尤需严格。确保医药学卫生图书质量，关键在于出版流程的创新建设和严格管理。人民卫生出版社经过60年的探索、实践和积累，在新闻出版广电总局有关质量管理规定和要求的基础上，结合医药图书编辑出版工作的实际，不断创新和完善图书质量管理体系，近年来逐渐形成了具有人卫特色的图书质量管理控制体系，概括为"九三一"质量控制体系。本文将对这一体系作简要的介绍和分析，希望能为出版业全面提升图书质量提供借鉴。

一、选题的"三次策划"

选题的"三次策划"是指"根植卫生、服务卫生"的宏观策划，针对图书市场的中观策划，和针对读者、作者的微观策划。编辑要在社会大背景下思考目标市场需求，在策划中要首先考虑国家政策与宏观导向，教育教学改革发展方向，科技与学科发展引领，社会热点与读者需求等宏观因素；也要关注本社同类书出版发行情况、其他社同类书出版发行情况等图书市场中观因素；最终落脚到针对读者学历背景、认知与阅读习惯、普遍爱好与兴趣点等微观精细的读者策划。"三次策划"需全程全员参与，贯穿图书出版始终。

二、选题的"三级论证"

选题的"三级论证"是指人民卫生出版社专家咨询委员会、全国高等医药教材建设研究会专家论证和出版社高级策划编辑出版专家论证，生产、营销部门和本部门内部论证，出版社选题委员会的最终论证。三级论证的核心是本着客观公正的原则，对图书学术、市场价值综合考量。其中人民卫生出版社专家咨询委员会、全国高等医药教材建设研究会论证为同行医药卫生专业专家的匿名论证；而出版社高级策划编辑出版专家论证为出版传播领域专家匿名论证；生产销售部门的论证则是对图书生产成本、市场预期等进行精算。策划编辑根据所有匿名论证的意见和建议调整选题后，开始部门内部选题论证和出版社选题委员会最终论证。这两次论证需要策划编辑完成自下而上的答辩，策划编辑需要系统介绍作者学术水平、行业影响力等，选题价值、主要内容与特点等，并对印数、定价、利润进行预期。所有介绍完毕后，需要回答由业内专家、资深编审、生产印制专家、营销专家等提出的问题。"三级论证"也是我社精品战略的重要保障。

为保证"三级论证"科学精细，我社在组织形式上进行了改革创新，比如市场营销中心成立了独立选题论证小组，对各策划部门申报的选题进行匿名论证。该小组对策划部门选题有充分的建议权，对市场前景较差或预期效益一般的选题拥有一票否决权。选题论证小组论证后，对选题提出书面意见，编辑部必须认真听取并对选题进行修改完善。

为了保证"三级论证"落到实处、不走过场，选题经过批准后，编辑不能随意变更书名、主编、字数、内容框架等重要事项。尤其如交稿字数与申报选题字数相差较大的突出问题应予避免，要求两者误差不得超过10%；如确需要对重要事项进行变更的,须重新进行选题申报,再次进行"三级论证"。

三、编写团队的"三级遴选"

编写团队的"三级遴选"是指对图书主编、副主编和核心作者进行三轮筛选。教材主编、副主编、编者的三级遴选首先在开办相关专业院校内部遴选,各院校需要综合考虑被推荐者的学识、精力、能力、影响力等方面因素,选出本校最合适的主编、副主编、编者人员;随后,全国高等医药教材建设研究会核心专家和秘书处根据全国申报情况进行第二轮遴选;最后,本专业教材评审委员会对申报人员进行最终遴选。学术专著编写团队的遴选和教材一样,需要综合考虑主编学术水平、编者行业影响、团队创新能力、专著权威经典等多方面因素。

四、稿件管理的"三次会议"

"三次会议"是指书稿管理坚持开好书稿主编会、编写会和定稿会。医学科技著作常由相关学科领域多个专业学术带头人共同撰写,如何将不同侧面、不同格调、不同文风的个人学术思想及表达形式整合重组、编辑成为在同一选题思想指导下的一部专著,实现作者学术思想、编辑策划思想的最佳结合和完美体现,开好"三次会议"十分重要。

主编会是系列教材、丛书或大型专著的主编们与编辑共同召开的会议,这个会议决定图书的方向、高度和广度,并要确定路线图、时间表;编写会则是各分册图书主编、编委和编辑共同召开的会议,编写会上将细化编写分工、落实编写进度、讲解编写要求等,编写会后,书稿即正式开始编写;定稿会则是书稿完成初稿,编委间交互审,主编审读全稿后召开的书稿管理会议。定稿会上要逐节逐段确定书稿内容,如有尚存在问题的内容,主编需给出明确修改意见。"三个会议"是图书"时间管理"的抓手,也是贯彻策划意图、确保编写阶段图书质量的关键。

五、交稿、发稿、付型的"三个关口"齐、清、定

图书交稿、发稿、付型三个关口"齐、清、定",也是图书在编辑出版阶段质量的关键控制点。"齐"是要求文稿、图稿和附件(前言、目录、后记、附录等)都齐全无缺;"清"是要求文稿或图稿等缮写、描绘清晰,符合排版的需要;"定"就是要求内容确定,发稿后不再改动。这是图书编辑出版的传统要求,但随着编辑出版印制全面电子化,同类图书市场竞争日趋白热化,我们可以适当调整"三个关口"中对"齐、清、定"的要求,除付型阶段必须坚持"齐、清、定"外,其他两个关口可根据实际情况调整。

六、书稿的"三审制"

编辑审稿是保障图书质量的最重要环节之一。人民卫生出版社在做好一审、二审"规定动作"的同时,充分发挥高级编辑人才作用,特别强化稿件三审工作。我社的三审均由具有正、副编审职称的人员完成。三审将从全局、整体角度,负责对稿件的内容质量、对书稿能否发稿出书作出评判,具体有五个方面:审查书稿的政治思想内容是否符合党和国家的政策法律规定;审查书稿的科学性和学术质量,杜绝伪科学和学术质量低下的图书出版;审查书稿的封面、内封、版权页、内容提要、出版说明、前言或序、编者的话等重要的文前内容;审查一审、二审审稿记录,对一审、二审审稿质量进行评价,对一审、二审提出的重大问题提出处理建议;三审要写出书面的"三审意见",对书稿的整体质量情况进行评价,为总编、副总编终签提供依据。

七、书籍设计的"三级审核"

书籍设计的"三级审核"是指图书装帧设计经由美术编辑和版式设计人员审核、策划编辑和书稿作者审核、部门主任或公司领导审核。书籍设计是创造力,更是生产力。我社通过"三级审核"制度全面推进图书整体设计。我社追求的整体设计是从现代设计学、编辑学、传播学、美学及工艺学等多种角度,对图书从策划设计到最后完成的整个出版过程中的各个关节,如封面、环衬、扉页、目次、页码及正文内容的统筹考虑、整体设计和有条理的视觉再现,以实现外在形式和正文内容的有机统一,这也是我社全程全员提升图书质量的具体体现。

八、清样的"三审三校"

清样的"三审三校"是指主编、编辑和校对三方面共同对清样进行审校,且校对人员要进行三个校次的校对。清样是作者和出版社修改书稿的最后环节,我社清样审读的基本要求是控制审阅时间,有错误的一定要改,可改可不改的一定不要改。

九、书稿付型、样书、入库的"三段质检"把关

付型、样书、入库是图书生产印制过程中质量控制的关键点。我社首先在图书将要进入批量生产环节,即付型环节对清样进行质检;之后在图书单页印制完成后,先装订 1~2 本样书,送责任编辑进行 24 小时样书检查,确定无误后开始装订;最后在所有图书装订完成后,入出版社库房前对图书进行抽检,严把入库关。我社通过三段质检、三段把关,基本实现周期、质量、成本三项控制。

十、书稿编校"一对一"的质量互检互扣

编校互扣是通过奖惩强化编辑和校对间"一对一"的质量互检质控。具体为清样校对为匿名进行,在校对阶段,校对人员如发现编辑在审稿中未改出的错误,则扣责任编辑的绩效工资,并补贴给校对人员;在清样核红阶段,如编辑发现校对人员在三校中未发现的错误,则扣校对的绩效工资,并补贴给编辑。编校互扣是将质量控制精、准、细、严的具体体现,实现从图书"基因"层次的质量控制。

在新的历史时期,如何更好地完善和创新图书质量管理体系,对每个出版单位都十分重要。人民卫生出版社作为全国首批优秀出版单位,连续两届荣获中国出版政府奖先进出版单位、全国百佳图书出版单位,在中央出版社总体经济规模综合评价排名第4位,单位集体、产品和个人获得国家级各类奖项达500多项,在出版界名列前茅,这与我社多年来一直重视质量管理、实施严格的"九三一"质量控制体系是分不开的。这一体系基本涵盖了从选题策划到选题实施、从书稿审定到图书印装等各个环节,是一个完整的、操作性强的质量管理控制体系,充分体现了我社近年来在质量管理中一直强调和实施的全程策划、全程质控、全程成本、全程营销、全程服务"五个全程"的理念和精细化管理的理念。

参考文献

[1] 杜贤.创建中国特色的医药学教材建设模式 [J].科技与出版,2012 (2).

[2] 柳斌杰.做无愧于时代的新型编辑 [J].中国编辑,2008 (5).

[3] 邬书林.加强学术著作出版规范 扎实推进文化繁荣发展 [J].中国出版,2012 (11).

[4] 孙宇.医学出版社系统环境分析与定位策略研究 [D].北京：中国人民解放军军事医学科学院，2008.

[5] 饶邦华.强化过程质量控制 全面提高图书质量 [J].中国出版，2008（6）.

（作者单位：人民卫生出版社）

信仰的力量历经时空变迁而不衰

——以《忠诚与背叛》为例谈经典题材主题出版的价值取向

杨 耘

以"红岩"革命斗争史和革命故事为题材而创作的作品，从1957年出版的革命回忆录《在烈火中永生》到1962年出版的小说《红岩》，到1964年9月在京首演的歌剧《江姐》以及1965年推出的电影《烈火中永生》，这些"红岩"经典作品可谓家喻户晓。时间过去了半个世纪，2011年6月由重庆出版集团出版的纪实文学《忠诚与背叛——告诉你一个真实的红岩》（以下简称《忠诚与背叛》），却依然能让读者心潮澎湃、手不释卷，发行20多万册还"洛阳纸贵"，这是为什么？

《忠诚与背叛》由中国作协副主席、当代文坛最具影响力的报告文学家之一何建明与红岩文化专家厉华联袂创作。作为"十二五"国家重点图书出版规划项目，被中宣部、新闻出版广电总局确定为庆祝建党90周年重点出版物；出版半年后，2012年在新闻出版广电总局组织媒体评选出的2011年全国"大众喜爱的50种图书"中，它榜上有名。

一个经典题材，一部红色读物，它如何显示经典题材主题出版的价值取向？笔者作为该书的责任编辑之一，试谈以下特点。

一、经典题材写作的创新

《忠诚与背叛》的成功，首先得力于作品题材经典。1949年10月1日，毛主席在北京天安门宣布新中国成立，但重庆正处于黎明前最黑暗的时刻，许多革命志士眼望胜利却倒在敌人的枪口之下，他们的躯体虽然在烈火中化为灰烬，但灵魂却得到永生，他们的英勇事迹必将被世代传颂。与小说《红岩》一样，《忠诚与背叛》以描写重庆解放前夕残酷的地下斗争，特别是狱中斗争为主要内容，以人民解放军的胜利进军和反动派的垂死挣扎为背景，把反动派在全局上不可逆转的覆灭命运与局部上的气势汹汹、疯狂镇压，把革命事业全局上的辉煌胜利与革命者个人的悲壮牺牲，极具艺术表现力地展示出来。这样的经典题材，是一部好作品的基础，也是作者创作的动力。

《忠诚与背叛》的成功，最重要的是作品写作的成功。全书包括"血染红岩""背叛的代价""女人无叛徒""另一种背叛""忠诚之忠诚"五章，作者力图"唤醒"历史、还原细节，使那些过往的瞬间真实而生动地呈现出来，使渣滓洞、白公馆等狱中共产党人与革命志士、叛徒和国民党特务群像跃然纸上；又以浓厚的革命英雄主义和浪漫主义基调，唱响红色主旋律，突显了时代风云下人性的复杂及信仰的力量。

一个经典的故事在几十年后重写如何畅销，这对写作者是很大的考验。执笔者何建明说，我找到一个点，就是现在确定的本书的五个部分，这些看似简单，但是创作的时候还是有讲究的。比如第一章，从屠杀开始到重庆解放，那段历史最黑暗也是"红岩"斗争最悲壮的，怎么写精彩，共产党人在最后一刻在干什么、想什么，我觉得必须"还原"出来，这一章名为"血染红岩"。关于书中的叛徒，他们怎么走上这条不归路，用怎样的分量解释这些问题？我写了"背叛的代价"。书中还有"另一种背叛"和"忠诚之忠诚"两章，是想说明那么多共产党人在受委屈的情况下，依然保持了对党、对信仰的忠诚。包括像"双枪老太婆"这样的人物有100多人，一直没有得到合理的定性，在党的十一届三中全会之前长达20年的时间里，这些牺牲的英烈甚至背负着叛徒的罪名；他们的子女、家属受到了很大的政治影响，但活着的志士和烈士亲属依然保持对共产党的忠诚！第三章"女人无叛徒"，其实革命者不管是男是女，都有可能当叛徒。但是在渣滓洞、白公馆等狱中，正好一个女叛徒都没有，女性跟男性在信念问题上本没有什么差异，但早期的很多女性都是爱上某个男共产党员后才走上革命道路的，在"红岩"里也是这样，她们表现得异常坚贞，没有一个叛变。

《忠诚与背叛》运用各种写作手段做了很多探讨，把作者的历史发现和现实思考表现出来。传统的典型化方法运用自如，力图使英雄、叛徒、特务都成为立体的文学人物。譬如，在监狱里面，革命者激情澎湃地创作了大量的诗歌，他们倾情朗诵，传递爱情的信息，表达思念亲人和眷恋子女之情……人性的真善美生动流转。在文学技巧上既尊重传统又有创新的发现和运用，作者精心安排文本叙说与结构，作品的视角不断变化，尤其是第三人称带有分析性的外视角，给文本的叙事带来变换的角度，同时也更有利于进入人物的内心世界。

几十年来，读者几乎是把小说《红岩》作为真实故事来读的，书中一些场景和细节甚至被刻入脑海，直至今天，还有读者对馒水池焚毁烈士遗骸、江姐手指被钉竹签等细节感同身受、难以忘怀。但《忠诚与背叛》告诉读者，这些细节是虚构的，它通过近年来解密的红岩材料，叙说出无数弥足珍贵的人物与事件的细节，反映出彼时彼地的历史截面。当下读者对非虚构作品的期待，往往超过虚构作品，从阅读心态来说，纪实文学既不同于新闻报道也不同于史志类作品，它的魅力在于历史和文学的合璧，包含了作者的思考与追问，并呈现出悲剧的崇高性美学品格。

二、精神和信仰力的感召

忠诚与背叛是党性和人性的命题。真实的红岩历史,作者的历史思辨和现实思考贯穿全书,诠释了"忠诚与背叛"这一宏大主题,使作品富有强烈的时代气息,不仅与《红岩》小说交相辉映,更突破了时代和小说艺术的局限。

作者说:"在为《忠诚与背叛》确定书名的时候,脑袋里闪过一个念头:红岩最多的就是忠诚背叛,这四个字是最核心的。"作者拷问今天的共产党人和党的干部:能不能当忠诚的革命战士?书中讲述的艰苦卓绝的共产党人和革命者与叛徒形成巨大的反差,叛徒小丑如同一面镜子,从他们身上映照出共产党人的平凡与崇高、坚韧与执著。凝聚红岩志士血泪嘱托的"狱中八条"昭示着历史,揭露背叛者的卑鄙灵魂,鞭挞党内腐化堕落分子,警示着今天的共产党人特别是党的领导干部。这让读者进一步领悟到忠诚与背叛的正确抉择是何等重要,感受到信仰焕发出的巨大力量!

有评论家说这个作品体现了"有温度的写作",包括对理性的追问、对历史的追问、对现实的警醒。它的情感和价值表达都爱憎分明、直截了当,深入到人的灵魂层面来状写坚守信仰的伟大与崇高。表面上,今天的忠诚与背叛的考验不像当年那么严酷和尖锐,但是今天的忠诚与背叛却更加复杂化,因为两者的界限有时是模糊的,因而更令人警醒。从这个意义上说,《忠诚与背叛》又是一部给今人"补钙"的书,它准确地触摸到社会情绪,表达党内外关于如何保持党的纯洁性的愿望。随着世情、国情、党情的深刻变化,我们党面临着空前的挑战和考验,忠诚与背叛将是永恒的命题!

三、编辑的欣赏、质疑与补正

评价、选择和优化作品乃编辑本分,编辑力的作用能在作品中得以体现,也是编辑和作者的深切缘分。做法有以下三点。

一是编辑与作者互动。这本书是编辑和作者的一次心灵对话,在大局把握上,编辑不仅要对作品保持欣赏,还需要对作品进行评价和选择。本书的后两章,编辑进行了数万字的改写、缩写和删除。只有作者对编辑充分信任,才可能出现书稿内容由最初50多万字编辑为成书40万字的情况。

二是编辑需求证和补正。作为纪实文学作品,作者写作和采访虽然跨越4年时间,但真正投入写作仅仅数月,书稿到编辑手中,只有两个多月的时间。如何采用和甄别浩如烟海的资料?这对作者和编辑都是很大的考验。编辑团队多次专门邀请红岩研究专家核对史实,并集体讨论解决相关疑难和口径问题,对书稿中重要人物、重要史料进行深入讨论甄别,删繁就简,去粗取精,以保证真实性,避免敏感问题引发负面影响。诸如上述镪水池焚毁烈士遗骸、江姐手指被钉竹签等细节,均在编辑环节加以更正(前者为虚构,后者应为竹板夹手)。再如,作者写到毛泽东主席、周恩来总理对歌曲《红梅赞》的欣赏,正当编辑为寻不到出处而犯难时,偶然在《光明日报》(2011年6月1日)上看到了通讯《红岩上 红梅开——歌剧〈江姐〉50年》,真是令编辑们喜出望外!该文细致生动地状写了毛主席、周总理对《红梅赞》的细腻情感。此时已是6月6日,距开机付印时间很近了,于是编辑赶快加为脚注(需要说明的是,"歌剧《江姐》50年"是一个概说,歌剧《江姐》的创作距《光明日报》此文发表时应为47年)。类似的例子还真不少。

三是编辑时刻以读者为大,做好提示与细节处理。一是提炼了作品导读文字放在封面和封底,给读者明确的阅读提示。二是做了"附录"《小说〈红岩〉中的主要人物与原型对照表》,让读者知晓影响广泛的小说中人物,其原型究竟是谁,并还原为《忠诚与背叛》的真实人物。三是为方便读者阅读理解,作品编排上插入了人物、场景图片,甚至漫画(如第337页,采用了廖承志的漫画自画像），令作品顿时趣味盎然。四是本书多用随文注释，如第 327 页，关于叶挺的情况，文中注明为"馆藏 A 类档案 – A251"。

四、传播力的彰显

2011 年 6 月 26 日，《忠诚与背叛》正式出版发行，立即引起国内主要媒体和广大读者的关注。当天，在歌乐山红岩魂广场举行了由各界干部群众 1000 多人参加的《忠诚与背叛》图书首发式。一些幸存者和烈士亲属，如曾被关进白公馆的郭德贤、杨汉秀烈士的女儿李继业等参加了首发式，他们对该书给予了高度评价，王朴烈士的弟弟王容读完该书后，也给予充分肯定。

6 月 29 日晚，中央电视台新闻联播报道《忠诚与背叛》出版。新华社发布《忠诚与背叛》出版消息，《人民日报》《光明日报》等中央报刊在要闻版重点报道，《北京日报》《南方日报》《文汇报》《新民晚报》《羊城晚报》《大众日报》《文艺报》《中国新闻出版报》《中华读书报》以及重庆市内各大媒体在重要版面或时段分别以《名作家重写〈红岩〉诠释"忠诚与背叛"》《告诉你一个真实的红岩》《何建明：我为什么写"红岩"》等为题予以报道；人民网、新华网、新浪网、搜狐网、凤凰网等全国主要网站重点推荐。迄今已有超过 300 家重点媒体先后通过专访、连载、新闻报道等形式，不断掀起宣传报道热潮。

首印的 5 万册《忠诚与背叛》进入市场后很快售罄，此后又多次重印，现在图书发行超过 20 万册。在红岩革命历史博物馆，该书面世第一天就销售 150 多本。许多单位把该书确定为加强党员干部党性修养和党史教育的重要读物。有网民留言："到影院看《建党伟业》，进书店买《忠诚与背叛》。"读者和专家都认为，《忠诚与背叛》是对"红岩故事"在题材上的拓展与主题上的升华；是一部走进中国当代年轻人心灵的著作；还认为,《忠诚与背叛》详尽地披露了"狱中八条"产生的背景、经过及主要内容,它启示当代人,在中国共产党的历史上,忠诚与背叛这个问题,将贯穿于党的建设全过程。

2011年8月的上海书展举行了《忠诚与背叛》作者访谈会。何建明和厉华接受访谈并做了激情演讲,给台下听众以极大震撼,不少老读者甚至感动得热泪盈眶,排队抢购《忠诚与背叛》成为书展上的一大亮点。该书出版后,全国多所高校、党校、部队、机关邀请作者何建明、厉华做专题讲座,阐释信仰的力量。在重庆理工大学举行的报告会上,何建明与同学们现场齐诵《忠诚与背叛》中红岩烈士余祖胜作的诗歌《晒太阳》,催人泪下、令人振奋。在西南大学,作者的报告是该校党委中心组学习扩大会议的重要内容;在中国人民武装警察部队,何建明就"坚定信仰、坚贞气节"问题对武警部队党委常委、部门领导和机关全体干部作专题报告,并以电视会议的形式对全部队团级以上党委机关干部进行现场直播,受到好评。

《忠诚与背叛》作为经典题材主题出版的一个范例,在创作出版每一个环节都体现了对珍贵的精神财富的再开发、再研究、再认识、再展示、再传播。它以对当下党员的纯洁性的思考而表现了高度的文化自觉性,又以理想建设、信仰建设而张扬了文化自信力,它证明了经典题材具有深厚的精神文化底蕴和强大的生命力,真正实现了思想性、艺术性、可读性的有机统一。这本书让我们相信,信仰的力量历经时空变迁而不衰,成为永恒的时代标志和精神记忆。

(作者单位:重庆出版集团)

出版转型与阅读文化重建

聂震宁

摘要：出版数字化转型与阅读文化重建，显然是数字出版实践中最需要讨论的问题。从出版数字化转型给人们的阅读带来的一系列变化，进而讨论阅读文化重建的理念和实践，显然有利于客观审视数字出版发展的现状，有利于人们趋利避害地接受数字出版，有利于从根本意义上不断改进和完善数字出版业态。阅读文化问题，主要涉及阅读的意义、阅读的价值、阅读的方式、阅读的选择、阅读的环境等，其中，核心的是阅读的价值问题。

关键词：出版转型　阅读文化　重建

一

出版业正在进行数字化转型，这已经是不争的事实。许多专业人士对专业出版、教育出版的数字化演进所取得的业绩给出了几乎是激动人心的评价，对大众出版也表示了乐观的估计和展望，表达了欣喜之感。在几乎所有以数字化出版为主题的论坛上，专家们在演讲中都要重复地不厌其烦地指出，出版数字化转型不可阻挡，出版业剩下的几乎只有顺昌逆亡的选择。

---

[1] 本文为国家科技支撑计划课题《数字出版内容国际传播平台应用示范》阶段成果，课题编号：2012BAH23F04

需要引起注意的是，出版数字化转型还处于进行之中。我在2008年曾写过一篇文章，题目是《数字出版：距离成熟还有长路要走》。5年过去，数字出版毫无疑问还有长路要走。转型的现在进行时态告诉我们，作为一种全新介质的出版行为，数字出版的成熟程度还远远不能与传统纸介质出版比肩。因而，我们在为数字出版的某些奇迹惊呼与赞叹的同时，决不能就此满足从而停止探讨的步伐。一部科技发展史告诉我们，质疑与不满，进而推动不断的探讨，乃是人类科技进步的内在逻辑。

倘若我们能理解人类科技进步这一内在逻辑，那么，对于数字出版的某些质疑与不满，就不会简单地被看做是保守主义的灰暗心态和时代落伍者的酸葡萄心理。对于出版数字化转型，我曾经表达过这样的看法，那就是：数字化潮流，浩浩荡荡，顺之者未必昌，逆之者一定亡。为什么顺之者未必昌？因为成就一份事业不仅要看是否做了正确的事情，还要看是否在正确地做事情。

我们稍微回顾一下，就能看得出，问题永远处于解决与未解决之中。记得电子邮件最初使用时，人们欢呼这是一项伟大的创新，我们中国人亲切地称之为伊妹儿。紧接着就产生了垃圾邮件，伊妹儿就受到了警惕，电邮创新好像就没那么伟大了，提供电邮的网站就有了过滤垃圾邮件、欺骗性邮件乃至攻击性邮件的责任。网络阅读遇到的问题几乎一直如影随形地跟着网络出版，网络阅读已经成为比较普遍的阅读，而网络阅读中的不可靠又随处可见。最近在网上看到揭露网络出版的问题。一些无良出版商利用开放获取模式，欺骗研究者，特别是那些在学术交流中没有经验的研究人员作者，出版由研究人员作者付费的假冒期刊。这些期刊的总部许多都宣称在美国、英国、加拿大或者澳大利亚，但实际上却在巴基斯坦、印度或者尼日利亚运作。无良出版商向研究者们发送垃圾邮件，招揽论文，但却绝口不提需要作者缴费的事。之后，等到文章被接受出版时，作者们才被告知需要缴纳一般为 1800 美元的费用。学术出版挑选最好研究成果的职能正在消失，他们几乎愿意接收全部的文章，只要作者愿意出钱就好了。这样的事情的结果是，作者们失去了保持质量的强劲内在推动力，而读者在这些文章面前也失去了阅读的可靠感觉。据说，在印度新的无良出版商或期刊每周都有涌现，他们的出现是因为市场的需要——成百上千个印度和其邻国的科学家需要把自己的作品发表出来，以此获得职称和晋升。在这个过程中，人们对出版业的权威性、公信力迅速大打折扣。

在人们为出版数字化转型欢欣鼓舞的时候，我举出这样一个实例，不免有些扫兴。我也很喜欢出版数字化转型，总在为接踵而至的数字出版创新激动不已。但这些扫兴的实例却是必须设法解决的事实。我们要使得数字化出版顺之者比较昌，就得以必不可少的忧患意识来清醒认识数字出版中存在的种种问题，以实事求是的态度来解决数字出版目前尚存在的不足和缺陷。

二

出版数字化转型与阅读文化重建的问题，显然是数字出版实践中最需要讨论的问题。阅读问题从来就是出版业发展中一个带根本性的问题。阅读是出版业传播知识文化的功能最直接的现实。出版业人士通常所说的"读者是上帝"，"上帝"的满意度，亦即受众阅读的满意度，应当是出版业发展评价的主要内容之一。从出版数字化转型给人们的阅读带来的一系列变化，进而讨论阅读文化重建的理念和实践，显然有利于客观审视数字出版发展的现状，有利于人们趋利避害地接受数字出版，有利于从根本意义上不断改进和完善数字出版业态。

在数字化转型中，人们在为阅读效率的极大提高欢欣鼓舞的同时，也为阅读的碎片化问题、浏览式阅读问题、实用主义阅读问题以及浅阅读、泛阅读、读图、读视频、网络狂欢等等负面问题表示了深刻的忧虑。然而，更为深刻的问题是，随着数字化转型的达尔文主义被人们所接受，数字化带来的这些负面问题，似乎已经被众多的读者忽略不计或者说就此接受，甚至包括原先的许多忧虑者。对于原先那些忧虑乃至抱怨，似乎可以用得上"两岸猿声啼不住，轻舟已过万重山"，"沉舟侧畔千帆过，病树前头万木春"这样一些诗句来嘲笑和自嘲。也就是说，忧虑者尽管忧虑，抱怨者尽管抱怨，数字阅读中上述那些负面问题依旧快乐地进行。这样的态度一方面体现了人类与生俱来的乐于迎接新事物的乐天心态，另一方面也表明，在新事物成为潮流时，许多人很自然会出现的从众心理、盲目状态、犬儒主义。

正因为此，在人们为数字出版的某些神奇现象啧啧称奇而狂欢的今天，作为有责任感的出版人和出版理论研究者，更应当针对出版业这一带根本性的问题进行严肃的讨论。鉴于出版数字化转型对传统的阅读文化正在造成致命的冲击乃至消解，故而这种讨论具有价值体系重建的意义，可以称之为阅读文化重建。

三

阅读文化问题，主要涉及阅读的意义、阅读的价值、阅读的方式、阅读的选择、阅读的环境等。其中，核心的是阅读的价值问题。

下面从专业出版、教育出版、大众出版三种出版类型的数字出版看看对阅读价值带来的问题。

首先从数字化专业出版来看阅读方面存在的问题。数字化专业出版最为令人心仪的是其为读者提供解决方案的高效出版与阅读的神话。人们总是感兴趣于阅读效率的提高，惊讶于相关知识检索能力的提升。数字专业出版确实有效解决了这方面的实用性需求。然而，专业阅读并不仅仅要解决阅读速度和效率提高的问题，也不只是需要解决检索需求问题。在专业阅读过程中，还有相当多元价值的东西可以在阅读中获得。当一位博士研究生就一部博士论文的写作从专业数字出版商获得解决方案的同时，极有可能的是，他将因此失去了一系列完整的专业阅读的机会。就拿最为抽象的数学来说，哈尔莫斯就说过："数学是一种别具匠心的艺术。"波莱尔说过："数学是一门艺术，因为它主要是思维的创造，靠才智取得进展，很多进展出自人类脑海深处，只有美学标准才是最后的鉴定者。"菲尔兹数学奖获得者丘成桐教授认为数学是一门非常漂亮的艺术，正因为如此，他才能在数学领域取得如此大的成就。物理学、化学、生物学等各种学科都具有各自的艺术魅力。如果人们的专业阅读仅仅满足于各种知识元的检索和知识云朵的解决，如果人们把专业出版和专业阅读仅仅看成是知识处理过程，那么，人类社会将陷入科学主义的泥淖，各种学科发展过程中的完整性研究将被忽略，思维科学将遭到弱化，蕴含于学科研究成果中的不可或缺的人文精神将遭到遗弃，而人类社会的发展必将是残缺的。为此，我们要说，数字化专业出版在高速发展的同时，如果只是满足于解决方案的获得，极有可能给读者造成多方面的损失，特别是人文精神和思维科学方面的损失。

教育出版在数字化转型中的阅读问题与专业出版比较类似，但层次更为丰富，问题更为复杂。现代教育事业越来越需要弘扬人文精神，需要对人的素质的全面培养，需要更多的人与人的交流，而不仅仅是知识、技能的学习和升学。数字教育出版在这方面有可能造成阅读上的很大损失。快速的检索在为学生提供现成答案、提高学习效率的同时，正好违反了教育的基本规律。当然，通过数字化出版来提高学习效率是必要的，我们都在享受提高效率的好处。但是，我们不能把学习简单化，把阅读简单化，更不能为了提高出版的效率而造成阅读学习的简单化。

　　大众出版的阅读通常可以分为两类，一类是实用的，一类是休闲的。休闲的大众阅读主要是指读者为了休闲、审美、娱乐、愉悦等目的的阅读。实用的大众阅读即指读者通过阅读获得思想文化上的教益、写作艺术的修养以及各类知识的认知。许多时候实用与休闲交融于大众的阅读生活中。诚然，在电子阅读器上人们已经可以读到很多很好的小说、人物传记和文化读物，读了之后一样会有很好的收获。但是，目前对于大众阅读影响最大的是移动阅读而不是电子书，移动阅读包括移动阅读碎片式信息、原创园地的海量文字以及视频、读图、播客、微博乃至短信，凡此种种的数字出版物，充斥大众阅读的时空，这就不能不予以认真对待。尽管大众阅读与专业阅读、教育阅读的专门性要求不同，但求开卷有益，通常无所谓碎片还是完整，浏览还是专注，浅阅读还是深阅读，泛读还是研读，可大众阅读事关国民素质的养成，又绝非无可无不可之事。在大众阅读过程中，如果普通大众读者总是处于碎片式的移动阅读状态、鼠标快速浏览状态、只言片语的浅表性阅读层面，更有甚者，如果总是处于道听途说、街谈巷议、张口就来的即时性阅读状态，缺少必要的完整性，缺乏真挚的感受，无意于深致的体验，加上数字出版传输的便捷和样式的新鲜，使得大众中潜心阅读者越来越少而走马观花者、道听途说者越来越多，则不仅实用性阅读的收获无从谈起，就连休闲性的阅读享受也会堕入混乱之中，作为以提高国民素质为目的的大众阅读则可能南其辕而北其辙，适得其反，误入歧途。

四

　　我们之所以要针对出版数字化转型来讨论阅读文化重建的问题，乃是因为出版业的每一次重要创新，都会直接影响到人们的阅读行为。从数字出版逐渐进入人们的日常阅读的过程来看，由于拥有许多技术手段的支撑，数字出版使得读者的被动、被选择、被接受的程度空前上升。这一问题也应当在阅读文化重建时加以讨论。

在一个文明社会里，应当予以大众进行阅读选择的自由，并且建立起保障这一自由的秩序。尽管一个人从小阅读或许是被动的，是被选择的过程，但是，一个人的成长过程却是从被选择到自主选择的过程，自主选择的能力越强，个人的阅读能力就越强，阅读心态、阅读心智也越成熟，而社会的阅读文化也就越成熟。

然而，在数字出版阅读上，人们在阅读的选择方式上出现了由主动选择向被动阅读反向发展的趋势。在很多时候，人们在网络上接受的是侵入式阅读，广场式阅读，甚至还会出现反复冲击式的阅读。此类阅读信息服务体现了出版主体传播能力的提高和服务意识的强化，事实上读者从来就需要不断地接受各种信息从而做出阅读的选择。但是，问题在于，在电脑上，读者经常需要停下已经开始的阅读，对于屏幕上忽然跳出的一个又一个八卦的新闻标题做出阅读与否的选择，当读者正在倾尽心血研读一部专著或者倾情体验一部纯情文学作品的时候，忽然遭到屏幕上倏然闪出的颇具情色冲击力的广告冲击，主动的阅读与被动的阅读经常面临博弈。更不要说在博客世界里那种竟日进行的广场式阅读，在强化了阅读自由度的同时，阅读的主体性同时也被消解了。

我们得承认，上述被动阅读的问题不是数字出版的错，而是数字技术魔匣里经常会蹦出的怪物，倘若理性的人类不加控制，那魔匣里指不定还要蹦出什么匪夷所思的东西来。在这样的时代里，需要我们对阅读的方式和环境保持必要的自主能力，也需要数字出版者做出共同的努力，在发展数字出版的同时，不断地优化我们的阅读方式和环境。

五

　　数字出版最引为骄傲自豪的是速度问题。数字出版的阅读速度无疑也得到了极大提高，阅读的快与慢也就形成了激烈矛盾。在传统出版条件下，人们讨论阅读的快与慢这对矛盾，仅仅在于治学修养的不同需要上。在数字化转型过程中，阅读的快与慢矛盾则几乎达到"生存还是死亡"的激烈程度。

　　为此，一个时期以来，国际读书界出现了一个慢阅读运动。美国新罕布什尔大学有一位教授托马斯正在大力开展慢阅读的实践。他主张细细阅读一本好书，反对一目十行。他说，慢阅读能唤回阅读的愉悦，从高品质的文字中找到乐趣和意义。他严厉批评学校鼓励学生开展阅读速度和阅读数量的竞赛，认为只是对阅读价值的破坏。托马斯教授还在课堂上开展慢阅读教学。他鼓励学生回到传统阅读中去——大声诵读甚至背诵，要求学生"琢磨"和"品味"文字。可想而知，已经习惯在网上快速浏览网页的年轻大学生们，再次面对纸质读物时，竟然出现了注意力很难集中的阅读障碍——托马斯说，"我想他们已经意识到自己在一目十行中失去了多少。"他要求学生一定要慢阅读。前不久也有大学教授跟我说，现在学生都没必要去图书馆，就在数字图书馆上边直接借阅图书。我想这也很好，节约跑路借书的时间，有相当的好处。但是我们要谈的还都是阅读方式的问题。由于网络化借书的便捷，学生们现在屏幕上读书效果如何，会对我们的阅读带来哪些影响，需要认真讨论。加拿大约翰·米德马还以《慢阅读》为名出版了一本专著，力挺慢阅读。书中展开对慢阅读的价值分析，继而把慢阅读引申到作者与读者乃至与社会的关系上来看待。

　　一直以来，许多文化名人都主张缓慢生活，他们的一些主张可以对今天在数字化条件下忙碌生活的人们有所启悟。米兰·昆德拉有一部专著专门讨论缓慢生活的意义，书名叫

《缓慢》。他写道：慢的乐趣怎么失传了呢？古时候闲逛的人都去了哪里？民歌小调中游手好闲的英雄，这些漫游各地磨坊的流浪汉去了哪里？他们随着乡间小道、草原、林地空间和大自然一起消失了吗？米兰·昆德拉为田园风情的消失唱了一曲幽怨的挽歌。现代化、数字化进程必然不断加快整个经济社会发展的速度。人们已经开始抱怨生活节奏快得令人喘不过气来，似乎都知道不快不行，可又不知道为什么要这么着急。阅读速度当然不可能幸免于其间。为了人的全面发展，我们不能一味地以快为美，而必须解决以人为本，科学解决好速度的控制问题，努力做到该快则快，该慢则慢。阅读文化的重建也应当作如是观。

六

在出版数字化转型中提出阅读文化重建问题，本质上是对社会阅读以及出版业坚守和弘扬人文精神的呼唤和引导。

作为人类精神文化生活的主要内容，社会阅读以及出版业首先是人文精神的弘扬，其次才是知识、信息的传播。人类社会的现代化进程，一定程度上造成了人文精神的嬗变、解构乃至丧失，这是人类社会无可奈何的悲哀。人们已经被市场竞争、效率至上弄得相当疲惫，现在又要被数字技术搞得如此这般的支离破碎、跟跟跄跄，且不说那些急功近利的专业阅读、教育阅读，就连大众阅读的休闲式阅读，情意绵绵的阅读，思考人类命运的阅读，都变得匆匆太匆匆，好像明天立刻就要获得一个重大发现，然而这分明不过是人生应有的精神休憩。重建阅读文化，必须在人文精神的导引下，建立合理的阅读价值取向，构建多元的阅读方式，改善阅读环境，减少阅读的盲目性、从众性，增强阅读的理性、自主性。

重建阅读文化，则需要在出版数字化的各种载体和传播方式运行中建立具有权威性和公信力的阅读评价体系。此类阅读评价体系在纸介质出版的传统格局里业已形成，而这是成熟的阅读文化所必需的。尽管这种评价也许对大众阅读的自由度有所压制，容易造成社会管理机构权力的滥用，造成过于强化精英阶层权威的僵化现象，然而，这毕竟是文明社会在无序与有序、理性与非理性一系列悖论面前的理智选择。数字出版特别是当前的网络出版，还没有形成应有的书评制度，这就不是一个完善的阅读文化环境。诚实的作者和读者在这种缺少标准、缺少价值评价的困境中会感到严重的困惑。不道德的作者和无良出版商却可以在系统内耍阴谋、玩阴招而无须担心受到正面力量的谴责，如此便将对人类社会正当的出版和阅读形成严重的威胁。作者和出版者应当抵制不受任何价值观、道德观和行为准则拘束的出版方式的诱惑。为此，出版界和阅读界要立足于建立行业规则，提高行业识别出版舞弊行为的能力，建立起开放的评价环境，让亿万热情的网民睁大眼睛审视出版物的质量，发出批评的声音，从而建立起有序的阅读文化环境。

七

解铃还须系铃人。解决数字出版派生出来的阅读问题，还应当通过数字出版理念和技术的改进和创新来解决。这一轮出版的技术革命乃是在新技术引领下发生的，基本上是数字技术有何发明，数字出版物读者便去尝试进而被吸引、被接受。可是任何先进技术都存在着正面作用与负面作用的两重性，人文精神将要求我们趋利避害，不能让技术的负面作用肆意放大。阅读文化重建，正在对数字技术提出要求，数字出版业不能不负起相当的责任。

审视直至目前为止的数字出版与阅读状况，至少可以提炼出以下需要反思的问题：（1）提供解决方案的服务并非数字化专业出版的全部，专业出版的全面价值和严肃性需要得到维护；（2）数字化教育出版要把引导学生深度阅读、慢阅读作为业务突破的重点方向；(3) 数字化大众出版要提倡开卷有益，倡导品味和价值的提升，可以有原创园地海量文字上传，更需要强化网络出版的编辑环节；(4) 网络出版与阅读应当建立起以诚实为基础、内容为导向的作品评价体系，数字图书馆要把那些无良出版商从目录中删除；(5) 为确保用户阅读选择的自主权而建立更加健全有序的网络环境；(6) 网络技术提供商、移动技术运营商有责任为建立网络阅读环境和移动阅读环境的秩序而努力。

总之，在数字化时代，数字出版业较之于出版业以往任何时候的社会责任都要重大而复杂，服务于社会阅读的责任也空前地受到高度关注，而目前正遭到相当广泛的质疑和批评。但无论遭到怎样的批评和质疑，绝大多数人士并不会因此诅咒数字出版，更不会诅咒数字出版的命运。《第一财经日报》曾于2006年3月28日发表一篇文章《因为互联网，我们需要做得更多》，其中，美国《华尔街日报》运营副总裁潘瑟艾罗说道："内容是最重要的。我们首先应该做出最棒的内容。至于读者的阅读形式，我们不应该苛求。因为互联网，我们需要做得更多。"正如他所说，我们希望数字出版在阅读文化重建方面做得更多更主动一些。这是全社会的文化自觉，也是读者维护阅读权益的需求，无疑，更是包括数字出版业在内的整个出版界无可推卸的责任。

(作者单位：韬奋基金会)

拓展二元书业时代的现实空间

孙月沐

2012年的中国书业显然缺少一个恬静宁馨、"诗意栖居"的现实背景。恰恰相反,刚刚过去的2011年,带给整个书业的,是一个五光十色的万花筒,国际的国内的、经济的政治的、业外的业内的,大事不断,要闻频现,此伏彼起,热闹非凡,有的甚至还刀光剑影,又或玄机深藏。从欧元美元的跌宕到中国房市股市的诡谲,从亚马逊谷歌雄心万丈抢资源抢市场到鲍德斯沃尔汰斯等标志性渠道的萎靡,从中国传媒股的逆市上扬到出版集团军的快速崛起,从中国电商张开血盆大口于网上卖书到颇具声名的若干独立地面书店的无奈倒掉,2011,书业如坐过山车,步步惊心,不时发出阵阵惊声尖叫。当然,还有最值得关注的中共十七届六中全会的召开,将包括书业在内的文化大发展大繁荣上升为国家意志,街谈巷议。种种相关信息犹如幕幕大片,令人于目不暇接之际有时兴奋莫名,有时又会莫衷一是。大动荡、大分化、大改组、大变数、大变革、大变局,书业就像整个世界,在越来越多的变数与不确定性中如期而至。至此,唯一的结论便是:我们已经来到二元书业时代。

不再是单色调的、纯线性的、一元指向的书业,做书的不再是那个做书的,卖书的不再是那个卖书的,做的书卖的书不再是那个书,连书业也不复为过去那个我们习以为常的书业。我们到了面对多种可能性的二元书业时代,我们到了直面新变局拿出新的解决方案的二元书业时代,我们必须致力于拓展二元书业时代的现实空间。这，就是现实。

记起了三年前，2009年中国出版传媒商报（原中国图书商报）新年社论援引的狄更斯《双城记》中的名句："这是最美好的时代，这是最糟糕的时代；这是智慧的年头，这是愚蠢的年头；这是信仰的时期，这是怀疑的时期；这是光明的季节，这是黑暗的季节；这是希望之春，这是失望之冬；人们面前应有尽有，人们面前一无所有；人们正在升入天堂，人们正在陷入地狱"。三年过去，"二元"愈显。年前，一位高官在其一次重要的学习辅导报告会上对这段名句亦予援引。这，亦可作为我们进入二元书业时代的注脚。

二元，更精确表述，当叫多元。说"二元"，更相对于"一元"，相对于单指向，相对于单向度。正像中国国学鼻祖之一的老子所言："一生二，二生三，三生万物"。"二元"，既是数理意义上的，也是哲学意义上的；既具世界观意义，亦具方法论意义。

2012年，中国书业将会面临多少"二元空间"？我们将如何坦然以对？

一、两大分类：经营性、公益性的划分之后，如何使书业改革发展快速向纵深突进

包括新闻出版业体制改革在内的文化体制改革，从时间上说，毫无疑问，远远落后于众多的物质生产部类，因此人们说，这是计划经济最后一个堡垒。

堡垒的大门在2011年前后再一次、大幅度訇然洞开。十七届六中全会相关文献中，明确地提出公益性文化单位和经营性文化单位的"两分"概念，两类主体的划分为文化体制改革指出了全新的路径。

世人皆知，这一理论成果、政策成果的浮出水面，源于近年来新闻出版业的体改领先探路，尤其是出版业，先是地方社，然后是大学社，接着是部委社，筚路蓝缕，以启山林，借鉴其

他物质生产部类体改经验，硬是在"本没有路"的"地上"踏出了一条新路。转企、改制，阵痛、纠结，初尝甜头、初试牛刀，终于在"二元出版时代"茅塞顿开。

在市场经济的大背景、大框架下，让市场的归于市场，使其成为真正的市场主体，在市场中摸爬滚打，在市场中搏风击浪；同时，让公益的明确公益，让政府该负责该担当的负责、担当，让公共文化造福公众，让人民群众享受其应享的文化权益。

而我们可能面对的下一步现实是，经营性的、公益性的就"纯粹经营性""纯粹公益性"吗？事实上，文化，即使归堆于"经营性"的那一块，也天然地烙着其"特殊性"的标志，其产品也必然有着作用于世道人心的自然基因，譬如，经营性出版单位的出版物，一样必须"社效第一"，好多也一样在享受着国家、政府层面的项目资金等的资助、支持，如此等等；同样，公益性的主体，在文化体制改革的大环境大背景下，一样面对适销对路、有效传播的话题、课题。

也许这就是 2012 乃至相当长的"后改制时代""后转企时代"的无情现实："二元""二分"，并不能直接演绎成非此即彼的简单公式，也绝不是"一改（企）就灵""一股（市）就灵""一转（制）就灵""一（集）团就灵"所能全部概括。特别是经营性单位，尤其要解放思想、大胆创新、谋求转型、注重突破，正确处理好"双效"关系、文化坚守与经济追求的关系，正确处理好如何面对 GDP 等"硬指标"、唯生产力唯产业唯商业"贡献度"等刚性考核等现实问题。而解决方案仍然是：解放思想，冲破线性思维，面对层出不穷的新的复杂性、不确定性、可能性，"二分"思维，改革创新。

2012 年，除出版业须继续在"后转企改制时代"继续改革创新发展前进外，出版转企改制的经验将被创造性地"复制"于报刊业，一大批经营性报刊将按既定路线图、时间表推进体改,不言而喻,其成就可以预期,其难度同样亦可预期。而既解放思想,又实事求是,既大胆创新,又一切从实际出发,既求产业突破,又求"文化"突进,当是"二元书业时代"的理性抉择。

二、两种逻辑:文化的逻辑、商业的逻辑如何在错综复杂的"指标"中统筹兼顾,有效平衡

经过改革开放30多年国内现实的观照总结,经过同样多达30多年欧风美雨的激荡冲击,中国新闻出版业界和文化界一样,终于认清了文化业的两个本质规律:既要讲文化逻辑,又要讲商业逻辑,或曰,既要讲商业逻辑,又要讲文化逻辑。而包括政治逻辑在内的文化逻辑,是其本质逻辑、贴身逻辑。

也叫做,既讲社会效益,又讲经济效益,或曰,既要经济效益,也要社会效益。而十分强调:社会效益第一。

直接地说,这是一对矛盾体,而我们的任务是要使其成为矛盾统一体。

需要臻于统一,无疑,需要十分高超的智慧、功力、艺术、技术。

而从来,包括过去的这风云激荡的30多年,业界一直在孜孜不倦地寻求其最佳结合点、平衡点,寻求统筹协调、和谐有效;而毫无疑问,从来我们都在向着这样的高境界努力攀援。

长期以来,包括新闻出版业在内的文化业,在不同的历史时期,在不同的时代背景下,都作出了十分重要的贡献,创造了相当的业绩;但是,在计划经济条件下,在一元书业时代,书业、文化业均为官方"包养",唯求社效,不问经效,坐吃"皇粮",不问市场。这种一元的、线性的指向必然导致出一元的市场,产生落后的精神生产与人民群众日益增长的文化需求之间的尖锐矛盾,产生其规模、质量、效益同泱泱大国不相匹配的尖锐矛盾,内支外绌、捉襟见肘、弊端丛生、千疮百孔。

是时，文化逻辑的过分被强调，事实上更多地演化成了单一的政治逻辑，线性的指向注定了其"主业"上日渐贫瘠，"文化"上归于假、大、空，经济上归于"一穷二白"的宿命。

毋庸置疑，改革开放特别是近年来的书业体制改革，对其商业逻辑、经济站位、产业属性的认知和强调，对其书业政经、书业产经、书业财经的脉动的把握和掌控，使得出版业脱胎换骨、天翻地覆，产业壮大、产品丰富、市场繁荣，有目共睹。然在一派喧嚣躁动之后，蓦然回首，客观冷静去看，我们又十分遗憾地发现，有些地方，有些时候，一种倾向正在掩盖另一种倾向，文化，那种业界、业者印入骨髓、引以为豪的职业荣光，在一些部位、一些人那里，正在逐渐黯淡，乃至渐行渐远。要 GDP，要形象工程，要统计报表、要卖点要票房，也许，就其商业逻辑、经济效益和产业发展本身而言，都没有错，都无可厚非，但危险在于，我们有可能正在滑向另一种线性的、单指向的、一元的"指标体系"：价值缺失、诚信缺失、唯利是图等甚至伤天害理的出版取向、出版行为、出版产品，所在多有，相当量的文化残品次品废品赝品、文化垃圾乃至毒品，正在对文化、精神、价值观、民族大义、国家利益等文化业、出版业所赋的本质属性、本质要求实施无情的阉割、戕害。这是一个不争的事实，这也是十七届六中全会文献反复强调的重点之一。这当然也是 2012 年乃至今后一段时期内业界、业者必须直面的现实。

有人疾呼：重塑文化；有人吁请：让文化的回归文化。无论如何，作为作用于世道人心的出版，"文化"二字的分量，必须永远有自身的高指标。古今中外，概莫能外。解决方案是，一方面，业者自省自律，一方面，政府、政策层面应体现其矢志不移的"国家意志"，不要有意无意地将文化"化外"，同样不能让商业逻辑变成单一的商业指挥棒，漫天而舞，耀武扬威。

三、三大产业：阅读产业、传媒产业、创意产业，如何掌控书业面临的新的产业指向

书业走到今天，早已不复是以前的单一形态的"书"业，人所共知；但书业的产业指向何在，却言人人殊。2011年，中国出版传媒商报新年社论明确提出新的历史时期中国书业面临的三大产业指向，受到业界关注。事实上，二元书业时代的产业发展的新路径往往需要用心斟酌，以免走上弯路、歧途。

三大产业的出现，是书业改革的产物，特别是集团化、规模化发展的必然产物。当国家意志与业界意志集于产业集中度和集团化乃至造大船参与国际间的出版竞争之际，三大产业的提出并实践则更是水到渠成。换言之，这是全产业层面的全景观照，这是全行业面临的产业课题。

阅读产业自与传统书业最为"贴身"，这是同；但不同的是，阅读产业强调的是市场决定论，即，阅读市场的大小涨落，决定着这个产业的规模、方向，如此等等。在二元书业时代，我们需要认"同"，但更要识"异"，从而找出并放大其产业空间。在体制机制变革、资源资本变革、渠道变革、技术变革如火如荼的今天，阅读将推动乃至决定产业，越来越被业界认识。传统的纸质阅读，新质的互联网阅读、移动阅读、移动互联网阅读等"二元""多元"阅读消费形态，迅速而猛烈地"推""拉"着书业大幕，近景也好，远景也罢，阅读消费形态的变化直接导致了产业的变化。今天说书业，若再拘泥于传统纸本，则不仅是规模上的"小"了，更是眼界和全局的"小"无疑。计划经济时代是生产决定产业，市场经济时代一定意义上是消费决定产业。由是，关注多介质、多区间、多层面、多元化阅读，从而关注阅读市场、阅读推广、阅读引领、阅读营销，关注阅读产业，这将是摆在书业面前一项刻不容缓的产业话题、产业课题。

传媒产业的出现并形成气候，亦是产业发展的内在逻辑。当代社会乃知识经济社会和信息社会，亦即传媒社会。中西学界、业者日益明晰，今日之传媒，涵盖信息、知识、文化的生产与传播的多载体、全流程；更重要的是，今日之传媒，更具有将多载体、全流程的信息、知识、文化"打包"、整合的强大功能。是谓传媒产业。环顾中外，无不如是。故此，从书业官方层面到出版集团层面乃至一些微观出版主体层面，都在迅速反应，正在将"传媒"二字有机地嵌入"出版"之内，也许，这只不过是对出版传媒规律的认识深化而已。而这一深化，毫无疑问，将深刻改变传统出版业态："跨媒"，正在成为现实，"合媒"，肯定不仅仅是可能。这也开启了"二元"、多元书业时代，从把握事物内在规律着手，进行改革的思路，庖丁解牛，腠理分明，其效用当自不待言。现在的问题是，如何从上层到下头都遵循产业规律，遵循事物发展规律去做，比如，一些人为的跨界障碍能否早日解决，能否更多地从制度层面上为传媒产业更好地廓清道路，解放传媒产业生产力，以便中国早日出现世界级的"传媒帝国"？

创意产业，当然更是"二元书业时代"应直面并开拓的极其重要的产业又一"元"。对此，业界多有认识；中国出版传媒商报2011年新年社论也有相当表述。借此想特别强调两点。其一，包括新闻出版在内的文化事业、产业，从来都是智力生产的领域，创意是本、是魂。其二，离开"一元"束缚的当下的书业、文化业，创意的空间越来越大。就书业而言，相关产业，有的恰是书业产业链的自然延伸，有的则蕴藏着极具诱惑的"边际效应"，还有的，实在就如阿里巴巴的未知宝库。而最为重要的，当然是书界人士的创意、创新、创造，从观念的解放，到项目的设计实施，无不如此。

阅读产业、传媒产业、创意产业，拓开一个个现实空间，当是当下书业转型的新向度。

四、三大力量：体制的力量、资本的力量、技术的力量，书业如何在全新的背景下做出全新的业绩

还会有各式各样的力量，但体制、资本、技术这几种力量，毫无疑问，正在成为直接影响乃至左右当下书业前进轨迹的重要推力。

制度的力量从来具有基础性和决定性。中国书业体制改革这些年的波澜壮阔，举世瞩目，始终走在整体文化体制改革的前头。一个确定的目标是，将凯撒的归凯撒，将上帝的归上帝，即，将市场的归市场、产业的归产业，将政府的归政府、事业的归事业。前者，其结果便是大面积的经营性出版单位体制改革以及大力度的集团化整合，体制的力量正在发威，束缚了的生产力得以迸发；后者，则是公益性书业的畛域已具雏形。一个全新的书业版图正在绘就，前景可期。书业体制变革也为"二元书业时代"做出了生动注脚，也许，从来，书业就有内在的"一业两制""一业多制"基因。

制度性变革当然永远是难度最大的变革。从二元论去看，书业体改征途漫漫。比如，新的制度安排上，如何处理好中央与地方的两个积极性的统筹协调一致，如何将业界与异业的利益关系有力地整合协调，如何让转企改制等改革政策与相关党政决策机构及其财政、金融、工商、税务等机关部门无缝对接，这些都存在不可否认的现实困境。而制度设计上的规模经济发展模式与范围经济发展模式如何协调匹配，如何在抓大的同时兴小，如何最大限度地调动发挥集团主体与社店微观生产主体两个积极性、活力、创造力，如何在推动"造大船"乃至"造航母"，推动其做大做强的同时推动更多的微观主体"专、精、特、新、优"式发展和内生式发展，如何利用、处理好书业"二八定律"以使书业生态平衡科学有序，如何按照十七届六中全会精神落实好"市场配置文化资源的积极作用"，如何处理好

国有书业与民营书业同频共振问题，如何按照中央经济工作会议精神做好振兴书业实体经济、防止产业"空壳化""空心化"的大文章，总之，如何按照自然法则、商业法则、文化法则构建科学的书业生态（参见2010年中国出版传媒商报新年社论），是摆在书业体改面前的绕不过去的现实课题。体改从来就不是简单的四则运算而是复杂的系统工程，从来具有"二元"而非"一元"的特质。这些深层次的问题若处理到位，则书业体改就会在真正意义上取得全面成效。

资本的力量以风驰电掣、雷霆万钧之势闯进中国书业，虎虎生威，书业为之一震，为之一振，格局大变，旧貌换新颜。当下的文化传媒股相对坚挺是最具说服力的表征。这也是当今中国经济最重要的特征之一。至此，书业的产出、产值、增加值等各项商业指标大涨，书业成为支柱性产业，正在走向现实。市场经济社会，资本、资本运营是举足轻重的砝码，有时几具点石成金、脱胎换骨之神效。不容置疑的是，资本的力量正在转型着中国书业、改革着中国书业、发展着中国书业，"一元"书业不再，"二元"、多元书业时代来临，书业的产业发展途径倏然开阔，连异业联盟以我为主这样的书人梦想也已开始一一上演真实的故事，相信类似的依靠资本的力量改变书业振兴书业重塑书业的故事会越来越多。但同时，按照二元论，世上从来没有包医百病的灵丹妙药，而市场的法则永远是胜负互现，资本市场更不例外，甚至尤甚，其波谲云诡的风险，跌宕起伏的凶残，决不会因为"文化"的温情脉脉而改变其本性。当我们在一个一个IPO成功、一桩一桩强强联合成功的香槟酒会上欢庆之际，我们更要关注的是资本运营人才团队的建设及其对资本市场相关业务的熟知。这是书业进入深度"二元时代"的严峻现实。

科技的力量在当今书业可谓横冲直撞如入无人之境。也许因为文化与科技的联姻，有时表现更为直接而明快。全球皆然。

这些年，包括刚刚过去的一年，书业因科技而遽变的例子举不胜举，涉及全产业链。谷歌、亚马逊们比拼着到"上游"抢作者，中国的几大电商们同样比拼着抢网销书市场"下游"终端，中外书业以外的网企不遗余力地制造可以抛却编辑"中端"即内容把关者的神话，基于计算机技术和现代通信技术的PC机、手持阅读器直至手机的"新阅读"风生水起，互联网、移动互联网甚至物联网均已摆开架势，意欲重写书业及传播业的规则。当我们刚想涉猎传媒产业，人家已伸手于数字传播；当我们致力振兴纸本阅读，人家已虎视眈眈于数字阅读。当然，数字出版就要取代传统出版的声音早已甚嚣尘上。这就是"二元书业时代"的技术图谱。一个不争的事实是，新技术会改变历史，重构历史行进路径，因而业界越来越多的人越来越重视数字出版，并由"入脑"而至"动手"，尽管"传统"的硬壳那么沉重而坚固，因而运行得相当力不从心。而另一面则是，鉴于内容阅读的产业——书业，如何在新技术面前成功转型，如何在深刻认知内容生产、传播、消费的客观规律后重塑"核心竞争力"，则又是"二元书业时代"给出的现实课题，就像广播之于新技术带来的电视，电视之于新技术带来的电脑，或更前些，电影之于新技术带来的电视剧，有无"复兴""中兴"机会，能否振兴，如何转型，如何重塑，都属大有文章可做，大有研判余地的，甚至毋宁说，其中好多奥妙，值得业界、业者努力悟透。

　　内容为王还是技术为王，一个争议不已的话题。为什么不能是内容和技术共同为王，为什么不能取共赢或多赢模式？当产业边界越来越扩展也越来越模糊之际，新的要素就会在边界、边际茁壮生长，或许，"模糊效应"之力不可小视。这当然不是"一元论"，这就是"二元书业时代"的特点。当人们惊呼业外的电商大佬们一烧千金不惜血本网上卖书、卖电子书，当人们惊呼传统意义上的业外的"网媒"大佬们一掷千金不惜血本地网罗作者，当人们惊叹于电子书市场份额比例越来越大，当人们惊叹于80后90后沉湎于手机上的在线、移动阅读，我们必须承认，这就是技术的力量；同时，业界应有理性的应对之策，除实力跟进外，我们是否想过，为什么不能像一些市场经济成熟的国家那样，法律规定新书不得打折、不能乱打价格战以维护书业健康秩序和健康发展，从而切实推进国民阅读？为什么不能遵循精神生产传播业出版业必须有编辑必须有把关人必须有抉择传播这一客观规律，确定各种出版包括新媒介出版的编辑准入制，从而确定出版业编辑业的主体地位，让传播的归传播，让出版的归出版？为什么业界不能迅速变守势为攻势，在学前教育、亲子阅读、基础教育中大力培养对于纸本阅读的依赖，从而使书香熏陶使深度阅读成为一代代人的生活方式的一部分和文化基因？为什么不能真正地举全国之力，合纵连横，政府推动业界参与市场运作出一个真正能够引领健康阅读市场的中国亚马逊或中国谷歌，将时兴技术与传统书香有机融为一体，而不是做新兴技术行业甚或某一企业的尾巴和工具？凡此种种，"一元"思路，肯定此路不通，我们应有杀出血路、夺路而出的"二元"、多元战略抉择。

五、五跨：跨地区、跨行业、跨媒体、跨所有制、跨国，书业到底能跨多远

书业要做大，尤其是经营性书业，就要毫不犹疑地遵循市场经济规律，而不能单向度、线性化地思考和处理问题，而"五跨"，显然是符合市场经济规律的、符合现代企业法则的、符合公司制市场主体运营流程的理性抉择。这几年书业集团化、规模化发展中，有的已经尝到了甜头，如跨地区、跨所有制，既有中央书业集团兼并重组地方的"滚雪球"，也有地方书业军团重组中央出版机构的"蛇吞象"，更有不少国有与民营"联姻"、国内与国外出版业携手的成功案例。随着集团军壮大、资

本运营成功特别是十七届六中全会带来的各项政策利好，相信会有新一轮的"五跨"热潮涌动。整合中发展是市场经济的常态。下一步，我们应把重心放在按照市场经济规律整合上、"五跨"上；同时，应在体制机制即制度层面为"五跨"提供保障，更多地减少人治的痕迹，在政府的保障和服务下，重视"市场在配置文化资源中的积极作用"，廓清可能出现的难于逾越的体制性制度性障碍，这才是中国书业真正在"五跨"中充分发挥市场主体地位，充分发挥市场主体的积极性和创造力，从而推进书业科学发展的坦途。这也是"五跨"面临的"二元"、多元发展的题中应有之义。

其实，中国书业自改革开放以来，特别是近年体改以来，一直在循着"二元书业时代"的方向前行。这也是当下国内外、业内外的大背景。国门大开，八面来风；观念一变，天地俱阔。况且，世界本就处于多样、多元、多变的复杂态势之中，从未消停，也从未整齐划一。又由于包括新闻出版在内的文化业的特殊性、复杂性，其改革与发展也一直在摸索、探索与求索中，以期找出一条科学的中国书业发展道路。横向看，我们有N种可能；纵向论，我们有若干机会。正面看，我们具备辐射思维、拓展空间的现实基础；逆向论，我们面对着成功的同时也面临着失败的威胁。正如前不久召开的中央经济工作会议决议指出的那样，"短期问题和长期问题交织，结构性问题和体制性问题并存，国际问题和国内问题互联，我们必须增强忧患意识、风险意识、责任意识，采取有力措施，积极稳妥地加以解决"。可以肯定的是，面对二元书业时代，我们面临的现实课题肯定不止于本文所涉及的几个话题，而会关涉更多的"一对一对""一组一组"，互相牵连，甚至互相咬合，互相对立，这就格外要求更多的书业激情、书业智慧、书业实干。让我们一起携手努力。可以预期的是，今后很长时期，我们仍然会在不断地摸索、探索、求索，路漫漫其修远，决不会一蹴而就，也不会在一个早晨突然降临一个书业新纪元。这个世界唯一不变的就是变化,文化尤甚。这也是十七届六中全会吹响文化大发展大繁荣、由文化大国向文化强国迈进的国家意志进军号的目的,一方面是愿景宏伟、前途广阔,一方面是难度很大,重在建设。就书业而言,一方面是体制改革成果显著,走在前头,一方面是多年积弊仍在,新的矛盾和问题又如影随形,不容"轻敌"。这就是辩证唯物论,这就是历史辩证法,这就是二分法,这就是我们进入二元书业时代的现实图景。我们一再明确"二元书业时代"的用意在于,认清目前的思维坐标和现实定位,明晰我们的课题和任务,在各自的岗位上缘着十七届六中全会的宏大设计,八仙过海各显神通,各就各位奋力奔跑,眼观六路耳听八方,上天入地上下求索,共同拓展共同做大二元书业时代的现实空间,共同构建2012年乃至更长一段时期的科学发展下的中国书业。

(作者单位:中国出版集团公司)

信息权力结构的演变和大数据时代的"编辑智能论"

王成文

摘要：在媒体生态系统中，受众、记者、编辑三者构成了信息权利主体，但是三者的信息权力结构却处于变化中，相继出现了信息稀缺时代的"记者中心论"、信息丰裕时代的"编辑中心论"、新媒体赋权时代的"用户中心论"、大数据时代的"编辑智能论"。在大数据时代，前台"语义数据"和后台"用户数据"的价值被智能化处理，信息推送（PUSH）的价值再次被重新挖掘。

关键词：大数据、信息权力结构、编辑智能论

编辑，作为一种信息选择行为，把无结构的信息转化成结构化的语义内容，是社会文化缔构的基础，也是文明社会形成的基石。而编辑，作为一个职业群体，则是大众媒体走向专业化、职业化和独立化的产物。职业化的编辑群体，是社会文化运行的"处理器"，是文化传播和文化沉淀的主导性力量。虽然职业化编辑的社会功能相同或相似，但是在不同的信息来源、信息需求和媒体技术的影响下，编辑的地位和外在形式却存在着较大差异。

一、信息稀缺时代的"记者中心论"

信息垄断和信息控制，是大众媒体没有出现之前的主要社

会特征，利益集团以此来实现社会协调和社会控制。在大众媒体产生初期，纸质媒体是主要的媒体形态，信息稀缺是信息市场的主要特征，有三个方面的原因。

一是社会主体公开化程度较低，信源不丰富。在大众媒体时代早期，由于缺乏独立生存能力，媒体被政治团体等社会权力机构所控制，媒体的监督权尚未正式确立。政府、企业等社会主体延续了"黑匣子"操作思维，缺乏信息公开的内部意识和外部动力，这限制了信息来源的丰富程度。

二是社会横向联系较少，信息类型和信息容量相对有限。公共生活需要是大众媒体产生的重要基础，但是在大众媒体时代早期，城市化和全球化水平较低，普通阶层社会横向联系少，只有社会精英阶层对公共信息有着强烈的需求，大众媒体源于精英群体，服务于精英群体，这就限制了大众媒体的承载的信息类型和信息容量。

三是受制于印刷技术和交通技术的限制，纸质媒体的运行成本相对较高，这就限制了纸质媒体的信息范围。虽然约翰内斯·古腾堡在15世纪就在西方发明了活字印刷术，打破了中世纪的知识垄断，但是小批量的人工排版印刷使平均成本居高不下，再加上交通技术的限制，纸质媒体有着较高的发行成本，这就限制了纸质媒体的信息范围，纸质媒体的信息采集和传播空间范围相对较小。

在信息稀缺的市场格局下，如何拓宽信息范围和增加信息深度，抢夺信息来源，丰富信息内容，就成为大众媒体运作的核心范围。记者在这个时期被逐渐推到了"无冕之王"的地位，记者成为大众媒体运作的核心。"记者中心论"成为大众媒体运作的基本规则，记者的社会价值被高度重视，有三个方面的原因。

其一，社会主体信息化程度低，政府和企业大量信息缺乏透明，信源容易被垄断，使得信息获取极度困难，这需要记者依靠自身的社会资源来探知各类信息。再加上记者权益保护尚未完善，相对于政府和企业等强势群体，记者需要付出更多的个人风险和社会风险来获取信息。

其二，这个时期普通阶层信息需求较少，大众媒体主要服务于精英群体，记者也多出身于精英阶层，他们通过媒体控制来引导精英舆论，然后由社会精英再通过多级传播影响社会舆论，记者处于社会舆论的顶端。

其三，受制于通讯技术和交通技术的限制，记者成为社会的"冒险家"，收集信息需要付出较高的采集成本，这也限制了媒体机构信息的丰裕程度，最大程度地利用记者采集而来的每条信息，记者处于信息权力结构的中心地位。

在信息稀缺时代，"记者中心论"肯定了记者在信息采集和加工中的创造性贡献，但对编辑群体的社会功能认知度较低，只看到了职业编辑群体在排版、纠错、读者服务等技术性工作的价值，而忽略了编辑选择对文化发展的深层次价值。

二、信息丰裕时代的"编辑中心论"

工业革命不仅是一场技术和经济革命，而且是一场社会及文化革命。工业革命的到来，使社会信息流动告别社会精英控制的信息稀缺时代，在信息广度和信息深度上的"信息丰裕"成为这个时代鲜明的特征。"信息丰裕"主要表现在以下三个方面。

其一，信息公开成为社会共识，政府和企业等社会主体走向透明化，信息来源极大丰富。随着工业革命影响的深入，政府和企业等社会主体的公共性越来越强，社会公众越来越难以满足这些社会主体的暗箱操作，在信息公开和媒体监督的推动下，政府和企业等社会主体走向开放化和透明化，这为媒体带来了丰富的信息来源。

其二，社会横向联系丰富，普通阶层成为信息需求主体，信息类型多元化。在信息稀缺时代，政府和企业等组织化机构是社会横向联系的社会主体，但是随着城市规模的扩大，普通公众的横向联系不断增多，各类生活服务类信息成为媒体机构的重要信息来源，信息类型走向多元化、社区化和城市化。

其三，独立通讯社的出现，打破了通讯技术和交通技术的成本限制，信息容量空间扩大。为了降低媒体的信息采集成本，独立的通讯社开始出现，这极大地降低了媒体信息采集的资金成本和时间成本。独立通讯社出现后，"通讯社新闻＋本地新闻"成为媒体典型的内容结构，这为媒体机构提供了丰富的信息来源。

在信息丰裕时代，记者的功能"后台化"，而编辑的功能开始"前倾化"。媒体的信息权力结构也由"记者中心论"走向"编辑中心论"，编辑的社会功能和文化功能被提升到前所未有的高度。这主要与社会信息流动的形势转变密切相关。

其一，信息泛滥，选择信息比获取信息更重要。在信息丰裕时代，同质媒体与异质媒体无限丰富，信息不再是一种稀缺性资源。单体受众越来越难以应对海量的信息，选择信息比寻找信息更重要。编辑根据类型化、抽象化和族群化的受众偏好，选择信息类型，以此降低受众的信息困扰和满足其信息需求。

其二，市场竞争加剧，编辑缔构媒体品牌，降低经营风险。在信息丰裕时代，媒体之间的"存量竞争"和"增量竞争"空前激烈，媒体进入品牌化竞争时期。品牌是一个整体性概念，记者的个体品牌是媒体品牌的重要组成部分，而由编辑选择所缔构的整体品牌才是媒体最重要的竞争力，能够延续和增强受众偏好度，降低经营风险。

其三，政府难以控制信息流向，负面信息冲击社会底线，编辑把关功能被重视。在信息丰裕时代，政府等社会主体已经很难通过"信源控制"来控制社会舆论走向，各类虚假信息和负面信息不断冲击着社会的道德底线，编辑成为媒体公共性的化身，媒体的审核把关功能越来越重要。

三、新媒体赋权时代的"用户中心论"

互联网革命，使信息权力流动超出了"传播者"范畴，不再是媒体机构内部记者群体和编辑群体的地位变迁问题，而是人类信息传播权力结构的第一次"大反转"，"用户中心论"超越了传统的"受众研究"范畴，在新媒体赋权下打破了传者与受者之间的二分法，使用户的传播权利与传播义务走向了同一化。"用户中心论"改变了信息权力结构，主要体现在以下三个方面。

其一，社会信息化程度加深，各类社会主体纷纷触网，带来了丰富的信息来源。在大众媒体时期，传播者与受众分离化，职业记者和编辑成为传播者，接受信息则是受众的责任和义务。而互联网的出现使"人人都成为传播者"，专业机构生产的"宏内容"与用户创造的"微内容"，为互联网带来了丰富的信息来源。

其二，用户不再满足于断裂式的大众传播方式，全时空传播，拓展了信息需求类型。在大众媒体时期，报纸、杂志、广播和电视等大众媒体拥有各自的传播场景，受众使用这些媒体限定在各自的"场域"，不同的生活时刻选择不同的媒体。移动互联网的出现，打破了大众媒体传播场域的孤立性和封闭性，"任何人在任何时间任何地点传播任何信息"的全时空传播模式，使"生活时空""工作时空"等类型化时空破碎化，用户的信息需求类型更加丰富。

其三，互联网技术的低门槛、低成本，拓宽了信息广度，增加了信息深度，但也带来了碎片化。互联网在信息生产、信息传播和信息存储上的低成本性，推动了互联网的普及化；而越来越人性化的人机界面，则使互联网与用户之间的对话越来越类似于"人际对话"，用户无需特定的技能，即可以创造丰富的信息。虽然互联网的这种低成本和低门槛释放了人类各类信息行为，但其所带来的"碎片化"影响也不容忽视，这甚至进一步消解了社会共识。

"用户中心论"是信息传播权力首次赋予社会个体，是社会个体出版自由理想的第一次落地。"用户中心论"对信息权力结构的影响，第一层面体现在对大众媒体时期形成的信息传播权力结构的"破坏力"，第二层面则体现在信息传播权力的全新重构。这主要体现在三个方面。

其一，新媒体赋权，使人人都可以成为传播者。用户自主传播，使每个人都成为公民记者，不仅可以记录自身所发生的一切事情，而且可以记录身边所有的故事，这就消解了职业记者在信息获取方面的存在价值。特别是各类"深喉"的出现，如维基泄密事件，远远超出了职业记者的报道范畴。

其二，用户可以自主选择内容，定制内容。"自编辑"是互联网时代的重要特征，用户可以通过 RSS、微博、个人频道、浏览器等工具自主定制内容，这打破了由职业编辑所构筑的整体性，职业编辑的工作再一次被"隐性化"。

其三，用户创造新型"信息样式"和"语法结构"。PS 运动、恶搞运动、语录体、个性输入法、表情等用户创造的信息样式，打破了大众媒体时期所形成的"语法结构"，用户尝试使用互联网的新特质，来表达自己的主张。

职业记者和职业编辑的价值，不再体现在灌输和引导，而是"补缺"功能，通过弥补用户创造的不足之处来实现自身的职业价值。

四、大数据时代的"编辑智能论"

大数据改变了什么？大数据不仅丰富了对结构化语义内容的理解，而且使碎片化用户信息价值化；大数据不仅改变了一切社会主体的存在形态，而且丰富了社会主体之间的关系模型；

大数据使对互联网的认知超越了"工具""媒体""社交""电商"等传统思维，重新以人与互联网的角度探寻互联网的革命性价值。大数据对于信息市场的改变主要体现在以下三个方面。

其一，大数据丰富了对于信息价值的认知，使线上数据与线下数据、前台数据与后台数据的价值标准同一化。大数据对信息的理解，不仅包含媒体概念下的语义内容，而且包含其他所有信息；不仅包括符号化的前台数据，而且包括行为化的后台数据。大数据把这些数据在"大数据"概念下同一化，极大丰富了对信息概念的认知，拓宽了信息来源，从而出现了前所未有的海量数据。

其二，大数据提高了用户的"社会能见度"，使满足个性化信息需求第一次成为可能。在小数据时代，用户是类型化、抽象化和族群化的，信息机构往往以特定的群体为传播对象，难以满足个性化需求。大数据对用户数据的"固时化"记录，使用户透明化和个性化，这才使媒体机构发现了个体化差异，这种个体的发现，扩大了信息需求的类型。

其三，物联网、移动互联网、云计算和数据库，使互联网由"小数据时代"走入"大数据时代"。物联网，使所有物体信息联网；移动互联网，使所有个体信息联网；云计算，使海量数据分布式存储和智能化处理成为可能；数据库，使海量数据结构化和智能化成为可能。互联网的技术变革，是大数据时代来临的基础，这为海量数据采集、存储、处理提供了技术支撑。

大数据改变了信息权力结构。在大数据时代，"用户中心论"只能解决信息传播深度问题，但是对于信息传播的公共性和社会性问题却解答不足。大数据的概念提出后，我们不能不反思"小数据时代"大众传播的价值，职业化的编辑群体是否还有存在的社会价值？正是基于"用户中心论"的不足之处，我们提出了"编辑智能论"。"编辑智能论"的存在价值主要基于以下三点。

其一，"编辑智能论"克服了"用户中心论"所导致的"碎片化"缺陷，充分肯定了由社会关系网络所包含的"公共性"问题。社会性，是人区别于动物的主要特征，这种社会性的表征之一就是公共性。大数据充分挖掘了人的社会性问题，对人类行为的认知超越了个体行为，肯定了社会环境对个体发展的影响。由编辑所构筑的公共议题，是基于这种社会性的延伸，是维系社会的纽带。

其二，"编辑智能论"再次肯定了 Push 的价值，丰富了互联网上的信息关系模型。Pull 是互联网区别于大众媒体的一个显著特征，它赋予了用户充足的自主权。Pull 在行为价值取向上最终指向"个体性"，而 Push 则指向"公共性"。大众媒体时代的 Push 因信息内容与用户需求匹配度低而被排斥，而在大数据时代，"推"的价值被重塑，不过这个"推"是建立在对生活者数据和消费者数据深度挖掘的基础上，以此创造更为贴心的产品和服务。用户的被动接受不再是一种被强迫，而是变成了一种享受，真正的"消费者中心论"开始落地。

其三，"编辑智能论"是一种集体智能，是用户"自编辑"和职业编辑群体"他编辑"的累积化结果。无论是"个体智能"还是"机构智能"相对于海量数据，都显得微不足道。"编辑智能论"充分肯定了空间意义上的群体智慧和时间意义上的历史智慧，走向一种集体智能，通过分工协作，公共打造人类文化体系的大数据库。

五、结 论

从"记者中心论""编辑中心论"，到"用户中心论"，再到"编辑智能论"，在处理"个体性"和"公共性"的两极张力中，人类社会的信息权力结构不断改变。在大数据时代，"编辑智能论"以集体智能和机器智能的概念，依据了"个体性"

和"公共性"之间的矛盾，重新界定了 pull 和 push 两种关系模型的社会价值。这既肯定了用户创造的"微内容"的价值，又充分挖掘了编辑创造的"宏内容"的价值。

参考文献

[1][美]维克托·迈尔·舍恩伯格.大数据时代：生活、工作与思维的大变革[M].周涛，译.杭州：浙江人民出版社，2012.

[2]陈刚.创意传播管理：数字时代的营销革命[M].北京：机械工业出版社，2012.

（作者单位：北京大学新闻与传播学院）

隐性知识显性化：编辑专业发展的有效路径

张 恰

摘要：从功能角度出发，编辑的知识结构可分为三方面的内容：本体性知识、条件性知识和实践性知识，这三方面共同构成了编辑知识结构的主体框架。前两种知识属于显性知识，后一种知识属于隐性知识。从编辑专业发展的现状来看，编辑隐性知识显性化的问题一直被忽视，尚未提到研究的日程上来。因此，当前开展编辑隐性知识显性化问题的研究十分必要且紧迫。本文还论述了编辑实现隐性知识显性化的核心手段、前提条件和实施策略。

关键词：编辑专业发展；显性知识；隐性知识；隐性知识显性化；反思

当前，图书出版业集团化、国际化、数字化趋势日益明显，而缺乏具有较高策划能力、丰富工作经验的复合型人才的叹息正在出版业蔓延[1]，这个呼声反映出当前出版业对人才尤其是复合型人才的需求越来越高。业内人士开始关注诸如"好编辑是如何炼成的""优秀编辑是如何成长的"这样的关于编辑人才成长的问题。

综观当前出版业人才培养的现状，我们发现，"专家讲座+集中培训"是当前编辑培训的主流模式。然而，这种培训模式的实际效果并不明显，甚至令人质疑和诟病。出版涵盖了几乎所有的知识领域，对出版人才的要求必然是千差万别，因而对出版人才难以按照统一的标准进行批量生产[2]。《勿让编辑继续教育课程成"鸡肋"》一文提出了当前编辑继续教育课程的实际效果值得商榷的问题，该文认为："面对有着截然不同需求的编辑，当前的继续教育课程很难做到面面俱到[3]。"由此可见，编辑的继续教育课程缺乏针对性和实效性的问题十分突出。

因此，编辑专业发展的有效性问题日益凸显出来。编辑如何实现自身的专业发展，关键在于能否找到一条有效的路径，这一问题应该尽早进入我们的研究视野，成为编辑专业发展的重要研究课题。

一、编辑隐性知识显性化问题的提出

编辑专业发展是指编辑主体在专业素质方面不断成长并追求成熟的过程，是编辑主体在专业理念、专业知识、专业能力、专业情感等方面不断更新、演进和完善的过程。编辑主体的专业成熟是一个长期的发展过程，只有不断地进行学习和研究，才能拓展其专业内涵，提高其专业水平，最终达到专业成熟的境界[4]。编辑专业发展强调编辑作为一个发展中的专业人员，其发展应该是阶段性的，又是长期的、持续性的，甚至是终身的。编辑的专业发展需要经历从新手到专家的成长过程，需要贯穿职业生涯的始终。

在编辑专业发展过程中，专业知识和能力占有核心的地位，需要编辑主体给予足够的重视。因此，研究编辑专业发展有效路径问题的逻辑起点，应该从编辑的知识结构开始。从功能角度出发，编辑的知识结构可分为三方面的内容：本体性知识、条件性知识和实践性知识，这三方面的内容构成了编辑知识结构的主体框架。

编辑的本体性知识是学科内容知识，它是从事出版专业活动的基础。在实际的出版工作中，编辑都是依靠本体性知识有效开展工作的。每一位编辑在大学学习期间都有自己的专业方向，到出版社从事编辑工作之后，大多都是按照自己的专业方向、依托自己的专业优势开展编辑活动的。

编辑的条件性知识是编辑专业知识，它是编辑人员有效地开展出版专业活动的前提。出版专业资格考试所要考核的知识就是这类知识，比如，出版概论、编辑概论、出版历史知识、出版行政管理、出版社经营管理、著作权知识、出版的法律法规等。

编辑的实践性知识是编辑个体在长期的工作实践中会形成各自的有关认知能力、思维模式、价值观念、工作经验等难以形成统一而又高度个性化的个体隐性知识，如对职业灵感、选题策划、稿件取舍、编辑技巧等方面，这些难以言明、模仿和不易被复制的隐性知识会深深地影响着编辑个体的行为方式，从而体现出不同的编辑风格、编辑水准、职业兴趣、道德情操等[5]。换言之，编辑的实践性知识是编辑主体通过日常出版实践的创造和反思过程得以形成的。以往编辑的实践性知识之所以没有被广泛地用于其专业发展之中，一是大多数编辑没有意识到这类知识的存在及可贵之处，二是因为这类知识对编辑专业发展的作用还没有被业内人士广泛认可。实际上，编辑的专业化程度主要是由实践性知识决定和保障的。编辑的实践性知识因其不可替代的重要作用，应该成为编辑专业发展的建设性工具，这不仅有助于理解编辑专业发展的深刻内涵，而且能为编辑专业发展找到切实可行的出发点和路径。

编辑的实践性知识具有的一个重要特征，就是作为一种隐性知识在发挥作用。隐性知识也叫缄默知识，是英国著名的物理化学家波兰尼于1958年在其代表作《个人知识：迈向后批判哲学》中首次提出来的。其核心观点是：我们所知道的要比我们所能够言传的多（We can know more than we can tell.）。知识在线公司的首席执行官荣·杨将显性知识与隐性知识的总量和存在方式作了比喻性的说明,他认为:"显性知识可以说只是冰山的一角。而隐性知识则是隐藏在冰山底部的大部分。隐性知识是智力资本,是给大树提供营养的树根,显性知识不过是树上的果实[6]。"

为了清晰地阐释显性知识与隐性知识两类知识的区别,特以下表作一说明。从显性知识和隐形知识的特征分析,编辑的本体性知识和条件性知识属于显性知识,编辑的实践性知识属于隐性知识。

显性知识与隐性知识的区别[7]

显性知识特征	隐性知识的特征规范、系统
尚未或难以规范、零星背后有科学和实证基础	背后的科学原理不甚明确稳定、明确
非正式、难捉摸经过编码、格式化、结构化	尚未编码、格式化、结构化用公式、软件编制程序、规律、法则、原则和说明书等方式表述
用诀窍、习惯、信念、个人特技等形式呈现运用者对所用显性知识有明确认识	运用者对所用隐性知识可能不甚了解易于储存、理解、沟通、分享、传递

不易保存、传递、掌握就途径和方式而言,编辑专业发展包括两个大的方面:一是外在因素的影响,指对编辑进行有组织、有计划的培训和提高;二是内在因素的影响,指编辑主体的自我积累与完善。从编辑专业发展的现状来看,我们一直重视外在因素的影响,过于强调专家讲授式的集中培训。这种"从显性到显性"的方式当然是不可或缺的,然而内在因素的影响,即编辑的隐性知识以及隐性知识显性化的问题却一直被忽视,尚未提到研究的日程上来。因此,当前开展编辑隐性知识显性化问题的研究十分必要且紧迫。

业内的有识之士李景瑞先生将许多编辑前辈们丰富的学识、

高尚的道德、成功的业绩称为"摸得着的"编辑学,他慨叹编辑们极少宣传自己,以致编辑前辈的许多事迹长期鲜为人知,这是对知识资源的埋没,十分可惜,这些资源非常值得努力去挖掘和开发,因此发出了抢救这一"摸得着的"编辑学的强烈呼吁[8]。这一呼吁印证了研究编辑隐性知识显性化问题的必要性和紧迫性。

二、编辑隐性知识显性化的核心手段

关于成人如何学习,已经形成四个重要观点[9]:第一,学习的"操纵者"是学习者本身,成人能够自主、自律、自控自身的学习过程;第二,成人在不断学习的过程中积累的丰富的工作和生活经验,是进一步学习的重要资源;第三,成人对学习的看法由儿童对知识的延滞应用变成立即应用,从而他们的学习导向由以学科为中心变成以问题为中心;第四,成人由于承担了社会、职业和家庭等多种角色,难免成为一个功利主义的学习者,而且常常伴随不同程度的焦虑感。因此,有效的成人学习应该是基于经验的学习,基于问题解决的学习,是基于反思的学习。

由于编辑是成人学习者,符合成人学习的基本规律。编辑专业发展需要不断地反思已获得的编辑经验,没有经过反思的经验只是狭隘的经验,至多只能是肤浅的知识。如果编辑主体仅仅满足于获得编辑经验,而不进行深入反思的话,即使他一辈子从事编辑工作,最终也只能是经验型的编辑,永远无法成长为优秀的编辑人才。有研究者认为:"自我反思对编辑主体改进工作,实现可持续发展具有独特的作用,从一定意义上说,它是编辑专业成长的重要途径[10]。"因此笔者认为,基于实践经验的反思是编辑实现隐性知识显性化的核心手段。美国心理学家波斯纳(Posner)于1989年提出了一个教师成长的公式:成长=经验+反思,这个公式贯穿于专业发展的全过程。这个

公式也同样适用于编辑专业发展。

为了将编辑的隐性知识显性化，国内已有出版社在这一方面采取了有效的措施，进行了有益的尝试。比如，人民教育出版社教育编辑室近年来主抓内部编辑队伍建设，通过会议和课题提升编辑专业化素养，鼓励一专多能，并注重培养反思性编辑，增强其对市场的敏锐度和对稿件的辨别力[11]。

三、编辑隐性知识显性化的前提条件

1. 要树立积极进取的职业理想

编辑要实现隐性知识显性化的目标，首先必须树立积极进取的职业理想。职业理想是人们在职业上依据社会要求和个人条件，借想象而确立的奋斗目标，即个人渴望达到的职业境界。它是人们实现个人生活理想、道德理想和社会理想的手段，并受社会理想的制约。职业理想是人们对职业活动和职业成就的超前反映，与人的价值观、职业期待、职业目标密切相关，与世界观、人生观密切相关。职业理想具有导向作用、调节作用、激励作用。

2. 要学会制定适合的职业生涯规划

为实现隐性知识显性化的目标，编辑要学会制定适合的职业生涯规划。职业生涯规划是编辑为自己的专业发展设计的一个蓝图，能够为自身的专业发展提供引导和监控，也能为编辑对自身专业发展的反思提供一个参考框架。

职业生涯规划的制定，应考虑以下四个环节：一是进行自我分析，全面充分地认识自己；二是进行环境分析，寻求专业帮助；三是确立发展目标，形成发展愿景；四是拟定行动策略，设计行动方案。

3. 要学会做一名学习型的编辑

强烈的终身学习意识和持久、有效的学习活动是编辑隐性知识显性化的前提和保证。要成为学习型编辑，每位编辑必须从内心里意识到学习对提高自身素质的重要性和紧迫感。如前所述，作为成人学习者，编辑能够自我引导，自我驱动，如果编辑

主体能够明确自己的学习目的和学习需要,自发地树立终身学习的观念,并进行有计划的学习时,就会产生更好的学习效果。

四、编辑隐性知识显性化的实施策略

如何实现编辑隐性知识显性化,实施策略至关重要。没有切实可行的实施策略,编辑隐性知识显性化只能停留在理念层面,成为一句空话。为了促进编辑隐性知识显性化,可以采取以下策略。

1. 认真"打磨"选题策划方案

选题策划是指编辑人员开发出版资源,设计选题,制订生产、营销策略的一系列创造性劳动。当一个出版创意基本定型之后,有必要以"选题策划方案(选题策划书)"这样的书面形式表述出来。如果没有一个固定的文本,很难将策划活动引向深入,也会带来许多不必要的麻烦。

"打磨"选题策划方案,目的在于突出核心创意,鲜明地阐述该选题在同类选题中的差异性。这一过程需要编辑运用业已具备的经验和技巧,逐渐凝练策划思路,这同样是隐性知识显性化的过程。

2. 坚持撰写编后小结或札记

这一策略主要是借鉴国外学者倡导的反思性札记(reflective journal)的方法。反思性札记的功能是通过及时记录编辑对自身行为的反思,积累编辑工作的经验教训,为编辑个人隐性知识的显性化留下难以获得的素材。

这一策略不仅能培养编辑的反思习惯和能力,而且有助于编辑主体实现其隐性知识的显性化。撰写编后小结或札记,可以参考编辑出版报刊上发表的有关"编辑手记"这类文章。

3. 对选题策划的典型案例进行研讨

案例分析(case study)是 MBA 教育中非常流行的教学方法。它将一个在真实商业社会中发生过的情景在 MBA 的课堂中加以复现,通过教授的引导,让学生们分析问题,提出解决方案,从而以实战模拟的方式提高学员们应对未来激烈商战的能力。

隐性知识是作为一种"案例知识"积累并传承的。经过精选的出版选题策划案例，会对编辑产生极大的激励和引导作用，会有效地促进编辑隐性知识的显性化。案例的典型性首先要符合价值标准，即选题本身是创造性的，含有较高的智慧成果。一个富有创新性，含有较高智慧劳动成果，且有完美表达形式的出版物，其策划过程、完善过程、实施过程会给编辑许多有益的启发。

4. 开展优秀编辑专业生活史的研究

这一策略是指通过对优秀编辑专业成长史的回顾，以发现研究对象专业成长的关键经历、影响其专业成长的决定性因素以及关键、常用的编辑方法、成功的策划方案和编辑诀窍等等。开展这一方面的研究，可以使研究者总结优秀编辑在多年工作实践中获得的宝贵经验，挖掘优秀编辑的隐性知识，使之显性化，并与编辑群体共同分享和交流，以促进其专业发展。

开展优秀编辑专业生活史的研究，是以其关键经历作为具体的研究内容，对关键经历的反思恰好是编辑反思行为的表现。

5. 对实际问题开展行动研究

隐性知识是以解决实际问题为中心的、综合运用多学科的知识。通过解决编辑在出版工作中遇到的实际问题，围绕一些有价值的问题开展专题研究，可以将储存于编辑头脑中的隐性知识挖掘出来。为了实现隐性知识显性化，应该把行动研究引入到出版领域。

行动研究是一种实际工作者基于解决实际问题的需要，与专家学者或组织中的成员合作，将问题发展为研究主题，进行系统的研究，以讲求实际问题解决的一种研究方法。尽管对行动研究有着各种不同的阐释，但对其基本含义的理解还是较为一致的。行动研究的要义有以下三点：一是以提高行动质量、解决实际问题为首要目标；二是以研究过程与行动过程的结合为主要表现形式；三是以研究者对自己从事的实际工作进行持续的反思为基本手段。

通过以上分析可知，隐性知识显性化对编辑专业发展的巨大价值和作用显而易见，它应该成为编辑专业发展的有效路径。在倡导编辑专业化的今天，研究编辑隐性知识显性化问题具有重要的现实意义。当前对编辑隐性知识显性化问题的认识还十分粗浅有限，需要我们尽快地开展深入而又系统的研究。

参考文献

[1] 章红雨. 请给自有员工多一些培养 [N]. 中国新闻出版报, 2012-3-26, 第7版.

[2] 陈海燕. 出版转型期的人才需求 [J]. 编辑之友, 2013 (4).

[3] 董拯民. 勿让编辑继续教育课程成"鸡肋" [J]. 现代出版, 2012 (1).

[4] 张秀红. 编辑职业的专业性与编辑主体的专业发展 [J]. 编辑之友, 2009 (6).

[5] 韩长友. 编辑隐性知识的挖掘 [J] 编辑学报, 2011年 (4), 366-367.

[6] 王德禄. 知识管理：竞争力之源 [M]. 南京：江苏人民出版社, 1999.

[7] 张民选. 专业知识显性化与教师专业发展 [J]. 教育研究. 2002 (1).

[8] 李静端. 抢救"摸得着的"编辑学 [J]. 编辑学刊, 2011 (6).

[9] 黄健. 成人教育课程开发的理论与技术 [M]. 上海：上海教育出版社, 2002.

[10] 李维. 自我反思：编辑专业成长的行为向度 [J]. 编辑之友, 2006 (2).

[11] 人教社师范教材和教育理论图书彰显国家队、专业队水准 [N]. 中国图书商报, 2012-5-22, 人民教育出版社特刊 R07 版.

（作者单位：东北师范大学出版社）

各遵其道，相依而存
——试析图书编辑的三种能力及相互关系

杨 钢

摘要： 图书编辑有三种能力要用心修炼：一是善于深交作者，二是善于策划选题，三是善于打磨书稿。三种能力互为条件，相依而存。

关键词： 图书编辑　能力修炼　策划选题

笔者从 1982 年学做人文社科类图书编辑工作，至今已有 30 年；在跟随中国书业改革开放步伐一路走来的过程中，既享受过春华秋实的欢乐，又体会过栉风沐雨的艰辛，也管窥过出版大家的神韵。总结半生职业生涯，笔者觉得，一名图书编辑，无论身处什么样的历史时期和经营体制，要想求生存、谋发展，有三种看家的本事，恐怕是要用心修炼的：一是善于深交作者，二是善于策划选题，三是善于打磨书稿——三种能力，互撑而存；一损俱损，相融乃强；整体律动，方显优势。本文先试论三者内涵，再浅析其相互关系。

一、善于深交作者

欲出好书，作者为源。

放眼探寻、求贤若渴地建立一支素质优良、守信履责、稳定发展的作者队伍，是图书编辑深深扎根于专业土壤的必要条件之一。它所发挥的"为有源头活水来"的选题供给与储备作用,能为形成精品生产常态化的机制,打下可靠基础。图书编辑立足其上埋头苦干,其事业将会枝繁叶茂、硕果累累。为达此目的,笔者特选"深交"一词,强调可按"三用"方针来经营作者队伍。

1. 用经得住检验的业务素养征服人

为出书而形成的编辑与作者的每一次语言和文字交流,都包含着彼此检验对方"业务潜力"的明确意图。在这个平台上越情投意合,双方的交往越会深入。凡出版社都对优秀作者爱不释手,编辑若想赢得作者的信任,起码应具备以下业务素养:

深入了解作者拟撰或已撰书稿的基本内容与价值、同类作品的数量和已达到的时代最高水准,同时通过分析作者的知识结构、前期成果、著述特点、创新潜力、目前局限以及人生经历和性情爱好等背景资料,精心提炼出恰切的话题和关键词,力求与其交流时达到"相谈甚欢"的境界。编辑要准确及时地充分肯定作者完成创作的综合优势,使对方强烈感到"知我莫如君",同时针对其局限,主动提供雪中送炭的帮助。

2. 用任劳任怨的工作态度感化人

与报刊、广电等媒体的产品制作相比,出版物生产周期长、环节头绪多——从选题策划到书稿杀青,时间一般当以"年"计;从三审三校到排、印、装,时间一般当以"季"算。在这个过程中,许多作者觉得,书稿撰写虽费时,出版流程却简单,于是交稿后总盼快出书,这就同图书编辑为确保产品质量而力避"萝卜快了不洗泥"的粗放做法,形成了一个影响双方合作的主要矛盾。出版方应从现代企业精神出发,视自己为"主要矛盾的主要方面",任劳任怨地化解它。

所谓"任劳",就是甘心为作者提供既好又快、细致周到的服务——实践反复证明,科学统筹出书程序、紧凑安排生产时间,是可以既保质量又能适度缩短出书周期的,关键需要将每个决定成败的细节问题，尽量解决得天衣无缝。例如：我们务必事先透彻说明，遵守"齐、清、定"的交稿原则对于尽快出书多么重要，以免作者有悖于此耽误了工夫却意识不到；我们务必与作者及时签订出版合同进而加快办理申请书号和"在版编目"的手续，以免拖延书稿开印时间。

所谓"任怨"，就是以忍辱负重之心包容作者的误解或责难——话未说清易使人误解，言行欠妥会被人责难。图书编辑若与作者发生冲突，即便对方属脾气乖张者，小题大作，不依不饶，我们也要尽量满足对方的合理要求。出版社员工应谨记：千方百计维护出版社良好声誉，就是维护出版企业的长远利益。因此，以委曲求全的态度解决和作者、读者等所有客户的小是小非问题，及早息事宁人，是明智的首选。

3. 用运作成功的图书拴住人

赢得作者心，终靠好产品。出书前，作者即便十分敬佩我们的业务素质，称赞我们的服务精神，可一旦所出图书编校或印装质量不合格，作者即便嘴上表示谅解，心里终归难于认同。反之，如果我们将作者写的"合格"或"良好"水准的书稿，打磨提高至"良好"或"优秀"的水准，作者将会以由衷感戴之情，信赖、敬重、传诵我们。我们吸引作者的魅力，将会逐步接近"桃李不言，下自成蹊"的高点。

二、善于策划选题

欲出好书，选题为魂。

从叫得响、留得住的学术佳品，到满足大众阅读需求的普及读本，无一不是实施优秀选题策划方案的结果。出版业所具有的文化创意属性，主要体现在图书编辑本人或所率策划团队不时呈现出的才学喷涌上，那是一种常常令人惊羡的创新过程：厚积薄发经久力，魂绕梦牵自痴情；夕阳芳草寻常物，解用都为绝妙词。今天，激烈的书业竞争对选题策划能力提出了很高要求，它包括市场调研、确立项目、选择作者、核算成本、包装图书、宣传造势、谋虑营销等内容。其中每一项，都涉及许多具体知识，综合起来，种类繁多。我们如果从以下三个方面入手提高自己，就会取得事半功倍的效果。

1. 自觉调整知识结构

知识结构是内化于编辑头脑中的知识体系。绝大多数图书编辑从事这个行业前，其知识结构往往是"专而不博"，因此与图书编辑的工作目标有较大距离。高校毕业生的这一特点较为鲜明，常有这种情况：有些经济学硕士对文学和艺术不感兴趣，而有些文学硕士也对国民经济的热点问题反应迟缓。由这种知识结构派生出来的个人偏好，严重抑制着图书编辑的选题策划能力。这是因为，图书出版业是以不断为各类读者提供好书作为自己生存发展的条件的，读者多样化的需求处在不断变动之中，与各学科的专业内容不完全吻合以至很不吻合。一名跳不出专业偏好的编辑，很难发现甚至会否定个人兴趣之外的阅读热点，将图书市场的需要置于自己的好恶之下，这是在选题策划中最致命的病灶。

人才学认为，一个较佳的知识结构，应具备"核心层次""整体相关""动态调节"三个基本特征。求知者只有确立成才目标，上述特征才会形成。例如，当一名做了图书编辑的经济学或法学硕士，以提高社科类图书选题策划能力为目标来形成知识结构时，他的"核心层次"知识，应是包括自己所学专业在内的哲学社会科学领域中各学科的基础知识和图书编辑业务知识，而与之"整体相关"的知识则应包括时政、艺术、影视、体育等与人文社科有联系的相关知识。至于餐饮、服装、汽车、桥牌、麻将等时尚生活类知识，他懂或不懂，均与实现工作目标无关。"核心层次"知识与"整体相关"知识相互结合的程度和效应，是在"动态调节"的过程中实现的。这一过程的走向，由选题策划的各项实践要求来决定——发现缺什么，认真补什么。我们的知识结构在这种"为用而学、立竿见影"的调整中,会越来越符合工作目标的需求,由此而逐步获得选题策划的准确感觉、恰当判断以至绝妙灵感,则是早晚的事了。

2. 坚持深入调查研究

通过深入调研,论证选题策划案的可行性,是避免其纸上谈兵或暴虎冯河的基本前提。其调研对象至少包括读者的阅读兴趣和同类书的销售状况。调查研究,难在"深入"。

譬如,在确定选题和判断书稿价值的过程中,要摸准读者的胃口,往往需要数管齐下:向多位读者个别征求意见,召开读者座谈会共同商讨,走访有关方面的专家聆听指教,然后要将所有意见去粗取精、分析综合,并将得出的结论,请另一批读者验证——经过这种反复,我们才能避免得出盲人摸象的调研结果。

再如,要摸准同类书的销售状况,我们要走入不同类型的卖场——国有书店和民营书店及书摊,市级书店、区级书店、高校书店及宾馆和超市的图书柜台,图书批发市场和降价书市等等,要了解各类书店的进货理念和进货折扣、新书上架天数、退货比例、月销售额、回款账期、购书者的成分及购书时的反映等等,还要认真倾听各类销售商对我们的选题构想有何意见,然后再综合分析,得出结论。

要把调研"深入"下去,特别需要严谨缜密、不厌繁琐、落细落小的工作作风。走马观花式的调研收获,只能是浅尝辄止,其结果很可能误导选题策划的思路。从这个意义上讲,坚持深入调研,不仅是一种工作要求或工作方法,它首先是一种以科学思维引领、以顽强意志支撑的工作能力。缺乏这种能力,选题策划便无从谈起。

3. 确保拥有得力作者

深入调研的结论一旦成为某一选题策划方案可行性的充分根据后,作者就是决定因素了。图书业的竞争焦点之一,便是争夺两类优秀作者：一类是手中有书稿或实现创作计划的著述高手，一类是"肚里有货"且能被出版者"激活"的潜在写家。有一定经验和成果的老编辑，一般都有自己的作者队伍，但此优势有时反而会形成一种局限——轻车熟路的便利抑制住了另辟蹊径的创新热情，结果导致作者队伍数年不变。这种后果会严重削弱一名图书编辑的选题策划能力，即使是曾经成绩斐然的编辑。

我们应该正视这样一种现实：江山代有才人出，各领风骚没几年——去年的畅销书作者，明年也许江郎才尽；今年默默无闻的"小人物"，后年可能一鸣惊人。不间断地苦心搜寻可能成为得力作者的人才，将他们纳入作者队伍，是我们的不二法门。这支队伍应是一条流动的河，新鲜而有朝气，总能以一流的智力支持成就出版人的追求。

总的来说，从上述二个方面入手提高选题策划能力的逻辑关系在于：我们只要围绕工作目标优化知识结构，就会收获选题策划的成果；它们转化为图书产品的可靠根据和衍生过程，分别由深入调研来提供和得力作者来创造。

三、善于打磨书稿

欲出好书，书稿为体。

所有想通过书面语言表述的某种思想文化成果，必先形成书稿。它们经出版单位审改达标后，才能以国家认定的合格资质，作为正式出版物，通过纸媒（图书）或数媒（互联网、移动网、阅读器、光盘）向大众传播。书稿皆有错，程度各不同；带错面世，既损内容，又害读者。免此弊端，唯靠图书编辑从两方面打磨书稿：去伪存真保其内容正确，去粗取精使其形式美观。我们可采用"寻弊十问法"，作为打磨书稿的实操路径：（1）书名平庸吗？（2）标题蹩脚吗？（3）主旨模糊吗？（4）观点有误吗？（5）材料存伪吗？

(6) 内容臃肿吗？（7) 体例杂乱吗？（8) 文图背离吗？（9) 语句带病吗？（10) 字符含错吗？

这些问题在一部书稿内越集中、越复杂，越考验编辑的书稿打磨能力，而在解决这些问题前先准确发现它们，在书稿打磨能力测评中至少占60分以上。拿满该项分数的编辑，得谙熟达标书稿在上述10个方面的最高水准，由此对比出自己正加工的书稿差距何在。"何在"被揭示的透彻度，决定着揩净书稿内在问题的光洁度。而要做到"揩净"，编辑首先得练就类似影剧导演的一番功夫——启发作者努力按照精品出版物的标准，认清自己作品中存在的各类问题，并情愿动笔修改之；同时，编辑还要积极配合，认真履行一二三审的分内职责。上述工作全部到位，图书编辑便拿到了书稿打磨能力的"合格证书"。倘若编辑出色地代行作者改稿之责，并得到作者首肯，那就达到了书稿打磨能力的化境。

四、三个"善于"，互为条件

图书编辑若不善于通过深交作者从而建立起一支可靠的队伍，将会在选题策划上陷入"提篮无处买菜，命题没人作文"的困境。选题匮乏，哪来书稿；书稿匮乏，如何练就"打磨之功"——正是从这个意义上我们说，"欲出好书，作者为源"。需要特别指出的是，联系作者是编辑日常的工作之一：议选题、说书稿、送校样、支稿酬等，事项诸多，但这并不等同于或必然发展成为深交作者。交往由浅入深的关键，首先不是"常来常往"的横向长度，而是"相逢恨晚"的纵向深度，那是一种惺惺惜惺惺的状态。

图书编辑若不善于策划选题，既难深交作者，也难编好书稿——当编辑受学识所限，总讲不出精彩的策划见解引起作者共鸣、兴奋乃至敬重时，人家迟早会兴味索然，另寻知音。不善于策划选题而只会修改书稿中知识性错误的编辑，一旦面对书稿中的以下问题，常常感觉不到或束手无策：当观点正确但少创新，材料有据但显陈旧，结构合理但非绝配，标题明了但不传神，文通字顺但无生气。站在顶层设计的高度，从出版资源中提炼出最能反映时代本质的内容和形式，作为一部书稿的"精气神"，是"欲出好书，选题为魂"的含义。

图书编辑若不善于打磨书稿，难得作者信任，影响选题策划水准，当几乎所有作者都习惯性地认为"文章是自己的好"，因此必然心悦诚服于编辑出色打磨书稿的责任心和学识水平，对我们信任倍增、乐于深交；反之，则会敬而远之；遇上编辑错改书稿，结果更糟！完善的选题策划方案，要细化到书稿如何充分体现选题价值的具体设计上。从确定什么样的篇章结构、书名标题才最能反映主题思想，到选择哪一种封面、版式才能生动表达作品韵味，都需要谙熟书稿打磨之道者实操到位，否则再出色的选题策划案也会流产。"欲出好书，书稿为体"说的是，我们打磨书稿的意义在于：将"好书之源"孕育出的"好书之魂"，完美地附在健康的"好书之体"上。

参考文献

[1] 王建平.2008年编辑学研究述要 [J].新华文摘，2009 (4).

[2] 聂震宁，现代出版业人才的需求与培养 [J].新华文摘，2005 (23).

[3] 王通信，论知识结构 [J].北京：北京出版社，1986. 24-28.

(作者单位：北京出版集团重大选题规划部)

从拼音读物的高差错率看汉语拼音亟待规范化

吴 婷

近年来,汉语拼音读物的品种愈来愈丰富,装帧愈来愈精美,也愈来愈受到学前幼儿和小学低年级学生的青睐。然而,细读一下,书中文字所加注的汉语拼音,其居高不下的差错率却令人担忧。究其根源,这诚然与某些编校人员汉语拼音知识欠缺、编校工作不够细致有关。但笔者以为,另一个不可忽视的重要原因,则是目前我国公认的具有权威性的现代汉语工具书、语文教材以及一些影响力颇大的汉语拼音专著等,关于汉语拼音的拼读和拼写规则存在很多不统一的地方。编校人员面对这些不统一的拼读和拼写规则,莫衷一是,感到困惑,常常是依据自己的理解和习惯去操作,结果出现了许多原本可以避免的差错,也使得拼音读物的质量检查和差错认定成为一件难事。在图书质检时,常常因为一些拼音的拼读和拼写是否正确、规范,产生不同的意见,难以定论。一些编校人员也为自己所编校的拼音读物被认定有差错而感到委屈。可以说,标准太多,就失去了标准;而缺乏标准,错误自然五花八门。所以,要提高拼音读物的质量,降低差错率,就需要对汉语拼音的拼读和拼写进行规范化。

一、汉语拼音权威出版物中的问题

下面列举几种影响力很大的与汉语拼音相关的资料和书籍,

仅就汉语拼音的轻声、变调、儿化等拼写的不统一，试举一二例，进行比较分析。

资料和书籍如下：

《汉语拼音方案》（我国的法定拼音方案。1958年2月11日第一届全国人民代表大会第五次会议批准颁布，1982年国际标准化组织承认为拼写汉语的国际标准）；《汉语拼音正词法基本规则》（1988年7月由国家教委和国家语委联合颁布实施，1996年1月22日由国家技术监督局批准作为国家标准。以下简称《正词法》）；《现代汉语词典》（第5版，商务印书馆，以下简称《现汉词典》）；《现代汉语规范词典》（第2版，外语教学与研究出版社、语文出版社，以下简称《规范词典》）；《新华正音词典》（商务印书馆，以下简称《正音词典》）；《新华拼写词典》（商务印书馆，以下简称《拼写词典》）；《现代汉语》（高等学校文科教材，增订3版，高等教育出版社）；义务教育标准实验教科书《语文》（随着新课程标准的实施，小学语文教材出现了人教版、苏教版、北师大版、语文版、浙教版、鲁教版、湘教版等多种版本，现仅对其中使用地区相对较广的人教版、苏教版、北师大版举例说明）。

1. 汉语拼音出版物中，轻声注音不统一的情况最为多见

"上"字。《现汉词典》中指出："上"字用在名词后，有三种情况读轻声：①表示在物体表面，如"脸上"；②表示在某种事物的范围以内，如"会上"；③表示某一方面，如"事实上"。《规范词典》《拼写词典》和《现代汉语》中这几种情况均注音为轻声。《正词法》中的"山上""永定河上"却注音为去声。苏教版注音为轻声，如一上P86（即一年级上册第86页，以下照此格式标注）"塔上"；人教版和北师大版却注音为去声。

"里"字。《现汉词典》中指出有两种情况读轻声：①里面、内部，如"手里"；②附在"这""那""哪"等字后边表示地点，如"这里""哪里""头里"。《现代汉语》和《正词

法》中的例词也都注音为轻声。人教版注音为上声，如一上 P49 "家里"、一下 P10 "那里"；苏教版注音为轻声，如一上 P77 "哪里"、P112 "深夜里"。

"个"字。《现代汉语》中指出，量词"个"通常读轻声，如"这个""哪个""一个"。以"那个"一词为例，《现汉词典》《规范词典》《正音词典》《正词法》中均注音为轻声。小学教材中注音不统一，有的注音为轻声，有的却注音为去声。另外，苏教版中"个"字单用或在数词后面时注音为轻声，如一上 P126 "有个叫怀素的和尚"、P86 "像一个巨人"；人教版和北师大版则注音为去声。《正词法》中的"八个"也注音为去声。

"边"字。《现代汉语》和《现汉词典》中指出，"边"字用作方位词后缀时，应读轻声。《正词法》中的"向东边去"却注音为阴平。人教版中也注音为阴平，如一上 P36 "左边"。

"不"字。《现代汉语》中指出，"不"字在肯定和否定连用时，应读轻声，如"要不要"。苏教版注音为轻声，如二上 P65 "是不是"；人教版却标有声调，如一上 P114 "能不能"。此外，《现代汉语》和《现汉词典》中指出，"不"字在有的字中间应读轻声，如"对不起""想不到"。苏教版注音为轻声，如一上 P120 "看不见"；人教版却标有声调，如一下 P149 "了不起"。

一些双音节词的第二个音节习惯上要读轻声，如"清楚""时候""漂亮"等。《现汉词典》和《规范词典》中标明应读轻声的这类词，小学语文教材中注音却十分混乱。有的与词典一致，注音为轻声；有的却标有声调，如人教版一上 P50 "晚上"、P54 "风筝"，苏教版一上 P111 "清楚"。

有些轻声音节有区别词义和词性的作用。如《现汉词典》中"告诉"一词，重读时义为受害人向法院告发，轻读时义为说给人听、使人知道。除了《现汉词典》之外，其他各种字典、词典中这类词也很多。小学语文教材中这类词的注音有不少问题，应该重读的注音为轻声，应该轻读的却标上了声调。

还有一些用在动词、形容词后面表示趋向的词，如"来""上""出""起来""回去""出来"等，《现代汉语》和《现汉词典》中指出应读轻声。《正词法》中的"走进来"注音为轻声，"走来"却注音为阳平。人教版和北师大版标注为原声调；苏教版则注音为轻声。

2. 变调不统一是汉语拼音出版物中另一个比较突出的问题

《现代汉语》中提出，ABB式形容词，不管原来是什么声调，都要念成阴平，如"绿油油""湿漉漉"等。《正音词典》则提出了不同的观点，认为口语性强的这类词，重叠部分变读阴平；而书面色彩较浓的，重叠部分仍读原声调。《现汉词典》中这类词基本上注音为原声调。《正词法》中的"亮堂堂"注音为阴平。小学语文教材中这类词有的注音为原声调，有的则注音为阴平。

对于AABB式形容词，如"老老实实""清清楚楚"等，《现代汉语》中说明，第二个音节变为轻声，第三、四个音节都读阴平。《正音词典》则提出，口语色彩较浓的这类词变调规则与《现代汉语》一致，而书面色彩较浓的都按原声调读。(所谓的口语色彩和书面色彩又如何界定呢?)《现汉词典》中这类词注音不统一，如"叽叽喳喳"(jī ji zhā zhā)、"星星点点"(xīng xīng diǎn diǎn)。《正词法》中注音也不一致，如"来来往往"(lái lai wǎng wǎng)、"清清楚楚"(qīng qīng chǔ chǔ)。各版本小学语文教材中的注音更是五花八门。

3. 儿化韵也是汉语拼音出版物中十分容易混淆和误用的

儿化韵是普通话中一个重要的语音现象。《汉语拼音方案》规定，韵母er用作韵尾时写成r，如"花儿"拼作huār，而不是huā'ér。《现汉词典》也是如此注音的，即在拼音后加上r，在汉字后加上缩小字号的"儿"。如"一会儿"(yí huìr)、"哪儿"（nǎr）。其实，"儿"有三种表示法：①儿化韵，在儿化的韵母后直接加 r，如 huār；②表示实义的词根"儿"，既不能和前面的韵母复合，也不能念轻声，要念阳平，如"女儿""幼儿"；③在诗歌、歌词等韵律较强的文学作品中，为了音节的整齐，韵母 er 是不能化入到前一个音节中去的，而要念成自成音节的后缀，应为轻声，如"弯弯的月儿小小的船"。但小学教材中儿化韵的注音却与《汉语拼音方案》《现汉词典》等不一致，如人教版一上 P105"雨点儿"（yǔ diǎn er）、苏教版一上 P94"一点儿"（yì diǎn er）。

以上仅是汉语拼音拼写混乱的部分例子，但这些例子已能充分说明一个严峻的问题：汉语拼音的拼写缺乏统一的标准。遇到类似问题，编校人员常常感到困惑，改也不对，不改也不对，改来改去，仍然难免改得不对。

二、关于汉语拼音规范化的思考

面对汉语拼音缺乏统一标准、拼写差错多的现状，编校人员应该采取怎样的对策呢？笔者认为，不妨注意以下几点：

首先，在编校过程中，有目的地对比、记录这类拼写混乱的现象，从理性上认识到汉语拼音缺乏统一标准的现实，使自己处于一个相对清醒的状态，而不至于人云亦云，不置可否，在书稿上改来改去。

其次，对于以小学生和学龄前儿童为读者对象的图书，暂且以教材的拼写方法作为判断读音正误的标准。因为这个年龄段的孩子正在学习的汉语拼音拼写方法，依据仅教材而已。此外，还应配合使用《现代汉语词典》，能在词典中查到的词条，可按词典注音。

最后，小学语文教材是一大批语音学专家学者根据我国小学生的年龄特点、认知能力等精心编写的，虽然经过编校人员的严格把关，但仍有疏漏之处。对这种情况应有所了解，以便在参照小学语文教材处理少儿类图书时,提高警惕,不盲从,不把错误照搬到自己的书稿中。

这里所说的对策,只能算是编校人员面对目前汉语拼音拼写混乱的现状,不得已而为之的办法,顶多只能称之为编校拼音读物的权宜之计。要改变汉语拼音出版物缺乏规范化、标准化的现状,不从根本上来一次"大手术",是难以奏效的。鉴于此,笔者提出几点建议。

第一,加强宣传力度,努力提高全社会对规范汉语拼音的必要性和紧迫性的认识。《汉语拼音方案》的颁布,至今已50年有余,根据这个方案制订的《汉语拼音正词法基本规则》公之于世,也有20多年了。历时如此之久,为什么字典、词典、语文教材和一些汉语拼音专著中,关于汉语拼音拼写规则的差异会如此之大,依然各行其是呢?这说明人们对汉语拼音的规范化、标准化还缺乏应有的认识,宣传工作也做得很不够。因此,通过各种渠道大力宣传汉语拼音的规范化、标准化是当务之急。唯有如此,才可能解决汉语拼音"标准"多多而实无标准的问题,使各类图书中汉语拼音的拼写有据可依。

第二,建议国家语委认真总结50多年来,尤其是改革开放以来,推行汉语拼音、推广普通话的经验和教训,对《汉语拼音正词法基本规则》《汉语拼音词汇》进行修订、增补,使之更加具有科学性、指导性和权威性。作为世界上使用人数最多的语言,现代汉语是在不断发展、不断变化、不断丰富的。《汉语拼音正词法基本规则》《汉语拼音词汇》理当随之进行必要的修订、增补,才能适应现代汉语发展的需要。况且,这两者均是多年前制订、编撰的,由于历史的局限,无法预测若干年后现代汉语的发展变化,难免存在一些不足和局限性。比如,《汉语拼音正词法基本规则》对轻声、变调、儿化等没有明确的规定,而这类问题正是编校人员处理书稿时经常遇到的,由于各种"标准"不统一,往往使人无所适从;《汉语拼音词汇》所收集的词汇也比较有限，一些后来大量产生的政治、经济、科技、文学等领域的新词汇以及人们新创的口头语等，当时也不可能被收录进去。事实证明，现在该是对以前制订的语言规则进行修订、增补的时候了。

第三，建议教育部集中力量审读小学语文教材中有关汉语拼音的内容，尤其是汉语拼音的拼写方法，要根据修订、增补后的《汉语拼音正词法基本规则》进行修订。随着我国基础教育课程改革的深化，在新课程标准精神的指导下，每个年级的语文教材都有多种版本。只有将不同版本语文教材的汉语拼音规范化、标准化，才能使学生掌握统一规范的语言规则，教材的科学性、指导性和权威性也才能充分体现出来。

第四，建议组织语音学专家学者对《现代汉语词典》和有关部门审定通过的普通话水平测试用书等进行再次审定，按照《汉语拼音方案》和《汉语拼音正词法基本规则》对其进行修订。笔者曾对《普通话语音学教程》《普通话水平测试教程》《普通话水平测试手册》等普通话水平测试用书进行研读，发现其中关于汉语拼音拼写规则的阐述相互矛盾，有的说法甚至与《汉语拼音方案》和《汉语拼音正词法基本规则》也相抵触，到底孰是孰非，让人不得而知。这类书均由著名的语音学专家学者编写，对汉语拼音的拼写有着公认的指导作用。如果像现在这样混乱，其危害不言而喻。

第五，鼓励学术界对汉语拼音理论进行研讨和争论，使之成为现代汉语规范化、标准化的动力。专家学者对现代汉语的语音现象进行深入研讨，产生不同的观点，是很自然的事，这正从一个方面说明现代汉语本身具有无限的生命力，是在不断发展变化的。而且，倡导争鸣，求同存异，学术理论界关于汉语拼音的不同见解和争论，对于推动汉语拼音的规范化和标准化有百利而无一弊。不过，当各种学说和理论尚未达成共识、形成统一标准时，作为向学生传道授业的语文教材，还是应当以《汉语拼音方案》《汉语拼音正词法基本规则》等权威部门通过的文件为根本依据。

第六，提升广播影视界的播音员、节目主持人和演员等的普通话发音水平，真正发挥传媒的示范作用，对规范公众的语音产生积极的影响。

汉语拼音的规范化和标准化，是一项十分艰巨的工作，绝不可能一蹴而就、一劳永逸。在千头万绪的工作中，重中之重、急中之急还是着手修订《汉语拼音正词法基本规则》，完成了这项工作，其他诸如字典、词典、教材等的修订方有所本，也才会产生巨大的社会效益。

随着普通话的大力推广，汉语拼音已经到了非规范化和标准化不可的时候了。唯有完成这个历史赋予的重任，才能保证汉民族语言的纯洁，使之具有更强劲的生命力；也才不至于误导读者，尤其是汉语拼音读物的特殊读者群——少年儿童。

（作者单位：四川教育出版社）

不官不商，有书香
——范用的书籍设计

汪家明

一

范用先生去世，转眼两年了。现时的生活节奏如此急促，人人自顾不暇，他似乎已被落下很远很远，远到要完全看不见了。当然，对三联书店的同仁和喜爱三联书的读者而言，范用的故事仍在，与他无法分开的《傅雷家书》《随想录》《干校六记》《读书》等一大批书刊仍在，可是，对他留下的诸多文化遗产的研究，还没开始。书籍设计就是其中之一。

上世纪八九十年代，中国文化开放，西风东吹，其势强劲。初始的情况很有些像20年代"五四"以后的中国，"新文艺的一时的转变和流行，有时那主权是简直大半操于外国书籍贩卖者之手的。来一批书，便给一点影响"（鲁迅1929年语）。小说方面，卡夫卡、马尔克斯、米兰·昆德拉、福克纳、罗伯-葛利耶等对中国作家的刺激；绘画方面，塞尚、凡高、蒙克、达利、巴尔蒂斯、弗洛伊德等对中国画界的颠覆，都是人所共知的。书籍设计艺术却有些不同，西方作用并不明显，倒可见出日本的影响。其原因，一是某种机缘，几位后起的书籍设计艺术家，均曾去日本学习，师从杉浦康平、菊地信义等，回国后，又借助几家老牌出版社的平台，造成较大阵势；二是日本的东方情调似易为中国普通读者接受。如果细究，也许还有第三个原因，就是，那些年我们的出版界，并未给予书籍装帧足够的重视，西方作用还是日本影响，不过是个别人关心的事情。

这"个别人"中，有一位就是于前年秋初仙逝的三联书店老领导范用。他当领导时有个习惯，凡喜欢的书稿，总是自己设计封面，或提出明确的设想（画出铅笔草图），交给美编制作。这些书的封面印出后，他都会留下一份整张的、未裁切的大样，贴在硬纸板上保存。久而久之，就有了一大摞（几十种）。

其实范用从1938年在汉口进入读书生活出版社做练习生时，就开始设计封面了。那时他只有15岁，经常被派去艺术家（如胡考、丰子恺）那里"跑"封面。有时候要得急，艺术家就当着他的面赶画。他看得津津有味，回去就偷偷学着设计起来。一次，出版社的黄洛峰经理看到了，随口称赞几句，这给了他极大鼓励。以后有的封面就叫他设计。他设计的第一个封面是《抗战小学教育》。1948年范用在上海，三联书店的二线单位骆驼书店出版一批外国文学名著，许多封面都由他设计（那时书店人员极少，其实连编辑校对工作他也做了不少）。雨果《巴黎圣母院》的封面字，是请黄炎培先生题写的；高尔斯华绥《有产者》的封面字是从碑帖中集的。1949年9月范用被调到北京工作，1951年三联书店并入成立不久的人民出版社，在社内保留一个三联编辑部。范用任副社长后，就主动要求分管三联编辑部。他还分管出版社的美术组。美编设计了封面，都要经他终审才能发稿。

上世纪八九十年代，三联书店大量出版人文社科类图书，在全国造成深远影响。这也是范用设计封面最多的年代。他那富有书卷气、简洁朴素、高雅大方、巧妙多变、极有个性的设计风格同样影响深远。三联的书籍设计风格就是在此时形成的。宁成春主持三联书店美编室多年，继承了范用设计精神并发扬光大;为三联设计了大量书籍的陆智昌,虽然来自香港,可是他很心仪范用的设计,他的设计精神与范用契合;其后三联美编室的罗洪、张红、海洋、蔡立国等,基本上一脉相承,我则担任了把关终审职责。大家一心,三联书店书籍设计一直影响着中国出版界。说到底,这都是范用先生余泽啊!记得我曾向他请教一套丛书的做法,他嘱我:"设计封面时,一定要鲜亮些,用纯色!"我想,也许是他看到西方书籍设计的长处,才这样说。宁成春回忆,1996年,他和吕敬人等四人搞了一次书籍设计展,范用看后给他写信说:"我希望不要忽视民族特点……你们四位如果可以称为一个学派,是否可以说,这一学派,源于东洋。我看过西方如德、法的一些书装,其特点是沉着、简练(无论是用色还是线条),似乎跟中国相近。"

二

"简练"正是范用的书籍设计理念之一,他曾对朋友说:"巴金先生的文化生活出版社,他印的书,'译文丛刊',《死魂灵》的封面就只有黑颜色三个字;'文学丛刊',曹禺的《雷雨》《日出》,封面简简单单,除了书名、作者名,没有更多的东西。一直到现在,也还觉得非常好。"他认为:"学术著作、文学作品,要有书卷气……文化和学术图书,一般用两色,最多三色为宜,多了,五颜六色,会给人闹哄哄浮躁之感。"

范用设计过一套文化人自述小丛书,如《干校六记》(杨绛)、《雪泥集》(巴金)、《天竺旧事》(金克木)、《牛棚日记》(陈白尘)等,封面用不规则的两种颜色画出一个方框,框内选用木刻植物图案,书名排黑体字,作者名用手写体,总计只有一黑一彩两色。这套书封面的植物图案,来自一本他收藏的美国画册,请美术编辑描摹下来再制版。还有一套"今诗话丛书",随手画一个不整齐的方框,横跨封面封底,在框内也似随意摆上书名、丛书名和作者签名,红、黑、灰三色,别致、大胆、大气。我们常说"文如其人""画如其人",这套书的设计,则可说是"设计如其人"——我分明看到设计背后,范用先生那自信、自如的神态,甚至看到了他那自得的微笑。

范用特别擅长在设计中借用作者的手迹,比如"读书文丛"(三联书店),共十多本,每本封面选用作者的手稿,一行行错落排开,横排的像扯开的风,竖排的像斜落的雨,有动感,又很文气。他还根据法国版画集包封上的一个图案,请宁成春改了一下,作为这套书的标志,是"一位裸体少女伴随小鸟的叫声在草地上坐着看书"。手迹和标志,一动一静,有变化,又和谐。巴金的《随想录》、陈白尘的《对尘世的告别》和夏衍的《懒寻旧梦录》等书的封面,则把作者整页手稿布满封面封底和书脊,以浅灰色印刷,形成底纹效果;书名也用作者手迹,但以重色突出。这种设计可谓琢磨透了作者珍爱自己心血结晶的心理。怪不得巴金看了高兴地说:"真是第一流的纸张、第一流的装帧!是你们用辉煌的灯火把我这部多灾多难的小书引进'文明'书市的。"

要说范用使用文字做封面设计,最得意的,还是朱光潜的《诗论》。学术书很难设计。常常是,拿了一本书,却想不出办法,只好用颜色,争取不呆板。《诗论》没有靠颜色,而是把朱光潜手稿中两个蝇头小字放大几十倍作为书名,作者签名也是手书,再加一枚作者的图章,几乎把封面占满了。朱光潜对这个设计很满意。那枚图章刻的是他的别名"孟实",见范用喜欢,就说:"你喜欢,拿去。"范用大喜。这是对他设计的褒奖。

依我看,范用设计封面和扉页,爱用文字,有个特殊原因:他不是画家,不擅长绘事。其实,这也是鲁迅先生设计封面的特点之一,比如《华盖集》《萌芽月刊》乃至外国木刻集《引玉集》等。20世纪三四十年代,文字设计在中国书籍设计中有很重要的地位,产生了许多杰作。汉字原本就是象形文字,具备绘画因素,以汉字设计封面,有先天艺术优势。可惜近年来,由于电脑文字的冲击,中国的文字设计艺术日见衰微。反过来说,这也正是范用设计风格中值得学习的地方。

三

"不看书稿,是设计不好封面的。"这是范用书籍设计理念的另一个要点。他讲过一个故事:有人设计黄裳《银鱼集》的封面,画了六七条活生生的鱼。设计者没看书稿,望文生义,不知道这"银鱼"是书蛀虫,即蠹虫、脉望,结果闹了笑话。

范用爱书,也爱关于书的书。"三联书店出版书话集,在装帧上是用了一点心的。书话集总得有书卷气,这十来本书话集,避免用一个面孔,连丛书的名称都不用,只是从内封面可以看出是一套书。《西谛书话》,郑振铎先生不在了,封面请叶圣陶先生题写书名,叶老对我的请求从不拒绝。这一本和唐弢的《晦庵书话》的封面,请钱君匋先生设计,使这套书有个好的开头,这也遂了愿。至于内封面,则采用同一格式,印作者的原稿手迹。这也费了一点力,叶灵凤《读书随笔》,从香港找来一张《香港书录》目次原稿;《西谛书话》找到一张郑振铎先生《漫步书林》目录手稿;其他黄裳、谢国桢、杨宪益、陈原、曹聚仁、冯亦代、杜渐、赵家璧书话集,都承作者本人题签,或由家属提供。"

1988年,范用编了一套三本叶灵凤的《读书随笔》。书出版时,叶灵凤已经去世十三年了。范用早年在香港时见过叶灵凤,大家都骂叶是汉奸文人,因为日本人占领香港时,他没离开,还在报上发表有关文艺知识的小文章。范用喜欢那些小文章,认为,叶灵凤不是"汉奸文人",而只是个"文人",文人要吃饭,只好写文章。这三本书的原始资料,是叶灵凤的夫人交给范用的报纸剪报,上面有叶灵凤修改的地方。范用亲自选编、设计封面,一本用绛红色,一本用灰蓝色,一本用米黄色,主图都是比亚兹莱的画,颇有西书风味。因为叶灵凤喜欢比亚兹莱，而且书中介绍最多的是外国书。

《编辑忆旧》是赵家璧回忆30年代编辑生涯文章的结集，封面选用西方线刻画《播种者》，以红色印在满版黑底儿上；扉页选用一页作者写在方格稿纸上的手稿，目录前还选登了一些木刻画——是正文内容的插图。范用自己说，这个封面设计"算是大胆，甚至出格"，但如今看来，整本书内外气韵统一，味道浓厚，未读正文已先有感觉。像这样自己编辑、自己设计的书，范用做了很多。由于吃透了书稿，设计时得心应手，形式与内容交相呼应。

四

"书籍要整体设计，不仅封面，包括护封、扉页、书脊、底封乃至版式、标题、尾花，都要通盘考虑。"这是范用书籍设计理念的第三个特点，也是特别具有前瞻性的一点。在整个八九十年代，一般出版社的书籍设计者，都只设计封面，正文版式则由出版部门的技术人员制作。如此，只是为书籍穿衣服，而未将书籍看作一个有生命的整体。

范用能有这样的前瞻性，关键在于他是一位真正的爱书人，"爱屋及乌"，爱书的内容，也爱书的每一个细节、角落。这方面的代表作当然是《北京乎》。此书副题是"现代作家笔下的北京，1919～1949"。这可算是一本唯美的书：封面书名是启功写的，封面画是邵宇画的，封面两枚图章是曹辛之刻的。邵宇是人民美术出版社社长，曹辛之是老三联的美编，还是著名的诗人。封面画内容是老北京的建筑。图章一为"姜德明编"，一为蛇的图案——曹辛之属蛇。封面上连三联书店的店名都没有，只在书脊印了一个标志。这在三联书店的出版史上是少见的。不为别的，只为这个封面上实在没法再加任何东西了。正文简体字竖排。扉页、"编者的话"和目录页均采用中国传统信笺样式，加红色线框和竖线；全书排字取下齐；扉页、目录沉在页面下半部，"编者的话"上空四字，正文每篇文章首页右空四行，上空十字……

范用设计封面时，是把整个封面打开考虑，如此，从左至右，后勒口、封底、书脊、封面、前勒口，五部分一目了然。如果用色，他会巧妙地安排好哪部分用，哪部分不用，绝不会浪费这个颜色。他特别重视勒口和封底的设计，总要加上一些文字内容。他认为这是给读者提供信息的最好位置，而且经过排列文字，书也更加美观。其实，这是范用的设计充满书卷气的一个重要因素。他从80年代初就在勒口和封底编排设计作者简介、内容提要和其他图书目录等信息，在当时可谓开风气之先，影响了三联书店的图书面貌，也影响了全国出版界。他还擅长巧妙安排三联店标，或在封面，或在书脊，或在封底的正中，或在条码定价之上，是他设计时的重要元素。

范用从来不会忽视扉页（内书名页）设计，但同样坚持简洁、美观、高雅的原则。一般只有书名、作者和出版社社名，最多加一两条线，或者印一个色。他设计的目录页，章节题目与页码之间，常用一种宽舒连缀的粗圆点，独一无二，被美编们称为"范用点"。内文版式更是体现他的书卷气的关键部位。一般情况，他喜欢版心小，天头大，看去疏朗赏心的版式。其他如字体、字号、字距、行距、书眉、标点、页码等，无不精心设计，甚至版权页也不放过。如果正文末尾有空白页，他则会设计一些图书广告。他设计广告讲究版面对称，有时煞费苦心，反复修改广告文字，使之一字不差的占满设定的空间。

五

范用的设计作品，后来出了一本《叶雨书衣——自选集》，我是责任编辑。"叶雨"是范用的笔名，"业余"的谐音，说明他设计书籍都是业余工作。《叶雨书衣》的设计者是陆智昌。他花了很大力气，放弃了我提供的图片，重新拍摄，力求突出这些作品的书卷气和厚重感。设计封面时,他的思路卡住了,由于急着发印,灵机一动,把范用设计的曹聚仁《书林新话》的封面照搬过来,才找对了味儿。过后陆智昌跟我说:"范先生的设计,每一种都有独创性,这首先与他是一位编辑高手,对内容的把握超过常人分不开,但也与他'不专业',无框框拘束有关,表现的都是真性情、大智慧。"

说到独创性,不能不提及范用为1991年《读书》设计的封面。满版砖红的底色上,用粉笔斜着写了一个"1991",然后把要目印在其上,有一种三维的立体感,简单、新奇、一派天真。

"简练,巧用文字设计";"设计者要读懂书的内容,做到内容与形式的统一";"整体设计,关心书这个六面体的每一个细节和每一个角落,把书视为有机的生命体"——这三条,再加上"独创性",就是我理解的范用书籍设计的真谛了,而如果要用一个词儿概括他的设计风格,那就是"书卷气"。无论是范先生本人,还是他交往的朋友、他喜欢的书、他编辑的书、他设计的书,一言以蔽之,都浸透了书卷气。舍此,就没有"范用风格"或"三联风格"。这"书卷气"是三联书店之宝,潜移默化地熏染着每一位后来者。所以杨绛才会说:三联书店"不官不商,有书香。"但愿后人能够认识这股"气"的价值,不让它在天空中散去。

(作者单位:中国美术出版总社)

实用科技图书选题策划的基本依据、价值分析及途径

张延扬

摘要：本文从选题策划的基本依据、价值分析及途径等多侧面阐述了实用科技图书选题策划的具体思路，希望能对我国出版发行业有所启迪。

关键词：图书选题　策划　实用科技

一、实用科技图书选题策划的基本依据——正确的出版定位

大众实用科技图书的内在要求和特色以及它面对的读者对象，就决定了实用科技图书的策划的定位必须牢牢把握"实用性、通俗性、价廉性"。突出和把握住了"三性"原则，大众实用科技图书才能赢得市场，受到基层大众读者的欢迎。

1. 实用性——大众实用科技图书的内容定位

图书作为一种商品具有特殊性，但它本质上还是一种商品，也同样具有一般商品的双重属性，即价值和使用价值，特别是大众实用科技图书，实用性更是它的核心价值，是它的生命之所在。那么，怎样才能更好地突出图书的实用性？笔者以为，要在以下方面下功夫。

（1）围绕大众的生产生活需要，着眼于帮助读者解决实际问题

实践证明，科学技术是发展生产、提高经济效益的"催化剂"。因此，科技出版工作者多出、出好实用科技图书是义不容

辞的重要职责和使命，是贯彻全心全意为人民服务的根本宗旨，落实为人民服务、为社会主义服务出版方针的必然要求。比如金盾出版社从1983年建社以来，出版了一批又一批实用科技图书，不仅满足了部队基层官兵的需要，而且也受到了人民群众特别是农民朋友的欢迎。建社初期，金盾社就明确提出了"三个为主"的出版定位：以实用性科技图书为主要出版范围，以具有初中文化程度的读者为主要服务对象，以部队基层和广大农村为主要图书市场。这"三个为主"的图书出版定位，充分体现了出版实用科技图书的内在规律和要求，使金盾获得了广阔的生存和发展空间，走上了创造特色、创立品牌的正确道路。为了满足部队基层官兵改善生活的需要，金盾社建社后出版的第一本书就是实用生活用书《美味豆腐制作100法》。这本小册子不仅在部队受到欢迎，而且在全国广大城乡也颇受关注，第一次就印刷了17.1万册，一上市很快销售一空。近两年，针对广大群众生活水平提高，诸如糖尿病、高血压、高血脂等富贵病发病率明显上升的情况，金盾又推出了"富贵病早防早治系列丛书"，对常见的富贵病从饮食、锻炼、治疗等诸多方面提出了防治措施，既简便易学又能收到很好的效果，所以这套丛书非常热销。

（2）依据不同的专业特点，铸造独具特色的品牌优势

出版实践证明，一个出版社有哪方面的优势，才能出好哪方面的图书。无论是哪个出版社，在它刚建立的时候，都是依托某个部门、某个专业的优势来确立自己的出版定位的。因此，一个出版社从刚建立的时候起，就带有某一方面或几方面的天然优势，这种天然优势是图书出版定位的前提和条件，也是该出版社在市场上立于不败之地的一个重要保证。比如金盾出版社隶属于总后勤部，有着后勤保障工作面宽，军地通用技术性强，军地两用专业人才多的优势，有着广泛的卫生、交通、农业种植养殖、营房建筑、食谱烹饪等丰富的出版资源，所以多

年来出版的生活类图书、医疗保健类图书、种植养殖类图书、家电使用修理类图书都受到了读者的欢迎，逐步形成了自己的品牌和特色优势。

（3）坚持与时俱进的发展观，不断丰富出版定位的内涵

随着生产生活的发展进步和科学技术水平的提高，读者的需求也在不断发生变化，他们需要含有更多新知识、新技术的实用科技图书。科技出版工作者要及时根据图书市场的发展变化以及读者的新需求，注意了解新情况，研究新对策，不断丰富自己的出版理念和出版定位，做到与时俱进。金盾出版社为了紧跟形势发展的要求，出好大众实用科技图书，在全社叫响了这样一个口号："让通俗实用的科学知识从金盾传向四面八方。"这既是一个新的口号，又是对金盾社多年来出版实践活动的概括和总结，是对建社之初形成的出版理念和出版定位的新发展。从 2000 年开始，金盾社针对发展变化的图书市场，适时调整了出书思路，在出书上提出了"上品种、上规模、上档次、上新领域"的新目标。在坚持"三个为主"出版定位不变的前提下，提出图书内容、品种和出书结构求新求变，形成"多层次、宝塔式"的出书结构。所谓多层次，就是适应不同层次的读者需要，将图书出版分为大众性科技图书、专业性科技图书和精品图书三个层次。2005 年，根据图书市场特别是大众实用科技图书市场竞争日趋激烈的新形势，又适时调整了出版思路，即"稳定规模，提高质量，增加效益"，提出了从注重增加数量到注重提高质量、从注重扩大规模到注重提高效益、从注重增加新品种到扩大修订老品种的出版策略，以保证出版工作健康稳定地持续发展。从 2011 年上半年开始，金盾又提出"巩固农村市场，突破城市市场"的发展新思路。

2. 通俗性——大众实用科技图书的表达定位

大众实用科技图书的市场主要在广大农村和城镇基层，面对的读者是农民、工人等普通劳动者，他们大都只有初中以下

文化程度,因此为他们出版的科技图书在表达方式上必须做到通俗易懂,便于学,方便用。

(1) 要善于用大众化语言讲解专业技术知识

大众实用科技图书,介绍的是科学技术知识,专业性强,内容往往比较抽象。但是,广大基层读者绝大多数都没有学习过专业知识,写不好就会使读者像"雾里看花",读不明白。因此,必须善于用大众化语言讲解科学知识和技术,深入浅出,通俗易懂,简单易学。否则,内容再好,技术再先进,也不易被大众读者所掌握。

(2) 要善于用实例说明理论性问题

生产生活中的实例,不仅鲜活亮丽,易于让人接受,而且能比较形象地说明理论性问题,把抽象的概念具体化。金盾出版的《农民怎样打官司》一书,如果只讲法律概念、条款、规定,农民肯定不愿看,不易懂。这本书把抽象的法律知识和具体的案例密切结合,用大白话写,简明而正确地介绍了法律条款,使人读起来津津有味。比如,讲到"农民要增强法律意识"时,不是一味地说教,而是把农村经常发生的违法行为归纳为土地、婚姻、继承、赡养、赌博等31种案件,列举了"报复性暴力犯罪""对严重违法行为私了"等14种法律意识淡薄的表现。这些大量的事例、案件,真实、直观,农民看过之后就知道了法律的重要性,就明白了什么是合法行为,什么是违法行为,什么是犯罪行为,而且愿意看、读得懂、印象深。在讲到"打官司要打破思想障碍"时,都是用农民耳熟能详的事物和语言作小标题,像"不要屈死,而要告状""不学杨白劳,要学秋菊""打官司不丢人""上公堂不可怕""没钱也可以打官司""要信法律,不要信关系""可以告民,也可以告官"等等。这本书上市后,销量非常可观,获得了经济效益和社会效益双丰收。

(3) 要善于用图表展示文字不易表达清楚的内容

内容决定形式，形式影响内容。大众实用科技图书在出版过程中，要尽量采用读者喜闻乐见的大众化形式，开门见山，形象直观，使科技图书内容的实用性、通俗性完美统一，增强读者的购买欲望。从市场走势看，读者已不满足于教材式的介绍与灌输，而是越来越喜欢图说式、图解式和通俗概括式，或将知识介绍拟人化。比如农作物、果树、家畜病虫害防治的图书，如果单靠文字介绍，由于学名与地方土名不一致，南北各地叫法不同，同一种害虫有多种名称，同一种病害也有多种叫法，所以读者看了书也不知讲的是什么病虫害，更无法对症下药。针对这种情况，出版社若采用大量照片，用图谱的形式介绍农作物、果树、家禽家畜养殖，各种病虫害的防治则非常形象直观，读者一看图就知道是什么虫害、病害，按照介绍的方法来采取防治措施，就会收到很好的效果。

3. 价廉性——大众实用科技图书的价格定位

大众科技图书的销售对象是城乡基层的中低收入读者，而且绝大多数属低收入阶层，购买力差。因此，对大众科技图书的定价必须注重价廉性，使广大低收入读者能够"买得起"。

(1) 遵循市场学原理，做到薄利多销

按照市场学的原理，同一商品价格越低，销售量越大，价格越高，销售量越小，也就是商品价格与销售量成反比。对大众科技图书的定价，也必须遵循这一原理，既要考虑图书的价值及成本支出，又要照顾到读者的购买承受能力，尽量使图书价格便宜一些。读者不仅愿意买通俗实用的科技图书，而且还希望少花钱多买书。

(2) "四多四少"降成本，实现低价又赢利

随着改革的深入，出版社早已是自收自支、自负盈亏的经营性单位。在这种大环境下，出版社要生存发展，必须获取一

定的经济效益。而图书的低价位,很容易使出版社效益降低、流失乃至亏本,如果长此以往,出版社就难以承受,有好心也无力办好事。因此,千方百计做到既保持图书低价位,又能获得较好的经济收益,这才是出版社追求的最佳境界。从理论和实践的角度,做到"四多四少",则是通向这一最佳境界的"坦途"。第一,多出小薄本,少出大部头。读者买实用科技图书是为了学习掌握其中的知识和技术,重在实用,不是搞理论研究,因此要坚决挤掉书稿中的"水分",留下精练、管用的"干货"。第二,多出系列单行本,不出那种"大全"式的书。如针对农民家庭种植、养殖单一的情况,多出专一性的小册子,不出种植或养殖"大全"。第三,多出平装书、简装本,少出精装本、豪华本。这样编出来的书本子薄、内容实,价格自然就低。第四,多种措施降成本,少些"泡冒滴漏"。出版社要加强核算,努力降低成本,在照排、用纸、印刷、装订等各个环节上遴选价低质优的厂家。同时出版社要加强财务监督和自律,不吃纸厂、印刷厂、装订厂等业务合作伙伴的回扣,否则"羊毛出在羊身上",吃回扣的结果必然是直接成本上升。

(3)既算单位"小账",又算社会"大账"

有些大众科技图书选题有明显的地区性,市场小,但当地读者又确实急需。遇到这种情况,出版社应该宁肯受点损失赔点钱,也要积极组织出版满足读者需要。这就要求出版社不仅要算本单位的"小账",更要算社会读者学习掌握书中知识和技术能获取经济效益的"大账"。一般说来,出版社经济效益的大小,可从微观和宏观两种不同角度来衡量。社会主义的出版工作,其微观经济效益与宏观经济效益,既有一致的时候,也有矛盾的时候。科技图书出版按其工作特点,应尽可能地从全局出发,多考虑宏观经济效益。

二、大众实用科技图书选题策划的价值分析及判断

1. 大众实用科技图书的价值判断

从本质上说，图书选题的价值是一个标志某一图书与读者需要关系的范畴，是某本书对读者的效用程度，效用越高，出版的价值越大。由于人们的需要是多方面、多层次的，而且是发展变化，永无止境的，因此图书出版的领域和内容是无限广阔，无限丰富，永远也不会穷尽的。既然图书选题的价值是一个标志某一图书与读者需要关系的范畴，编辑在策划某一图书选题时就必须把该选题与所服务的读者联系起来，首先明确出这本书是给谁看的，对读者群进行准确定位。比如同样是医疗保健的书，你是给医务专业人员编写的，还是给普通患者看的；是给已经患病的人看的，还是给没有患病的人提供预防知识的。读者对象不同，同是一本肝炎防治的书，从内容结构、难易程度、语言表达等方面都应该有所区别。总之，考察分析某一图书选题的出版价值，必须把它同特定的读者联系起来。同一本书与不同的读者相联系会表现为不同的价值，不同的图书对同一特定读者也具有不同的价值，离开具体的图书选题，出版价值就失掉了"载体"，读者需要就不能对象化、客体化，而离开读者的需要，图书选题的价值就不能主体化、具体化。

2. 构成图书选题价值大小的要素分析

一个图书选题价值量的大小，归根到底决定于某图书与读者需要相一致的程度，程度愈高，出版价值就愈大。明确了这个前提，笔者认为，一个图书选题价值量的大小一般受五种要素的制约。

（1）一个图书选题满足读者需要的人数越多，其出版价值越大

一般说来，一个图书选题满足读者需要的人数越多，满足

的程度越大,其出版价值也就越大。同样都是介绍养殖技术的书,养猪的书就比养马的书市场大,好销售。因为在中国从南到北,从东到西,几乎家家都养猪,是普通农民的一个重要经济来源。而能养马的农户则主要分布在西北地区,从养殖户数量看,比养猪的要少很多。因此,不同的图书选题,由于都有自己特定的内容,能满足读者的多少和满足群众需要的程度往往都是确定的,由此我们可以区别出不同图书选题价值的大小,以决定某一图书是否出版,印数多少。

(2) 一个图书选题的内容与读者的利益越一致,其出版价值越大

不同的读者有着各自不同的利益需求,在有着不同阶层、不同群体的社会里,往往表现为不同的群体利益。出版单位往往都有比较明确的出版范围,掌握着不同的出版资源,有着各自的出版优势,一般都代表着特定读者的利益,为特定的读者服务。一个图书选题愈是符合自己所代表的读者的利益,其出版价值也就愈大。因此,在出版工作实践中,出版人总是特别关注自己所服务的那些特定读者的利益。比如农业类的出版社,就特别关注农民的利益需求,所出版的大众科技读物,要能帮助农民运用科技知识和技术提高农业生产效益,增加农民朋友的收入。

(3) 一个图书选题的内容越符合读者的实践需要和时代发展的要求,其出版价值就越大

大众科技图书具有很强的指导性、实践性,任何一本大众图书,它介绍的知识和技术,都会被读者学习掌握后,运用到自己的生产生活实践中去,并通过人们的实践最终实现图书的价值,给实践的主体——读者带来实实在在的实惠和收入。一本图书的内容如果与人们的社会生产实践毫无关系,不能对人们有任何积极的影响和帮助,这样的图书自然就不具有出版价值。因此,一本书介绍的科技知识越是符合读者的实践需要,

其出版价值就越大。比如金盾社根据农业生产实践的发展和农业科学技术的进步，近几年紧密贴近农业、农村和农民的生产实际需要，及时策划出版反映"三农"现实需要的图书，形成了自己的品牌特色。

(4) 图书选题与读者越接近，其出版价值越大

实践证明，作为一个具体的读者，他们活动的空间是极其有限的，任何人都不可能也不必要去掌握所有知识和技术。人们最关心最需要学习掌握的是那些与自己的工作、学习、生活等现实需要直接相关的知识和技术，以提高自己的生产能力和生活水平。因此，一个图书选题与自己所服务的读者愈接近，其出版价值就愈大。出版工作者千方百计选择那些与读者相接近的选题来开发，正是从满足读者的需要出发的。所谓接近性，主要包括地理、职业、年龄等方面的接近性。比如农业生产方面的图书，知识性再强，技术再先进，再通俗易懂，城里人也往往视而不见，因为他们的职业决定了他们没有这方面的需求。同样是农民，种粮食作物的不会去购买阅读种植蔬菜类的图书，搞养殖的专业户不会去看种植技术的图书。从地理环境看，北方的农民不会去买有关适应南方种植作物的图书。

(5) 图书选题越符合读者的普遍兴趣，其出版价值越大

一般说来无论哪个出版单位，都无法也不能去强迫读者购买阅读自己出版的图书。要使读者喜欢自己出版的图书，就必须符合读者的兴趣。能够引起读者的兴趣，首先是图书的内容，介绍的科技知识符合读者的需要，能有利于他的生产生活。另外，图书的表达方式、版面设计等，也会影响到读者的兴趣，如通俗、简练、形象、直观、易懂、好学等，这样的大众科技图书就容易激起读者购买、阅读的兴趣。

三、策划大众实用科技图书的途径

选题策划既然十分重要，那么怎样去策划，应通过什么途

径来策划呢？办什么事情，只有良好的愿望和动机，而没有恰当的途径和方法，往往会南辕北辙，无法成功。结合选题策划和出版工作实践，笔者认为，策划大众科技图书主要有三种比较有效的途径。

1. 深入生产生活第一线，在调查研究中获取选题

火热的生产生活第一线是策划选题的源泉。对生产生活第一线图书需求信息收集越丰富，分析研究越透彻，策划的选题就越贴近读者的需要。出版社从社领导到编辑室主任、编辑，以及发行人员，都要经常深入第一线，到读者和基层书店了解和分析图书需求情况，策划读者需要的图书选题。近几年，金盾社在农村调查发现，许多农民很需要直观、形象的防治病虫害的图书，因为只有文字介绍，很难说明和理解是什么害虫，什么病害，因而难以对症下药。针对这种情况，很快策划了蔬菜、水果、林木、畜禽和粮食作物等病虫害诊断与防治原色图谱系列实用科技图书选题20多个，是什么害虫，什么病害，和书上的图一对照，非常明了，出书后很受农民和农业技术人员的欢迎。

2. 密切关注最新科研成果，到专家学者中挖掘选题

出好大众实用科技图书，不仅要跟着读者的现实需求走，而且要通过出版的图书，引导读者主动学习掌握新的科技知识，提高工作效率和生产效益。因此，要使图书出版工作适应科学技术的新发展和读者的新需求，就要请了解和掌握科学技术发展的专家、学者，当我们策划大众实用科技图书选题的"外脑"。比如农业院校和研究单位，聚集着一大批专家、学者，他们既懂专业知识，又掌握农业发展的最新动向和技术，应主动请他们当出版社的"外脑"，经常与他们一起座谈农业发展的新趋势，策划符合农村和农民需要的实用科技图书选题。

3. 主动与基层人员建立"热线联系",及时捕捉市场急需的图书选题

书店销售人员和出版社的发行人员,常年在基层奔波,对图书市场和读者需求信息比较了解,哪种书市场好卖,哪种书读者急需,哪种书本社能出版,他们心里都有数,因此鼓励这些基层人员及时提供图书市场需求信息,是图书选题策划一个不可忽视的重要途径。多年来,金盾社不仅要求发行人员发好书,还要求他们把为社里推荐选题作为一项重要任务和责任。读者对图书需求有着切身感受,要鼓励他们多向出版社推荐选题。金盾社2001年成立了"读者俱乐部",现在已有会员80多万人,这些会员绝大部分是农村特别是偏远地区的读者,请他们积极推荐图书选题,采用后给予一定奖励。仅最近两年,发行人员和俱乐部会员就向社里推荐7000多个选题,不仅开阔了策划选题的视野,拓宽了出版图书的思路,而且进一步增强了图书的针对性和实用性。

参考文献

[1] 张延扬.科普图书要在传授实用技术上下功夫[J].编辑之友,2010(10).

[2] 张延扬.农业科技类图书要以帮助农民提高收益为准则[J].科技与出版,2012(1).

[3] 中共中央马克思恩格斯列宁斯大林著作编译局.马克思恩格斯全集·第19卷[M].北京:人民出版社,2008.

(作者单位:金盾出版社)

中国学术文摘：现状与展望

——以"三大文摘"为中心的实证研究

王文军

摘要：向学术界乃至社会各界推介有价值的学术信息是学术文摘类期刊的生存之本，在实践中，由此还衍生出了学术评价功能。然而，随着信息时代的到来，学术文摘信息抓取、推优荐优的传统功能是否遭遇了挑战？学术文摘如何在迅速传播优秀学术成果方面继续发挥不可替代的作用？这是值得深入探讨的问题。《新华文摘》《中国社会科学文摘》和《高等学校文科学术文摘》无疑是人文社会科学领域影响最大的文摘期刊，根据"三大文摘"近年数据特征，从文献摘编广度、学术影响深度和社会传播速率三个方面可以勾勒出其生存环境和发展现状的大致轮廓。基于此，可以发现，信息时代学术文摘能否健康发展，将取决于其能否顺应学术民主化、传播数字化和国际化的趋势，以及能否充分发挥学术共同体的作用。

关键词：学术文摘　学术评价　数字传播　CSSCI

自1990年代学术期刊的衍生物——学术文摘的评价功能被发掘以来，学术界和学术期刊界对这样的评价功能的迎合和质疑就同时存在。近年来，随着学术期刊研究不断走向深入，尽管迎合仍不可免，但私底下的质疑也已变成了公开的批评。在人文社会科学领域，这种质疑、批评主要围绕《新华文摘》《中国社会科学文摘》《高等学校文科学术文摘》这三种最具影响力的学术文摘(以下简称"三大文摘")而展开。学术文摘对学术研究和学术评价的意义和作用何在?有无继续存在的必要?未来应当如何发展?讨论虽然热烈,但众说纷纭,莫衷一是。笔者认为,我们对学术文摘的研究必须有利于共识积累和学术事业的良性发展,为此,我们应当在数字化已深刻地改变了学术期刊和学术传播样态这个大的时代背景下,紧密围绕学术文摘的基本功能(信息抓取和社会传播)以及衍生功能(学术评价)的实现,开展有理有据的实证研究。本文将依据CSSCI文摘数据库的统计结果[1],对三大文摘的编辑特征进行描述、分析和评论,进而对我国学术文摘的未来发展提出建议。

一、三大学术文摘的信息抓取特征

据国家新闻出版总署网站的数据资料,我国现有人文社会科学类文摘150余种,但其中近百种为中国人民大学主办的以全文转载为主的《复印报刊资料》系列,此外绝大多数都是综合性文摘,专业的学术文摘则比例很小。[2] 这些文摘大多创办于1980年代中期。经过此后20多年的发展,《新华文摘》(创办于1979年)、《中国社会科学文摘》(创办于2000年)、《高等学校文科学术文摘》(创办于1984年)逐渐胜出,成为当前最具影响力的三大人文社会科学学术文摘,"被誉为社会科学文摘期刊的三个重镇"。[3] 它们的影响力既来源于其在编辑实践中所建立的学术公信力,也得益于其主办单位所固有的政治权威性和学术权威性:《新华文摘》由人民出版社主办;《中国社会科学文摘》由中国社会科学杂志社主办;《高等学校文科学术文摘》

---

[1] 数据统计源为CSSCI文摘数据库(2008—2012),其中文摘仅统计全文编编部分。
[2] 参见国家新闻出版总署网站资料,http://www.gapp.gov.cn/。
[3] 孙景峰:《学术类文摘期刊出版述评》,《中国期刊年鉴》(2004—2005),第188页。

则是上海市高等教育局受教育部委托而创办。①在充分肯定三大文摘影响力的前提下,我们现在想知道的是:作为文摘,它们的信息抓取和推介这一基本功能实现状况如何?在这个方面,我们不仅要考察三大文摘各自信息抓取来源的权威性,还要考察其信息抓取来源的丰富度,即能否全面真实地反映学术期刊总体在某一学术领域中的发展现状和研究水平,以及考察其信息抓取来源的补偿性,即是否能够披沙拣金,发现那些存在于非重要期刊上的重要论文。

经过多年的探索和发展,三大文摘均已经形成较为鲜明的编辑特征,除了均将学术期刊作为主要摘编来源外,《新华文摘》还把《人民日报》《光明日报》等重要报纸作为主要摘编来源,并设有"科学技术"和"文艺作品"两个栏目,摘编内容相对丰富,在强调思想性和学术性的同时还注重可读性;《中国社会科学文摘》和《高等学校文科学术文摘》则更强调学术性和专业性,又因主办单位的不同,《高等学校文科学术文摘》更多关注高校学报特别是综合性学报,而《中国社会科学文摘》更多关注社科院(联)系统的期刊。不过,透过这些差异性,我们还是可以发现它们的共性,即都是综合性的人文社会科学文摘,因而在理论上都是以国内现有全部人文社会科学期刊作为其摘编来源的。

我国现有人文社会科学类学术期刊约 2 900 种,②年发文量尚无机构进行准确统计,但不会低于由 2 185 种人文社科入库期刊构成的 CNKI 数据库年均入库人文社科文献的总量,即 75 万篇左右。③ 与我国人文社科期刊这一庞大的年发文量相比,

---

① 关于"三大文摘"的介绍性文字内容均摘自"三大文摘"网站或期刊的简介资料。

② 参见南京大学中国社会科学研究评价中心 2013 年统计数据。

③ 参见中国科学文献计量评价研究中心:《载文量数据质量测试报告》,《中国学术期刊影响因子年报(人文社会科学)》,2012 年(第 10 卷),第 189 页。

CSSCI来源期刊（535种）年收录文献9万余篇，约占其12%，作为评价数据源，这一比例已略偏低，而三大文摘年均摘编量分别为500余篇、800余篇和1 100余篇（见图1），仅及CSSCI收录论文量的5‰~1%，作为评价依据，这一比例明显过低。即使不作为评价依据，仅就推优而言，被三大文摘选中的难度于此亦可见一斑，由此也构成了对三大文摘信息抓取来源丰富度的巨大挑战。

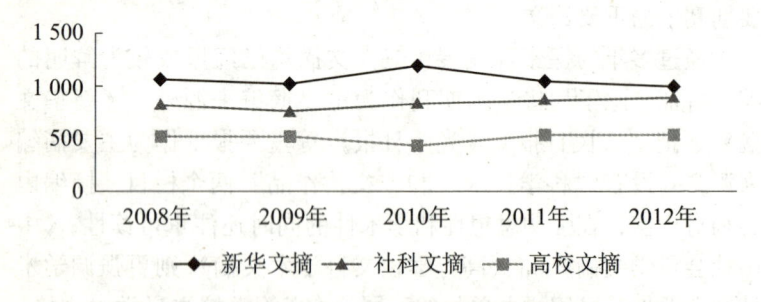

图1 2008~2012年三大文摘摘编量概况

从2008~2012年三大文摘摘编总量可以看出，极为有限的篇幅与庞大而丰富的学术资源之间形成了难以缓解的张力，主要体现在如下几个方面。

首先，三大文摘摘编期刊的集中区[①]比较狭窄。集中区期刊数量最多的《新华文摘》也只200余种，而《高等学校文科学术文摘》仅100种出头。三大文献摘编来源主要集中于学术期刊，仅有《新华文摘》摘编了接近30%的报纸类文献（有35种报纸进入其摘编集中区），《中国社会科学文摘》摘编了不到3%的集刊类文献；三大文摘对图书、学术集刊、网络资源、海外书刊等文献均较少涉及，这与文摘期刊的定位有关，无可指责，但当其被作为评价标准时，就显出了覆盖面的欠缺。

---

① 按照摘编论文总量自高到低排序，占摘编论文总量80%的原发期刊构成了摘编期刊的集中区。

其次，三大文摘都存在着摘编期刊来源向核心期刊聚集的趋势。我们在这里所说的核心期刊是指被列入中文核心期刊（750种）、中国人文社会科学核心期刊（484种）、CSSCI来源期刊（535种）及其扩展版（179种）中的一种或几种的期刊。统计表明，《新华文摘》《高等学校文科学术文摘》《中国社会科学文摘》的摘编期刊集中区分布的核心期刊数分别为168种、119种、196种，在集中区中的比例分别达到67%、91.5%、89.9%。这些核心期刊被摘编论文的数量分别占其摘编总量的76%、88.9%、89%，核心期刊被摘编论文的平均篇数分别达到14.7篇、16.26篇、16.21篇（见图2）。另从表1来看，三大文摘摘编最多的30种期刊中仅有《百年潮》一种是非核心期刊序列，也就是说，三大文摘实际上关注的主要还是核心期刊论文。对于这一现象，论者的观点不尽相同。基于核心期刊立场的评论者坚持认为三大文摘应当优中选优，即主要从核心期刊中选择文献的做法无可非议，但也有人批评其中存在权力寻租空间。[①] 站在非核心期刊立场的评论者则认为核心期刊上的论文已经具有很高的显示度，被摘编与否都不影响其被关注程度，较多地摘编它们只会浪费有限资源，使得非核心期刊上的好论文更没有机会被读者发现。其实，文摘来源向核心期刊聚集的现象与当前优质学术资源向核心期刊富集的现状直接相关，问题是如何确保非核心期刊中的优秀论文得以在三大文摘呈现。

最后，三大文摘更关注综合性学术期刊。从表1可以看出，在摘编最多的前10种期刊中，《新华文摘》有1种专业期刊，《高等学校文科学术文摘》均为综合性期刊，《中国社会科学文摘》有5种专业期刊。从总的摘编数量来看，《新华文摘》摘编的专业期刊达490余种，不过刊均摘编量仅3.4篇，而摘编的

---

① 参见孙永怡：《社科学术文摘学术评价功能的局限与抵制学术腐败的责任》，《中国出版》2007年第8期。

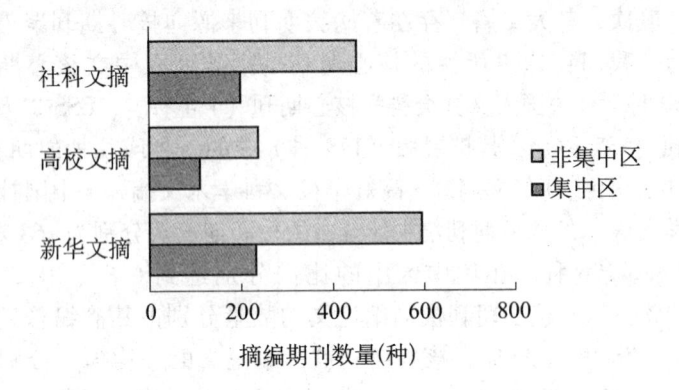

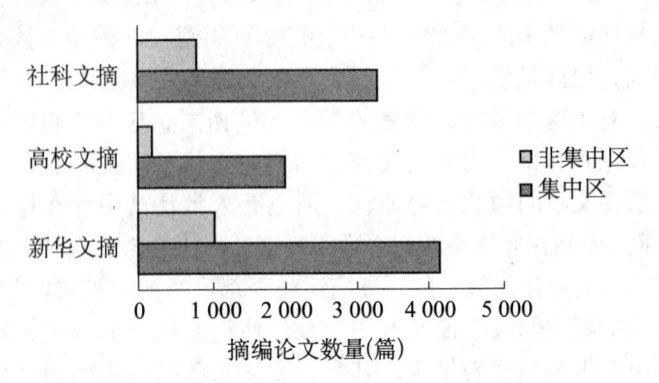

图 2　三大文摘摘编期刊和论文情况分布图

240 余种综合性期刊的刊均摘编量却接近 9 篇；与其相似，《中国社会科学文摘》摘编专业刊和综合性期刊分别为 349 种和 229 种，平均摘编篇数分别为 4.2 篇和近 10 篇；《高等学校文科学术文摘》摘编的专业刊和综合性期刊分别为 170 种和 196 种，平均摘编篇数分别为 4.8 篇和接近 9 篇。之所以出现这种情况，与综合性期刊更关注宏大选题，而同为综合性的三大文摘同样如此有关，一些多发表在专业期刊上的艰深或微观研究的专业论文被三大文摘冷落也就在所难免了。

表1　三大文摘摘编最多的学术期刊前10位

序号	新华文摘 期刊名称	篇数	期刊学科	中国社会科学文摘 期刊名称	篇数	期刊学科	高等学校文科学术文摘 期刊名称	篇数	期刊学科
1	求是	96	政治学	社会学研究	66	社会学	学术月刊	91	综合
2	社会科学战线	79	综合	社会	58	社会学	南京大学学报	72	综合
3	中国社会科学	65	综合	哲学研究	55	哲学	清华大学学报	64	综合
4	学术月刊	57	综合	社会科学战线	53	综合	中国社会科学	56	综合
5	百年潮	47	综合	中国社会科学	50	综合	复旦学报	55	综合
6	教育研究	43	教育学	经济研究	49	经济学	华中师范大学学报	52	综合
7	江海学刊	42	综合	华中师范大学学报	47	综合	北京大学学报	50	综合
8	北京大学学报	41	综合	学术研究	46	综合	文史哲	42	综合
9	清华大学学报	41	综合	法学	40	法学	北京师范大学学报	40	综合
10	北京师范大学学报	37	综合	社会科学	39	综合	吉林大学社会科学学报	39	综合

三大文摘都非常重视信息抓取来源的权威性，将大部分乃至绝大部分注意力投放在了少数核心期刊上，这固然与当前优质学术资源的分布规律是一致的，但更重要的客观原因是文摘编辑部的人力有限，无暇及时顾及众多的非核心期刊的海量论文，因此，它们在信息抓取来源的丰富度上存在较为明显的不足。更重要的是，由于在当前条件下，核心期刊论文原本就比非核心期刊论文拥有高得多的显示度，三大文摘在事实上极大地压缩了非核心期刊上的优秀成果被摘编的可能性。其实非核心期刊上也有一定数量的优秀成果，只不过被淹没在平庸论文

的汪洋之中。此外，从三大文摘对核心期刊特别是其中的综合性期刊的较高关注度来分析，三大文摘在发现此类期刊的成果特别是其宏大选题成果的价值、提升其显示度等方面起到了积极的作用，但对其他期刊特别是专业期刊的专业成果而言，这样的作用并不彰显。总而言之，现有的文摘定位和编辑机制，决定了三大文摘信息抓取来源方面以上的种种特性。

二、三大学术文摘的学术评价特征

进入新世纪后，国内各种学术机构都陆续建立了学术评价制度。鉴于其影响力和权威性，三大文摘不仅进入了各类机构林林总总的学术评价体制之中，而且占据了重要的地位。经过一系列的杠杆作用，它们最终从带有自身偏好或特点的关于学术期刊论文的二次评价，直接转变成了关于学术期刊的重要评价指标，无论从文摘编制者的角度，[①] 还是从高校和科研机构的学术评价体系[②]中，都可以很清晰地看到，这一点已是不争的事实。这在激化学术期刊界的内部竞争的同时，也招致学术期刊界对文摘评价功能的质疑和批评：它们为何能够凌驾其他客观学术体系之上具有如此显赫地位？它们为何不仅可以评价论文，而且还可以左右对学术期刊乃至对作者和机构的评价？[③]

我们知道，学术文摘的摘编过程同时也是一个评价过程。不过，从上文论述的三大文摘诸种特点来看，其评价必然具有以下特征：第一，它是建立在学术期刊编辑、主编和审稿专家一

---

① 参见冯小双：《文摘类学术刊物的评价功能与局限》，《广西民族大学学报》2011年第5期。
② 为数众多的高校都将被《新华文摘》《中国社会科学文摘》等重要文摘摘编作为科研考核的重要加分指标。
③ 参见仲伟民：《缘于体制——社科期刊十个被颠倒的关系》，《南京大学学报》2013年第2期。

次评价基础上的二次评价。这种评价仅仅针对期刊论文本身,并不涉及对学术期刊本身的评价。第二,它是一种基于某种预设的局部评价。不管是专业化的学术文摘,还是像三大文摘这样的综合性学术文摘,所有文摘编制者在主观上都希望能够最大限度地做到客观公正,力图对所有相关期刊都能一视同仁,以维护并不断提高自己的公信力。然而,在现实中,这种基于全部相关期刊的全面评价的可操作性显然很低,甚至根本就是一项不可能完成的任务。对于三大文摘这类综合性文摘则更是如此,因为他们所面对的是每年数十万种的海量文献。所以,无论承认与否,它们不过都是基于某种预设和某种原则,对部分被筛选出来的期刊所进行的一种局部评价。换言之,不同期刊获得摘编的机会在事实上并不平等。第三,它的公信力较之同行评价存在一定的差距。关于学术评价,韩启德先生曾经做过如下解读:"学术的评价、学术的标准、学术上的分歧,所有学术上的问题只有依靠学术共同体才有可能得到解决。尽管学术共同体也有可能做出错误的判断和决定,但没有别的更好选择。"[1] 同行评价尤其是小同行评价是学术界公认的最权威的评价方式。一般而言,从文摘主编或编辑的学术背景来看,文摘的编辑过程也是一种同行评价的过程,在现行条件下,文摘的评价都是基于文摘编辑系统的评价,也就是说,它的评价不可避免地受到主编或者编辑的知识背景、学术水准、个人偏好以及自身定位等多重因素的制约。[2] 因此,它的评价结果可能会与真正意义上的同行评价结果存在一定的距离。正因为具有如上特征,所以,国外学术界一方面把学术文摘作为一种补充性的评价方式,另一方面则不断加强改进学术文摘的编辑方式和流

---

[1] 韩启德:《学术共同体当承担学术评价重任》,《光明日报》2009 年 10 月 12 日。

[2] 参见冯小双:《文摘类学术刊物的评价功能与局限》。

程，努力提高其客观性和权威性。如前所述，尽管在主观上也努力做到客观评价，但是，由于无法像学术期刊那样做到双向匿名评审，所以，三大文摘在其评价过程中不可避免地会受到作者身份、作者机构、期刊荣誉等符号化因素以及人情因素的左右。

通过数据分析，我们发现，三大文摘在其摘编过程确实受到了一些符号化因素的影响：第一，它们都明显偏好核心期刊，被它们摘编最多的期刊都是一些得到学术界公认的优秀学术期刊（见表1）；第二，它们都非常看重作者所在机构的学术地位，与政府机关和社科院相比，它们对高等院校有明显偏好，而在各种类型的高校中，它们最青睐的还是985高校（见图3），

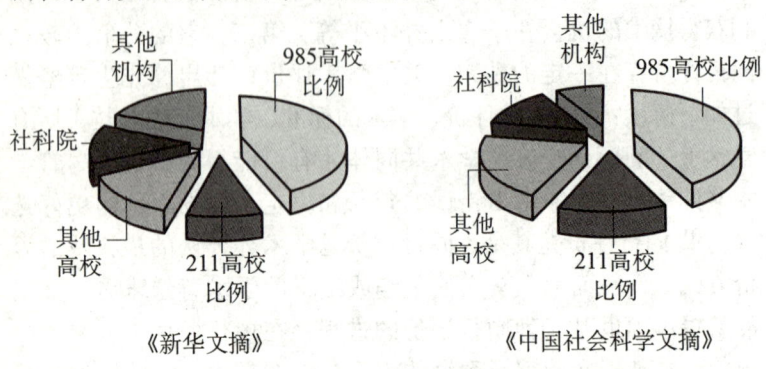

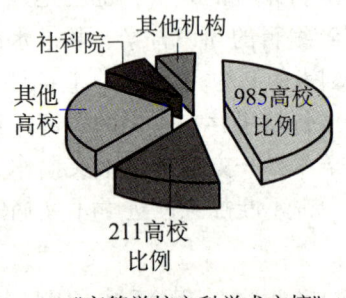

《新华文摘》　　　　　　　《中国社会科学文摘》

《高等学校文科学术文摘》

图3　三大文摘摘编机构类型分布

一般来说,作者机构在社会科学研究领域中的学术声誉与其被摘编的几率之间存在正相关关系;第三,它们都非常看重作者的学术地位,总的说来,作者越有名,其论文被摘编的机会就越高。由此可见,学术期刊界对三大文摘公信力的质疑和批评也确实不是空穴来风。但同时必须看到的是,出现这种问题,绝不是三大文摘所希望看到的,而更多的是体制不科学、制度不完善的必然结果。

当我们把同为综合性的三大文摘与部分原发期刊进行引文数据的比较后发现:以推优荐优为己任的三大文摘并没有预想中所应该具有的远高于原发期刊的影响因子,不仅远低于《中国社会科学》,而且仅与《中国人民大学学报》《开放时代》等大体相当;同时还发现,被三大文摘摘编的论文并不比发表在同原发期刊上的其他论文拥有更好的被引率(见表2、表3),这些现象都值得深入探讨。

表2　三大文摘摘编论文被引率一览表①

期刊名称	2008年 被引率	2008年 篇均被引	2009年 被引率	2009年 篇均被引	2010年 被引率	2010年 篇均被引	平均被引	篇均被引均值
中国社会科学	91.67%	7.75	82.42%	7.47	80.65%	4.07	84.91%	6.43
开放时代	48.28%	3.81	41.01%	3.02	32.23%	2.62	40.51%	3.15
中国人民大学学报	51.47%	2.93	52.71%	2.6	31.62%	2.44	45.27%	2.66
高校文摘	50.88%	3.13	46.11%	2.76	29.64%	2.17	42.21%	2.69
新华文摘	53.58%	3.02	43.62%	2.77	35.92%	2.11	44.37%	2.63
社科文摘	46.09%	2.66	39.75%	3.24	27.36%	1.95	37.73%	2.62

① 被引率是指该刊在当年刊载的论文在2008—2011年CSSCI数据库的被引比例,篇均被引是指上述被引用过的论文的平均被引次数。表2、表3选择了综合性期刊中影响因子较高的三家刊物与三大文摘进行数据比较。

表3 三大文摘与综合性期刊影响因子比较一览表[①]

期刊名称	2009年影响因子	2010年影响因子	2011年影响因子	三年均值
中国社会科学	1.909	2.124	2.604	2.212
开放时代	0.364	0.424	0.531	0.440
中国人民大学学报	0.441	0.369	0.507	0.439
新华文摘	0.599	0.482	0.437	0.506
高校文摘	0.632	0.434	0.426	0.497
社科文摘	0.566	0.448	0.433	0.482

客观地说，与核心期刊以及引文索引这类学术工具在学术评价体系中的境遇极为相似，三大文摘在当前国内学术评价体制中所拥有的重要地位也并非它们本身所要求的，而是学术评价的行政化、评价工具指标化、学术共同体缺位以及传统习惯等诸多因素的杠杆作用的结果。我们需要思考的是：随着学术文摘成为评价期刊和学者的一个重要指标，三大文摘是否也存在学术服务功能被弱化，而学术评价功能被扭曲、被夸大的可能呢？

三、信息时代三大文摘面临的社会传播新挑战

就其起源而言，学术文摘原本就是为了在学术文献数量急剧增长的背景下，为满足学术研究者的需求，扩大学术信息的有效传播而产生的学术载体。这里所说的有效传播可以从三个方面进行描述：第一，能否遴选、摘编更多的优秀成果，尤其那些不是发表在最受人关注的顶级期刊上的优秀成果，以尽可能扩大读者的学术视野；第二，能否让被摘编的学术论文更快地传播出去，以便使它们能够发挥应有的学术效应，体现出应有的学术价值；第三，能否拥有更多的读者群，以不断扩大文摘自

---

① 三大文摘的影响因子统计方法：摘编的上两年度期刊论文在统计当年被CSSCI来源期刊引用篇次/摘编上两年度的期刊论文总篇数，这和表内与之相比较的综合性社科期刊和高校学报影响因子的统计方法是一致的。

身的影响力。历史地看,学术文摘的社会传播会受到诸多因素的影响,其中传播环境和手段的影响尤其巨大。随着互联网技术的不断发展和广泛应用,基于纸媒订阅的传统出版模式已经受到强烈冲击,一个全新的数字传播时代正在向我们走来。不管人们意识到与否,这个新的时代背景都对三大文摘的社会传播功能提出了难以回避的新挑战。

首先,随着数字传播时代的来临,学术共同体变得更加紧密联系、更加民主平等,这对三大文摘的推优功能的既有实现方式带来了巨大挑战。数字传播时代的技术基础是互联网技术的不断发展和广泛应用。在此过程中,学术共同体发生了重大变化:第一,互联网瓦解了时空壁垒,使学术共同体成员之间的联系变得更直接、更经常,同时也更加便捷;第二,互联网颠覆了过去那种单向的学术信息传播模式,学术共同体的成员既是信息的接受者,也是信息的传播者;第三,学术共同体原有的中心—边缘关系被打破了,共同体成员之间的关系变得更加平等、更加民主,因此人们不再认同和接受过去那种不平等的等级制关系,要求并在事实上已经初步建构出了一种新型的关系模型。历史地看,三大文摘的既有推优功能的实现方式是与学术共同体的传统关系模式相适应的。随着学术共同体的这种重大变化的逐渐完成,这种既有推优功能的实现方式就日益表现出自己的不适应性,日益从学术共同体的自主活动的条件,转变为"自主活动的桎梏"①:随着信息鸿沟的逐渐被填平,京沪等中心大城市信息掌握优势的日益丧失,三大文摘过去基于信息优势所拥有的天然的优秀成果发现者和推荐者的地位就被撼动了;于是,人们开始思考、追问,三大文摘能否凭借少量人手而有效、合理地处理海量学术信息?三大文摘这种主编加编辑的编辑流程

---

① 参见马克思和恩格斯:《德意志意识形态(节选)》,《马克思恩格斯选集》(第一卷),北京:人民出版社,1995年,第123—124页。

的合法性何在？他们凭什么比专业学者更适合成为推优者？专业学者为什么不可以普遍地参与到这种推优过程中来？

其次，随着学术资源数字化传播时代的来临，学术信息的数量迅猛增长，学术共同体对获取信息的质与量及获取方式都提出了新的要求，全面、准确、便捷乃至个性化服务这些在纸本时代无法满足的需求在数字化时代已不存在任何技术上的障碍，信息源与消费者的阻隔恰恰来自于传统信息的呈现方式和传播方式，而三大文摘还都停留在传统纸本时代，传播方式的单一和大综合的形式已越来越难以适应技术发展的新趋势和学术发展的新需求。其传播方式的单一改变起来也许相对容易，但大综合的形式，特别是限于篇幅，不得不割舍一些重要学术信息的编辑方法，① 却不是轻易可以改变的。与此同时，信息时代信息聚合、权力分散的特点以及互联网交互性的特征都为信息的有效传播和评价权力的分散提供了全新的途径。三大文摘信息抓取、推优荐优的基本功能和学术评价的衍生功能都遭遇了全面挑战。个性化的专业服务网站、开放的网上评价体系都有可能取代三大文摘的这些功能。

再次，随着开放获取理念被普遍接受并不断付诸实践，三大文摘的推优功能的既有实现方式遭遇了巨大挑战。三大文摘都是传统的订阅出版物。也就是说，人们必须付费订阅才能获得它们所提供的推优产品。然而，随着开放存取时代的来临，人们日益要求及时、免费、不受任何限制地通过网络获取各类文献，包括经过同行评议或开放评议的期刊论文、图书评介、研究报告、学位论文、学术综述等全文信息，用于科研教学及其他活动。结果，人们特别是学术共同体中的中青年人群已经

---

① 例如《中国社会科学文摘》杂志社就考虑到摘引刊物分布的均衡和覆盖率，有诸如"对同一期刊物一般不能一次摘发两篇文章""对同一作者成果的摘发一年一般不超过两次"等规定。参见冯小双：《文摘类学术刊物的评价功能与局限》。

开始逐步放弃传统的订阅出版物的方式,逐渐转移为采取网络阅读这一快捷的学术信息获取方式。在这种情况下,三大文摘必然会面对传统读者群不断萎缩的局面。

因此,时代变了,和传统出版业一样,三大文摘必须与时俱进,在反思中重新发现自己的未来。

四、信息时代中国学术文摘发展的新构想

对于学术文摘来说,数字传播时代的来临是一个无法逃避也无法选择的历史必然。要在这一历史大潮中幸存下来并继续发展,学术文摘就必须主动顺应历史潮流,自觉进行适应性调整。

首先,数字化时代也是一个信息爆炸的时代,一方面,推优荐优对于海量信息来说,于读者更显必要;另一方面,任何一个文摘期刊都不可能将所有优秀论文一网打尽。学术文摘必须有正确的个性化的功能和读者定位。学术文摘归根结底只是某类而不可能是全部优秀学术成果的推荐者,故而也不可能成为所有学术成果的评价者,在个性化的推优与普适性的评价之间是存在明显张力的。我们看到,在新世纪以来的发展过程中,有些学术文摘因为杠杆化的评价体制而获得了某种程度的学术评价权力,并在行使这种权力的过程中产生一种错觉,以为自己就是学术研究的裁判者。如果不及时摆脱这种错觉,恢复正确的自我功能定位,不仅公正评价无从谈起,甚至基本功能也会丧失。[①] 明白了这一点,数字化传播时代对于学术文摘来说可能就是一种难得的机遇。因为海量的学术信息既为学术进步奠定了基础,也因为信息过量和超载而成为学术研究的负担。因此,如何恰当对待海量信息,如何为不同的受众(研究者)有针对性地筛选出优秀研究成果和适用的学术资源,已经成为学

---

① 孙永怡:《社科学术文摘学术评价功能的局限与抵制学术腐败的责任》。

术文摘在数字化时代生存和发展的关键。或许,告别大综合,实现专业化或专题化的个性发展,会成为多数学术文摘的必由之路。与此相对应,综合性文摘作为普适性评价工具也许会成为历史,但在专业评价中,专业或专题类文摘期刊必将发挥其难以替代的作用。

其次,学术文摘必须顺应学术民主化的发展趋势,通过融入学术共同体发展自身。学术文摘不是也不可能是学术共同体的领导者。因此,它只有重置自己与学术共同体的关系,充分发扬现代学术民主,让更多的专业学者参与到自身建设中来,同时使自身更彻底地融入学术共同体,才能找准自己的可持续发展道路。专业学者至少可以通过以下方式参与学术文摘的建设:第一,以专家咨询的方式与学术文摘的主编与编辑共同确定阶段性的编辑方向,确保学术文摘对学术发展前沿及走向的洞察力;第二,通过设计开放的网络推荐、对话和评议系统,让专家学者可以进行优秀成果的推荐和自荐,让更多的同行专家以灵活的方式进行"同行评议",从而把那些真正应该受到学术共同体关注的优秀成果推荐出来。只有真正融入学术共同体,学术文摘才可能具有宽阔的学术视野和选择空间。

再次,学术文摘可以充分利用网络新技术,把自己从一份汇聚优秀成果的学术文摘扩展为一个连接学术共同体各个环节的技术平台。第一,它应当是一个人文社会科学学术成果的推优平台。与纸本文摘期刊不同,数字平台较少受篇幅限制,学术信息可以大大丰富。第二,它应当是一个有序的平台。与期刊数据库海量信息无序存在不同,推优平台上的所有信息应当有序组合,在囊括各种符合本刊(平台)宗旨的学术信息的同时,可以按学科和专题甚至特定读者群的需要灵活组合和有序排列,并且可以与全文库可靠链接以方便读者通过文摘信息进入全文信息。第三,它应当是一个开放的交互平台,通过建立合理的互动机制,学术共同体的成员可以广泛地参与平台建设的各种事务，承担起推优荐优评优的主角，让"小同行"和"大同行""专家系统"和"编辑系统"、写作者和阅读者等通过这一平台建立多维的互动关系，使平台成为同行评议和信息服务中心。第四，它应当是一个服务平台，通过对平台功能的拓展，甚至可以成为开放获取的信息发布平台，不仅是学术交流的互动中心，而且进而可成为数字化出版的服务中心，学术人才的聚合社区，以先进的数字化出版功能为各类用户提供按需出版等各种个性化服务。

最后，学术文摘必须顺应学术发展的国际化趋势，积极服务于中华学术优秀成果的"走出去"战略。随着中国学者研究水平的不断提升和研究领域的拓展以及大量高水平成果的涌现，中国学术已经成为世界学术不可或缺的重要组成部分。但是，由于学术语言、意识形态、文化背景、研究习惯、宗教信仰、地域、民族等因素的影响，我国大陆学者很多研究成果难以获得在国外学术期刊上发表或在国外出版公司出版的机会，在相当多的研究领域仅为我国学者所关注而被国外的各种学术机构所忽略。因此，学术文摘可以充分利用自身优势，拓展国际学术交流的空间，把自身打造成为一个优秀中文人文社科成果的国际化信息传播中心，为中华学术"走出去"提供一种新通道。

（作者单位：南京大学中国社会科学研究评价中心）

高影响力医学期刊参考文献引用错误分析[①]

朱红梅

摘要：对7种影响力高且稳定的医学期刊各选2008年年中一期，对其中94篇长篇论著参考文献中的期刊文献进行查阅分析。在1140条中、英文期刊文献中共查阅全文965条，引用不合理（包括无关引用、多引、漏引、错引）的文献158条，占16.37%；中文文献引用不合理率较英文文献低（11.02%与18.11%）。文献引用共有1354处，引用不合理的有176处，占13.00%；中文文献引用不合理率低于英文文献（9.39%与14.16%）。在不合理引用中，均以错引最常见，其次在中文为多引和漏引，在英文为多引和无关引用。在错引中以数据和观点出错较多。在分析文献引用正误的相关因素时，发现随引用次数增加会增加不合理引用的风险。最后结合自身经验，从作者与编辑角度提出了一些提高文献引用正确率的措施和建议。

关键词：高影响力　医学期刊　参考文献　引用分析

科技期刊参考文献是论文的重要组成部分，可反映作者的科学态度和论文是否有广泛的科学依据，也反映了论文的起点和深度，具有评价功能、承继功能、链接功能及检索功能[1]。

[①] 基金项目：重庆市卫生局2009年度医学科研计划项目（2009—2—163）；重庆市高等学校学报研究会科研项目（xB200905）

因此，文献的正确著录与引用应是一种很严肃的行为，而在编辑实践中，发现普遍存在著录内容失真与引用不合理的现象。近年来，关于参考文献著录项错误的情况已引起大家的重视，有较多关于著录项差错对比分析与应对措施的报道[2-4]。而关于引用内容的真实性仅限于理论分析或初步的报道[5-7]。本研究对965条中、英文期刊文献共引1354处的引用正误情况进行了分析统计，包括常见引用不合理的分类与错误类型及其比例，探讨了相关的影响因素，以期引起作者、编者重视文献引用的合理性，并分别从作者与编辑角度提出了改进意见。

一、方　法

1. 期刊选择

以2005~2009年版《中国科技期刊引证报告》核心版为依据，在医药卫生期刊系列中选择影响因子与总被引频次均排在前10%，且他引率≥80%的期刊[8]；若同一领域出现2种以上期刊，则计算各刊他引影响因子（影响因子与他引率之积）的均值，选择均值最高的一种期刊。连续5年满足以上条件的期刊有12种，分布在预防医学与卫生学、妇儿科学、护理学、内科学、外科学、肿瘤学与特种医学共7个领域。经他引影响因子的筛选，最后入选的期刊为《中华放射学杂志》《中华肿瘤杂志》《中华儿科杂志》《中华结核和呼吸杂志》《中华骨科杂志》《中华心血管病杂志》《中华护理杂志》共7种。均选择2008年年中一期（如月刊的为第6期）。

2. 文献查阅

对所选期刊中有中、英文摘要的所有长篇论著的文后期刊文献查阅、核对。中文文献通过多种途径（作者或题目或关键词或刊名）在中国知网、万方医学网、维普资讯等查找并下载PDF原文；英文文献也通过多种途径在PubMed、重庆医科大学图书馆、馆际互借、某些专业网站等获得PDF原文、摘要或文献题录。并逐一核对引用处内容与文献原文的吻合情况。

3. 数据记录与整理

详细记录期刊文献的核查结果、正确引用与引用不合理的情况。对引用不合理分为无关引用（引处内容与文献内容无关）、多引（引处内容与文献内容相关，但文献中未见引处的观点、方法、结论或数据）、漏引（所引处结论或观点等内容仅一部分见于文献）与错引4种类型，并进一步将错引分为方法（技术路线、材料、公式等的错误）、观点（观点或结论的全部或部分错误）、数据（单一数据或区间数据错误）与笔误4种情况，分别统计分析。并分析引用不合理与引用次数、文献体裁的关系。

4. 统计学分析

用四格表的χ^2检验进行统计学分析，以$P<0.05$为差异有统计学意义。

二、结 果

1. 文献查阅与引用正误的总体情况

7本杂志共有94篇长篇论著（含中、英文摘要）、1193条（实际为1188条）文献，其中中文期刊文献243条、英文期刊文献902条；排除重复的文献（5条）、未查到的文献等，获得全文的中文期刊文献有236条（97.9%，236/241）、英文期刊文献有729条（81.1%，729/899）。见表1。94篇论著中参考文献（只有中、英文期刊文献）引用全正确的7篇（有2篇文章各有1条摘要，但正确），占7.45%；所查到期刊文献全文证实引用均正确的有20篇，占21.28%。共查期刊文献全文965条，引用不合理的文献158条，占16.37%；中文文献引用不合理率为11.02%（26/236），英文文献引用不合理率为18.11%（132/729），明显高于中文（$\chi^2=6.5454$，$P<0.05$）。文献引用共有1354处，引用不合理的有176处，占13.00%；中文文献引用

不合理率为9.39%（31/330），英文文献引用不合理率为14.16%（145/1024），也明显高于中文（$\chi^2 = 5.0133$, $P < 0.05$）。

表1　中、英文期刊文献查找情况

刊名	论文(篇)	文献数（条）				中文刊（条）		英文刊（条）			
		中文刊	英文刊	其他	合计	查到	未查到	全文	摘要	题录	未查到
中华放射学杂志	19	48	186[a]	9	243	48	0	159	23	2	1
中华肿瘤杂志	18	53[a]	144	2	199	49	3	117	20	7	0
中华儿科杂志	10	24	108	9	141	24	0	90	13	3	2
中华结核和呼吸杂志	12	40	121[b]	5	166	40	0	97	20	2	0
中华骨科杂志	14	29	144	7	180	28	1	102	36	3	3
中华心血管病杂志	18	27	184	4	215	27	0	159	19	2	4
中华护理杂志	3	22[a]	15	12	49	20	1	5	7	1	2
合计	94	243	902	48	1193	236	5	729	138	20	12

注：a：分别有1条文献在一篇文章中标了2个序号。b：有2条文献在一篇文章中分别标了2个序号；均按多引一处处理

2. 中文期刊文献引用正误情况

中文期刊文献引用不合理共26条，其不合理分类与错引类型统计结果见表2。以错引最常见，占45.16%；其次为多引和漏引，分别占29.03%和22.58%。错引中又以数据出错最常见，占64.29%；其次为观点出错（28.57%）。

表2　中文期刊文献引用正误分析

刊名	文献(条)	不合理引用(条)	引处	正确引处	引用不合理（处）						错引分析处			
					无关	多引	漏引	错引	合计	方法	观点(全/部)	数据(单数/区别)	笔误
中华放射学杂志	48	8	98	86	0	2	2	8	12	1	0/0	7/0	0
中华肿瘤杂志	49	4	54	49	1	0	1	3	5	0	2/0	0/1	0
中华儿科杂志	24	2	27	25	0	2	0	0	2	0	0/0	0/0	0
中华结核和呼吸杂志	40	2	53	51	0	1	1	0	2	0	0/0	0/0	0

续表

刊名	文献（条）	不合理引用（条）	引处	正确引处	引用不合理（处）					错引分析处		
					无关	多引	漏引	错引	合计	方法	观点（全/部）	数据（单数/区别）	笔误
中华骨科杂志	28	2	35	33	0	1	0	1	2	0	0/0	0/1	0
中华心血管病杂志	27	5	39	34	0	3	2	0	5	0	0/0	0/0	0
中华护理杂志	20	3	24	21	0	0	1	2	3	0	2/0	0/0	0
合计	236	26	330	299	1	9	7	14	31	1	4/0	7/2	0

3. 英文期刊文献引用正误情况

英文期刊文献引用不合理共132条，其不合理分类与错引类型统计结果见表3。以错引最常见，占38.62%；其次为多引和无关引用，分别占32.41%和17.24%，漏引仅占11.72%。错引中也以数据出错最常见，占44.64%；其次为观点出错，占37.50%；存在一定的笔误（7.14%）。

表3 英文期刊文献引用正误分析

刊名	文献（条）	不合理引用（条）	引处	正确引处	引用不合理（处）					错引分析处		
					无关	多引	漏引	错引	合计	方法	观点（全/部）	数据（单数/区别）	笔误
中华放射学杂志	159	27	227	196	3	11	0	17	31	1	2/1	11/2	0
中华肿瘤杂志	117	19	142	123	6	1	6	6	19	0	0/2	0/3	1
中华儿科杂志	90	16	145	125	2	11	0	7	20	1	1/3	1/1	0
中华结核和呼吸杂志	97	22	138	115	6	3	2	12	23	2	1/1	3/2	2
中华骨科杂志	102	18	159	139	4	10	3	3	20	0	1/1	0/0	1
中华心血管病杂志	159	27	206	177	4	11	5	9	29	1	6/0	0/2	0
中华护理杂志	5	3	7	4	0	0	1	2	3	0	0/2	0/0	0
合计	729	132	1024	879	25	47	17	56	145	6	11/10	15/10	4

4. 英文摘要引用正误情况

对仅获得摘要的138条文献进行了分析，不相关的占

2.72%,与全文查阅的结果相近(2.44%,25/1024);相关但不能判定正误的占51.09%(94/184);而明确的正确率却明显低于全文查阅结果,分别为42.93%(79/184)和85.84%(879/1024),见表4。说明摘要只能起到初筛的作用。

表4 英文摘要引用正误分析

刊名	摘要数(条)	引处	相关(处)不能判定	相关(处)不能全判定	不相关(处)	错误(处)	正确(处)	全文语种(条)英文	全文语种(条)其他
中华放射学杂志	23	27	13	3	1	2	8	16	7
中华肿瘤杂志	20	23	8	2	1	0	12	20	0
中华儿科杂志	13	18	7	1	0	1	9	13	0
中华结核和呼吸杂志	20	37	19	0	0	0	18	20	0
中华骨科杂志	36	45	16	10	3	2	14	35	1
中华心血管病杂志	19	24	7	8	0	1	8	16	3
中华护理杂志	7	10	0	0	0	0	10	7	0
合计	138	184	70	24	5	6	79	127	11

注:错误主要依据数据确定

5. 文献引用不合理中存在张冠李戴现象

在文献查阅中,发现在文献引用不合理处的引用内容可见于别的文献中(为主),或者引用不合理文献的内容可见于别的引用处,体现出文献标引的张冠李戴现象,见表5。这一问题在英文文献中更为突出。

表5 引用不合理文献的张冠李戴现象　　(单位:处)

文献语种	无关引用	多引	漏引	错引	合计
中文文献	1	1	2	1	5
英文文献	6	7	5	4	22
合计	7	8	7	5	27

6. 在文献全文中判断所引处内容的位置

从表6可以看出,无论中文期刊文献还是英文期刊文献,单凭摘要只能确定少部分文献引用的正误性,中文为34.24%(113/330),英文为33.59%(344/1024);其余大部分需查阅全文。在错误判断时，若摘要与结果不符，则以结果为准；若结果中文字描述与表中数据不一致时，以表中数据为准，本研究中共有 4 处此类情况。

表 6　所引处内容见于文献全文位置的一览表　（单位：处）

刊名	共引处	中文期刊文献				英文期刊文献			
		摘要（正/误）	正文（正/误）	摘及正文（正/误）	合计（正/误）	摘要（正/误）	正文（正/误）	摘及正文（正/误）	合计（正/误）
中华放射学杂志	325	29/0	13/11	44/1	86/12	57/4	65/6	74/21	196/31
中华肿瘤杂志	196	26/0	17/0	6/5	49/5	62/0	35/2	26/17	123/19
中华儿科杂志	172	7/0	15/1	3/1	25/2	44/2	66/3	15/15	125/20
中华结核和呼吸杂志	191	22/0	25/2	4/0	51/2	34/1	56/7	25/15	115/23
中华骨科杂志	194	17/0	13/1	3/1	33/2	52/0	56/0	31/20	139/20
中华心血管病杂志	245	11/0	22/1	1/4	34/5	85/1	64/13	28/15	177/29
中华护理杂志	31	1/0	20/3	0/0	21/3	2/0	2/1	0/2	4/3
合计	1354	113/0	125/19	61/12	299/31	336/8	344/32	199/105	879/145

注：对摘要或正文均能判断错误的定为摘要及正文，以免摘要与正文不符引起误判

7. 文献引用正误与引用处数的关系

有些文献在一篇文章中多处引用，增加了引用不合理的概率。中文文献一处引用的不合理引用率为 7.03%（13/185），多处引用不合理率为 25.49%（13/51），高于一处引用的（χ^2 = 13.9019，$P < 0.01$）；英文文献一处引用的不合理引用率为 15.78%（83/526），多处引用不合理率为 24.14%（49/203），也明显高于一处引用的（$\chi^2 = 6.9010$，$P < 0.01$）。对多处引用的文献分析显示，中文文献没有完全不合理的，而英文文献也只有很少的一部分，占 5.42%（11/203）。见表 7。

表7 文献引用正误与引用处数的关系　　　（单位：条）

刊名	文献数（条）	中文期刊文献 正确引用（一处/多处）	中文期刊文献 不合理引用（一处/部分/全部）	英文期刊文献 正确引用（一处/多处）	英文期刊文献 不合理引用（一处/部分/全部）
中华放射学杂志	207	27/13	0/8/0	99/33	14/10/3
中华肿瘤杂志	166	42/3	3/1/0	82/16	17/2/0
中华儿科杂志	114	21/1	0/2/0	48/26	7/6/3
中华结核和呼吸杂志	137	31/7	1/1/0	55/20	16/5/1
中华骨科杂志	130	21/5	2/0/0	52/32	8/8/2
中华心血管病杂志	186	14/8	4/1/0	106/26	19/6/2
中华护理杂志	25	16/1	3/0/0	1/1	2/1/0
合计	965	172/38	13/13/0	443/154	83/38/11

8. 文献引用正误与文献体裁的关系

从表8可以看出，无论中文还是英文期刊文献，均以长篇论著为主，分别占77.12%和78.05%，不合理引用的比例也高，分别占61.54%和75.77%。其次是综述，分别占11.86%和16.05%，不合理引用的比例分别占23.08%和14.39%。而英文文献的短篇论著与病例报道更容易出错。

表8 文献引用正误与文献体裁的关系　　　（单位：条）

刊名	文献数（条）	中文期刊文献 长篇论著（正/误）	短篇论著（正/误）	病例报道（正/误）	综述（正/误）	合计（正/误）	英文期刊文献 长篇论著（正/误）	短篇论著（正/误）	病例报道（正/误）	综述（正/误）	合计（正/误）
中华放射学杂志	207	37/7	1/0	0/0	2/1	40/8	102/18	0/0	8/3	22/6	132/27
中华肿瘤杂志	166	37/4	4/0	2/0	2/0	45/4	81/19	0/0	2/0	15/0	98/19
中华儿科杂志	114	12/1	4/0	2/0	4/1	22/2	54/13	1/0	7/1	12/2	74/16
中华结核和呼吸杂志	137	29/1	0/0	2/0	7/1	38/2	51/13	0/0	5/3	19/6	75/22
中华骨科杂志	130	26/1	0/0	0/0	0/1	26/2	74/15	0/0	4/2	6/1	84/18
中华心血管病杂志	186	15/2	1/1	2/1	4/1	22/5	105/19	1/2	2/2	24/4	132/27
中华护理杂志	25	10/0	4/2	0/0	3/1	17/3	2/3	0/0	0/0	0/0	2/3
合计	965	166/16	14/3	8/1	22/6	210/26	469/100	2/2	28/11	98/19	597/132

三、讨论与分析

1. 编辑查阅文献需有较高的英语水平与一定的专业知识

在查到的1103条期刊文献中（包括摘要），英文文献占77.61%（856/1103），与张菊等[7]统计的77.8%一致，表明我国的科研工作者仍以引用英文文献为主；中文文献只占21.40%（236/1103），其他语种文献仅有11条，但都附有英文摘要。在此次文献查阅中发现作者由于理解错误而导致结论中数字错误，如《中华放射学杂志》第3篇论著的前言提到"约30%增大的淋巴结由炎性增生所致"，引了两条文献，其中一条提到"增大淋巴结术后证实70%无转移性疾病"，另一条为"20%增大淋巴结可能有转移性肿瘤"，因此，论文中"30%"应为"70%~80%"。编辑在核查文献时也需要一定的专业知识，如《中华结核和呼吸杂志》第3篇论著的前言提到"HNPl—3与多种……有关"，引用了3条文献，其中一条文献为"a防御素与……有关"，非HNPl—3，初以为作者笔误，但在该论文后面的文献中了解到HNPl—3即为a防御素。

2. 引用不合理分类及比较

迄今，对"引用不合理"没有一个确切的概念，因此，也少见相关的量化研究报道。本研究中，作者据实践经验将其定性为"无关引用、多引、漏引、错引"4种类型的总称，以便后续的量化研究。无关引用：引处内容与文献内容无关；如《中华肿瘤杂志》一篇论著（第一作者苏秀兰）的第5条文献第二次引用处内容为"$p27^{KIPI}$……密切相关"，而该文献内容为肿瘤血管形成与抑制的实验研究，从未提及与$p27^{KIPI}$相关的内容。多引：引处内容与文献内容相关，但文献中未见引处的观点、方法、结论或数据；如《中华肿瘤杂志》一篇关于不同乳腺癌临床特征的文章，其第4条文献引处内容为"Basal-like型乳腺癌表达激素受体"，而该文献内容为"非特异导管型乳腺癌细胞株与组织表达细胞角蛋白14及表达阳性、阴性细胞株与组织的基因有差异",其相关性表现在"乳腺癌"。漏引：所引处结论或观点等内容仅一部分见于文献；如《中华肿瘤杂志》第3篇论著（第一作者许世峰），其第8条文献为凋亡蛋白PDCD6的促凋亡作用及其机制，在文内前言中提到它的作用受到Fas的调控，但在引用处"PDCD6受到糖皮质激素信号系统的调控"的结论未在该文献中出现。

在965条期刊全文文献中，引用不合理的文献占16.37%，与张菊等[7]报道的18.3%相近，但她的分析中未区分全文与摘要。其中英文文献引用率高，不合理引用率也明显高于中文的。无论中文还是英文文献，在不合理引用中，均以错引最常见，其次为多引；再次在中文为漏引，而英文为无关引用，这也反映出作者对英文文献的一些盲崇引用行为[5]。另外，在不合理引用中存在一定的张冠李戴现象，占15.34%（27/176）。这可能出于作者标引时出错，也可能是作者或编辑在调整文章内容顺序时出错。

3. 错引分类

在对错引进行分类分析时，发现中、英文文献均以数据错误为主。尤其作者在进行meta分析时，源数据多，数据不完全符合率也高。如《中华放射学杂志》中文文献8处错引，有7处为meta分析源数据错；英文文献17处错，其中13处为meta分析源数据错。包括数据前的符号变化（如将"≤"变为"<"，此为区间型数据错误）、将不同检测方法的数据混淆（如该刊一篇关于脑梗死的Meta分析，其第9条文献第3处引用的"真阳性例数12"为CT而非DwI检测结果，DWI为16），以及理解出错。其次是观点出错，有的部分正确，那是作者断章取义，如《中华结核和呼吸杂志》第一篇论著的第3条文献引用处为"MALT淋巴瘤生存期较非MALT淋巴瘤患者长"，而在该文献中，对1、5年生存期该结论正确，而10年生存期则相

反（53%与64%）；有的不符合甚至相反，如《中华肿瘤杂志》第4篇论著（第一作者李春红），其第8条文献为顺铂促进癌细胞凋亡的研究，非引处的顺铂在癌细胞中耐药机制探讨（此为观点全部错误），这与作者未看原文盲目转引有关[5,7]。英文文献中出现笔误，说明部分作者认真细致的作风有待改进。如《中华肿瘤杂志》一篇论文（第一作者姜文霞）将第9条文献的"蛋白质水平"改为"基因水平"；《中华骨科杂志》一篇论文（第一作者陈剑）文献12在第2处应用将罗马数字"Ⅲ"改为"Ⅱ"。至于方法出错，那只能说明作者未看原文，盲目转引，是以讹传讹的受害者与传播者，如《中华放射学杂志》最后一篇论著的第2条文献第2处引用为"计算肿瘤体积公式：$V = 1/6 \times \pi \times L \times M \times H$"，而该文献的公式为：$V = 0.5 a \times b^2$。

4. 引用不合理的相关因素

一条文献在文中多处引用较常见，经卡方检验，无论中文文献还是英文文献均是单处引用正确率高于多处引用，证实引用次数的增加也增加了出错的风险。而对文献体裁进行统计显示，作者引用长篇论著为主，其次是综述文献；值得一提的是，中文综述文献的出错率高于英文综述文献，是作者读得马虎还是未查阅全文？而英文文献还须重视短篇论著与病例报道的查阅。对在文献全文中判定引用正误的位置与英文摘要的统计结果看，作者引用的观点或结论多是文献前言或讨论中的某句话[7]。因此，作者应尽量引用已查阅全文的文献。

四、建　议

1. 对作者

参考文献是论文的重要组成部分，既反映论文的科学性与学术水平，又反映作者的学术风格。作者在引用参考文献时，一定要遵循"参考文献只限于自己阅读过的最重要的、关键的、最新的、且与论文主题密切相关的文献"的原则[7]。因此，对作者有4条建议：(1)除掌握一定的专业知识外，还要有严肃认真的负责态度[7]。(2)加强与坚持英语学习，提高英语阅读水平。现在文献引用中主要以英文文献为主，"用进废退"的原则大家都知道，英语水平的提高，加上严谨的学风，就可以从根本上大大降低引用不合理的发生率。(3)阅读文献时做好记录并标编号，这是笔者在做科研写文章中的体会。在文章结果出来后，针对结果精读相关文献时（因讨论主要围绕结果展开）对其标上编号，并记录在讨论中可能用到的观点、结论或数据；在写文章时将文章编号填入相关内容后，待文章最后调整好后，再将编号换为按正文顺序写的序号。如此，可杜绝文献标引的张冠李戴现象，也可人人减少不合理的引用行为。(4)对一条文献的多处引用要特别注意其正确性与必要性。

2. 对编辑

审查文献引用的正误性，工作量很大，这也是对编辑审核加工文献的高层次要求，即引用内容合理[9]。编辑不仅要有一定的专业知识，还要有较高的英语阅读水平。因此，建议编辑同行：(1)加强学习。除更新编辑业务知识外，要加强专业知识的学习，专业基础知识面一定要广，还要跟进学科动态。现在，越来越多的作者喜欢引用英文文献，要进行核查，就必须加强英语学习。只要有条件，编辑可攻读硕士或博士学位，以加强学习与优化知识结构。(2)监督作者正确引用文献。目前文献引用失真的问题也与编辑忽略对其的审查有关。编辑在退修时可要求作者核实文献。在编辑加工阶段，编辑部可调专人负责，也可由供稿编辑负责，利用摘要的初筛作用，收索摘要并核对。对不相关的建议作者去掉或换用别的文献；对存在错误的（避免摘要与正文的不一致）或相关但不能判定的一定让作者核查、落实，必要时让作者把相应内容的全文邮寄或通过邮件发送给编辑核实。编辑尤其要注意核查多处引用的文献。每期至少核实一定比例的文献，该比例可视情况逐年提升。

参考文献

[1] 陈丹.对参考文献功能的正确认识及使用.武汉科技大学学报：社会科学版,2006,8(5):123-125.

[2] 王军.中外十种外科学期刊文后参考文献著录差错对比分析.情报科学,2008,26(1):101-103.

[3] 陈瑞芳.不同医学高校学报英文参考文献的比较与分析.编辑学报,2009,21(4):312-313.

[4] 李志惠.提高医学期刊外文参考文献准确性三种措施的实效分析.中国科技期刊研究,2010,21(1):105-107.

[5] 许雪梅,阳丽霞,刘吉元.科技期刊参考文献内容真实性存在的问题及预防对策.长沙铁道学院学报：社会科学版,2005,6(1):162.169.

[6] 董时军.医学稿件中几种隐蔽的参考文献引用错误辨析.编辑学报,2007,19(2):103-104.

[7] 张菊,钟均行.医学期刊中参考文献引用错误分析.中国科技期刊研究,2005,16(6):845-847.

[8] 朱红梅,张大志,任红.我国高影响力医药期刊的学术影响力动态分析.中国科技期刊研究,2009,20(5):844-849.

[9] 金铁成.科技编辑审核加工参考文献应达到的要求.编辑学报,2006,18(3):197-198.

（作者单位：重庆医科大学附属第二医院《中华肝脏病杂志》编辑部）

中国科学院科技期刊开放获取问题分析与发展探讨

武学良等

摘要：通过问卷调查了中国科学院所属期刊开放获取情况，统计分析了174种期刊自主运行网站情况、网站全文开放情况、期刊与作者签署开放获取协议情况、期刊开放获取对期刊影响力及收入的影响。总结了期刊实行开放获取过程中遇到的困难和问题，发现中国科学院所属大部分期刊未与作者签署开放获取协议、开放获取法律意识不强，部分期刊对开放获取提高期刊影响力还存在质疑，认为开放获取对期刊影响力的提升没有起到作用，期刊开放获取后没有清晰的盈利模式。另外中国科学院开放获取期刊还存在信息偏散、开放程度不齐、也未能聚集成群发展等问题。针对中国科学院科技期刊开放获取情况及遇到的问题，本文就一些问题做了深入探讨，并提出了相应的解决措施和建议，以对开放获取期刊发展提供思路。

关键词：中国科学院　科技期刊　开放　获取　问题　发展

　　为进一步加快科技成果传播速度，打破学术交流"壁垒"，自20世纪90年代以来，以信息数字化、在线出版和传播、作者付费、读者免费获取全文并具有宽泛使用权限为特征的开放获取（OA）出版应运而生，得到了各国政府和学术界的广泛认同和倡导，并呈现出强劲的发展势头。开放获取（Open Access，

OA）指文献全文的免费、即时和永久获取，主要指发表在同行评议期刊上的学术论文。OA 出版包括开放获取期刊（Open Access Journal，OAJ）和开放存档（OpenRepositories and Archives），本文主要探讨的是前者，即基于 OA 出版模式的期刊。

中国科学院为推动科技信息广泛传播、支持国家创新体系及社会创新能力提升、履行公共资助科研机构责任，始终高度重视 OA 工作，路甬祥院长于 2004 年 5 月代表中国科学院正式签署"关于自然科学与人文科学资源的开放获取的柏林宣言"，表明了中国科学院支持和推动文献资源开放获取的明确态度[1]。

中国科学院目前有期刊 320 余种，我们通过问卷的形式对院属学术期刊 OA 情况进行了调查，试图分析了解中国科学院科技期刊 OA 情况及存在的问题，就存在的问题做进一步的探讨，并提出解决措施和建议。

一、国内外科技期刊开放获取情况

开放获取在世界科技界已成为最关注的热点，它对促进世界科学的合作与交流，对推动世界科学的发展具有重要的意义。世界各国都在积极地发展，欧美发达国家的期刊开放获取已经走在了前列，巴西、印度等第三世界国家在期刊开放获取上的成果也引人瞩目，我国也正在积极地参与期刊的开放获取。开放获取突破了传统出版与传播的概念，成为众望所归的免费文献资源，正强烈冲击着纸质文献的出版和商业化网络期刊的垄断体制，使科技期刊的出版与传播的倾向更多的地注重快速传播、无障碍交流，免费服务的功能[2]。

截至 2010 年 12 月，据 DOAJ（开放获取期刊目录）的统计，开放获取期刊共有 6000 多种。截至 2010 年 6 月，中国科技信息研究所收录的 1858 种科技核心期刊中，共有 597 种 OA 期刊，占 32%。截至 2010 年 6 月，中国科协 1003 种科技期刊中共有 OA 期刊 241 种，占 24%[3]。通过蒋静 2010 年 1 月和 6 月两次调查比较分析[4]，尽管少数期刊缩小了开放规模或停止全文开放，但更多的期刊采取了更为积极的态度：部分期刊由不开放转向开放，部分已开放的期刊继续扩大开放规模。

二、中国科学院科技期刊开放获取情况

中国科学院所属科技期刊近年来都非常重视数字化建设，期刊拥有自主网站数量在逐年增多，并且在网站中开放期刊全文，可供读者及用户免费获取。为了更好地了解中国科学院学术期刊开放获取情况，2010年2月，通过发送邮件的方式向中国科学院院属期刊编辑部发放了300份电子调查问卷，被调查期刊分布在中国科学院各个研究所，涵盖自然科学所有学科，最后共收到有效调查问卷174份，代表了中国科学院学术期刊OA情况。问卷调查内容主要包括：期刊自主运行发布网站情况；网站全文下载情况；是否签署开放存取协议和收取论文开放获取费用情况，开放获取是否提高了期刊影响力、是否对期刊收入有影响等问题。

1. 期刊全文开放获取情况

通过对174份调查问卷分析得出，拥有自主运行发布网站的期刊为148种，占85.1%；没有网站的有26种，占14.9%。可见拥有自主运行发布网站的期刊所占比例很高，说明期刊都在积极的建设自主运行发布网站，逐步在提升期刊数字化水平。在调查的174种期刊中，虽然有些期刊在商业数据库中有，但在自己网站仍然开放获取全文的期刊有108种，所占比重已达62%，相对国内期刊开放32%的比例，还是比较高的。但是都是单刊自行开放，资源相对比较分散，信息不易被获取。

2. 期刊是否愿意实行开放获取出版模式

通过对174个编辑部开放获取意愿统计得出，60%以上期刊编辑部愿意实行OA出版模式，认为实行OA出版模式带来的好处可归纳为以下几点：一是加快期刊出版周期，提高刊物质量

及论文的学术影响力,加快论文的参考和引用;二是方便读者,使读者能快捷地获取本领域最新研究成果,进而促进科学知识更加无障碍地传播;三是可以扩大期刊宣传渠道,进一步扩大期刊影响力;四是扩大读者和作者群,为期刊吸引更多稿源。

3. 期刊开放获取情况统计分析

表1　108种已开放获取期刊情况统计

期刊OA情况	类别	期刊数量（种）	所占比率（%）
期刊OA时间	与纸版出版同步OA	67	62.0
	纸版出版前OA	18	16.7
	纸质出版后OA	19	17.6
	未提供OA时间信息	4	3.7
签署OA协议情况	未与作者签署OA协议	64	59.3
	与作者签署OA协议	44	40.7
收取OA出版费情况	未向作者收取OA出版费	104	96.3
	向作者收取OA出版费	4	3.7
OA是否可提高期刊影响力	认为OA可提高期刊影响力	90	83.3
	认为OA不会提高期刊影响力	18	16.7
OA是否对期刊收入有影响	认为有影响	66	61.1
	认为没有影响或影响不大	42	38.9

(1) 期刊提供全文开放获取的时间。由表1看出,在提供全文开放获取的期刊中,大部分期刊是在纸版出版同时或延后提供全文的开放,而在纸版出版前就提供全文开放的期刊只占16.7%,可见,中国科学院所属的期刊开放获取还是相对滞后的,并没有体现出开放获取的及时性。

(2) 期刊是否与作者签署开放获取协议。开放获取协议主要是指作者和版权持有人转让部分版权给用户,使得所有用户拥有免费、不被更改、全球和永久使用其作品的权利的一种许可协议。由表1可以看出,在提供开放获取的108种期刊中,绝大多数期刊在网站上开放获取全文之前并未与作者签订正式的开放存取协议书,未获得论文开放获取的权利,这样会存在一定的版权纠纷风险,应引起期刊的高度注意。

(3) 期刊是否向作者收取 OA 出版费用。由表 1 可以看出,中国科学院几乎所有 OA 期刊都没有以论文开放存取费的名义向作者收取费用,而是用其他途径或其他版面费等所得经费来支持本刊的开放获取。

(4) 期刊编辑部是否认为 OA 可提高期刊的影响力。由表 1 看出,在 OA 期刊中,80% 以上的期刊认为 OA 对提高期刊的影响力有促进作用,主要表体现在读者能通过在线方式较快阅读到相关论文,期刊文章点击率、下载次数以及引用率都会有所增加,进而可扩大期刊作者群和读者群,可增加稿源。

(5) 期刊开放获取是否对期刊收入有影响。由表 1 可以看出,60% 以上期刊编辑部认为在期刊 OA 后,印刷版订户减少导致纸版期刊发行量降低,与此同时网站的维护和运营成本大幅增加。如果期刊全部实行 OA 模式,编辑部的营利模式应该也会随着发生变化。近 40% 的期刊编辑部认为在目前的期刊出版体制下,编辑部挂靠研究所,没有人财物独立权,OA 对期刊收入没有影响或影响不大,作为学术性期刊,期刊纸版发行收入原本就很少,因此,提供全文开放对期刊收入的影响基本上可忽略不计。

三、中国科学院期刊开放获取出版存在的困难和问题

开放获取使期刊论文免费地、没有限制地传播,有助于扩大期刊的传播范围。期刊上的论文如果可以开放获取,有可能被更多的读者发现,就意味着被更多的人所利用、所引用,被更多的引用,意味着有可能提高期刊的影响因子。期刊影响因子是期刊界十分关注的一个指标。影响因子高,更多的作者会去投稿,也可能会得到更多的经费支持。但目前来说,有一部分人对开放获取能否提高期刊的影响力还存在着一些质疑。

开放存取的成本包括硬件投入、人员的工资、同行评议的开支以及有关的运行管理费用。开放存取倡导的是作者付费，读者免费。目前来看实行开放获取出版后，在没有成熟的商业运作模式下，期刊如何有效盈利仍待探索。

我国法律明确规定作品的著作权属于作者，期刊社或期刊编辑部除非与作者另有合同明确约定，只享有期刊作为汇编作品的著作权。尽管我国期刊也都声称"拥有全部版权"，但其一般的法律意义是"拥有本汇编作品的版权"，期刊社或编辑部对其中任何一篇论文单独都不拥有著作权，无权开放论文允许他人复制、公布、汇编（只有作者有这一权利）[5]。因此，只有作者同意或授权，期刊论文才能开放获取。所以在实行开放获取出版之前，需与作者签署开放获取协议，获得作者的授权或同意，但目前中国科学院已开放的期刊大部分未做此项工作。

中国科学院有大部分 OA 期刊是同步或延后于纸版期刊开放，而提前开放的期刊占少数，期刊全文开放还不够及时，不能及时的被读者所获取。不过相比较国内科技期刊 0.3%[4] 提前开放的比例而言，中国科学院科技期刊提前开放比例还是比较高的，但还仍不够及时。

大部分科技期刊能够在独立的或研究所的网站实现全文开放使用，具备让熟知刊物的读者实现免费下载期刊全文的功能，对期刊的影响力有一定帮助。但整体上仍然存在使用不便、信息偏散、开放程度参差不齐等问题。目前，中国科学院开放获取都拥有自主网站平台，网站基本上由期刊编辑部自己维护，包括服务器的维护、网站信息的更新、文章的上传等，只能实现本网站开放和站内检索，未实现与国际国内文献数据库链接、检索的功能，尚未充分发挥提高 OA 期刊学术影响力的作用，无法形成整体品牌效应和规模影响。

四、相关问题探讨及解决措施

针对中国科学院科技期刊开放获取情况，根据当前国际上数字出版和网络期刊发展的趋势，以及学术期刊开放获取形势要求，本文作者在建设我院期刊开放获取平台的实践经验基础上，就期刊开放获取过程中遇到一些问题做了深入的探讨，并提出了一些相应措施，以期给开放获取科技期刊发展提出了一些建议。

1. 期刊开放获取与影响力关系探讨

开放获取增加了期刊论文的可见度，从而使其可能被更多人获取、阅读和引用，提高期刊的学术影响力，相关调查显示[3]，2010年中国科协OA期刊与2007年相比，总被引频次、影响因子和即年指标的5年平均增长率分别高于非OA期刊7.3%、6.2%和59.0%。对于开放的期刊影响力是否有提升、影响因子是否会升高，需要长期的跟踪和专门的研究来证明。但无论如何，只有当OA期刊的规模和开放质量不断提高，OA论文的获取难度不断降低，OA期刊和论文的学术影响力才可得以提升，真正发挥开放获取对促进学术交流的作用[6]。

2. 期刊开放获取后经营模式探讨

OA出版模式，办刊经费的主体构成是论文的出版费（也可称为论文处理费），辅以赞助和广告费。收取作者OA出版费实际上是作者从项目或课题经费中抽取部分经费用于出版研究成果。但是结合目前国内科研现状及期刊出版模式，期刊收取作者OA出版费还未在我国实行开来，所以在现行期刊OA出版模式下，期刊在收取版面费的同时，还可辅以其他多渠道来源的经济运行方式，包括争取相关机构赞助、广告收入等。还可借鉴网络搜索引擎的运作模式收取查阅特定文章的链接费、增值服务费等。不但维持了自身的运作，还将创造一定的商业利润[7]。另外，还可以通过期刊集群形式，集中探索OA期刊可持续发展的模式。

3. 签署开放获取协议保护作者及读者合法权益

作者是期刊论文的创作者和消费者。要保护作者对作品所拥有的合法权益，鼓励作者在开放获取期刊上发表文章。对读者，要更多地宣传利用开放获取的期刊论文，允许在遵循国际上有关的开放获取的版权协议的前提下，充分地利用开放获取的科研成果。在版权方面，期刊需与论文作者签署版权转让协议和开放获取协议，论文的版权归属期刊或是版权归属作者，但允许任何人下载、使用、打印、传播、复制改文章。这样可有效防范期刊与作者之间因论文开放获取引起的版权纠纷问题。

4. 期刊应及时开放获取

如果期刊实行 OA，在纸质版期刊正式出版同时或者出版前，电子版的论文已经可以通过网络获取和查阅，则可使该刊的文章被广大科技工作者及时方便获取。一方面使科技工作者能及时了解国内的科技动态；另一方面，也可能促使广大科技工作者将优秀稿件投往国内期刊，长期坚持下去，会逐步提高国内期刊的稿件质量，最终促进科研水平的提高。

5. 建立统一的 OA 期刊集成平台

OA 期刊必须集聚成群，形成具有 OA 效能的集合体，才能达到真正的开放。初期发展阶段以单刊 OA 为尝试，然后以多刊联合为代表，最后是基于数字出版平台的大联合[8]。中国科学院充分认识到了这一点，建设了全院 OA 期刊集成平台——中国科学院科技期刊开放获取平台（英文简称 CAS-OAJ，网址 www.oaj.cas.cn），已于 2010 年 10 月 25 日正式发布上线。此平台将院属 OA 期刊统一集成，可以解决开放期刊分散、使用不便的问题，还可实现与国际数据库的互联互通、跨平台检索，可以方便读者和用户快速便捷地查询和下载期刊文献。目前，平台不以盈利为目的，主要是为了宣传展示期刊，提高期刊的知名度，在今后将逐步探索开放获取期刊集群化经营发展模式。

从平台上线之初到现在,加盟期刊数量快速增长,得到了期刊编辑部充分的认可,纷纷加入平台,截至 2012 年 4 月,已经收录期刊 179 种,可开放获取 66 万多篇的科技论文,在国内外已经形成较好的集群影响力。

五、结　语

中国科学院所属期刊基本涵盖了自然科学所有学科,是我国优秀学术期刊的代表,中国科学院科技期刊开放获取存在的问题和困难也反映了当前我国科技期刊开放获取的一个侧面。通过对中国科学院科技期刊开放获取进行分析,也为我国科技期刊的开放获取发展提供了有益的建议和参考。

通过本文分析看出,中国科学院科技期刊在开放获取过程中,只有做到期刊的及时和集群开放获取,并解决好开放获取后经费来源、版权归属、授权开放等问题,使期刊 OA 更加规范化和系统化,才能为期刊开放获取之路奠定坚实的基础。探索出适合我国科技期刊开放获取的出版经营模式和方法,进一步增强科技期刊的学术交流功能,不断提升科技期刊的学术影响力,从而推动中国科学院乃至我国开放获取期刊更好、更快的发展,才是本文的宗旨。

参考文献

[1] 方晨.开放获取:学术期刊出版的新模式.科学通报,2005,50(15):1675-1677.

[2] 李云祥,陆宇明,温国泉等.略论我国农业开放存取期刊发展策略.广西农业科学,2010,41(4):400-402.

[3] 中国科学技术协会.中国科协科技期刊发展报告(2011).北京:中国科学技术出版社,2011.

[4] 蒋静.我国科技期刊开放获取现状调查.中国科技期刊研究,2011,22(3):334-336.

[5] 蔡飞鸣.开放存取对中国科技期刊发展的启示.中国科技期刊研究,2007,18(5):741-745.

[6] 渠竞帆.施普林格大力发展纯 OA 期刊出版.中国图书商报,2010-10-29.

[7] 张雅如.对开放获取所面临问题的探讨.医学信息学杂志,2009,30(4):51-53.

[8] 荆志伟,李春梅,姜秀新,刘国正,常暖.我国中医药期刊开放存取(OA)出版模式的思考.中医药管理杂志,2011,19(1):10-12.

(作者单位:中国科技出版传媒股份有限公司期刊出版中心等)

基于信息技术的科技期刊虚拟出版集团的构建探索

段家喜等

摘要：分析了构建科技期刊虚拟集团的必要性和可行性，提出一条基于信息技术的行业科技期刊虚拟集团的构建模式。该模式可以克服国家的相关管理体制障碍，推进期刊体制改革、国际化、网络化发展，由此探索科技期刊跨主管、主办、地域集约发展，尽快实现科技期刊的集团化经营，提升和推进我国科技期刊的整体实力。详细阐述了基于信息技术的科技期刊虚拟集团的构建过程及信息技术需求和经营管理需求，并指出其不足之处。

关键词：科技期刊　出版　集团化　虚拟　信息技术　体制改革　网络化

一、引　言

当前国际著名期刊和出版集团纷纷在中国抢滩登陆，国际期刊的质量精品化、运行集群化、出版细分化和竞争全球化发展策略给中国出版业带来了巨大冲击。世界各大出版商、著名科技社团的出版社已在中国设立了办事机构，准备大力开拓中国市场，中国科技期刊面临严峻的国际竞争压力。为应对国际期刊集团的激烈竞争，国内科技期刊做出了积极探索，其中，尝试按行业组建虚拟集团，由行业期刊中最具权威和实力的期刊编辑部牵头，其他期刊志愿参与，基于信息技术开展编辑出版经营业务，成为期刊出版的一种新模式。[1]

根据百度百科的解释，"虚拟"有三种意义：一是指不符合或不一定符合事实的，假设的；二是指虚构，凭想象编造；三是由高科技技术实现的仿实物或伪实物的技术。本文中的虚拟可采用第三种解释，即借助信息技术手段实现的仿实物。

关于"虚拟集团"目前还没有统一的描述，只有对虚拟企业和企业集团有较深入的研究。达维多和马隆于1992年在《虚拟公司》一书中首次对虚拟企业的思想进行了系统的阐述[1]。他们认为，虚拟企业是由一些独立公司组成的临时性网络，这些独立的公司包括供应商、客户、甚至竞争对手，他们通过信息技术组成一个整体，共享技术、共担成本并可以进入彼此的市场。虚拟企业没有办公中心，也没有组织章程；没有等级制度，也没有垂直体系。伯恩1993年认为[2]，虚拟企业是一个利用内部和外部的协作来配置超出它自身所拥有的资源的企业，它需要运用信息技术来实现一个大范围的联盟，共同抓住特定的市场机遇。阿胡贾和卡尔利1998年为虚拟企业下了一个定义[3]：它是一种根据地理位置来划分的组织形式，其成员受一个长期的目标和共同利益的约束，并且通过信息技术来交流和协调工作。而企业集团是指一种以大企业为核心，以经济技术或经营联系为基础、实行集权与分权相结合的领导体制，规模巨大、多角化经营的企业联合组织或企业群体组织，按照总部经营方针和统一管理进行重大业务活动的经济实体，或者虽无产权控制与被控制关系，但在经济上有一定联系的企业群体。

根据虚拟企业和企业集团的基本定义，结合本文的具体内容，本文中的虚拟集团是指以信息资源和市场资源而不是以资产和人员为纽带，借助信息技术和网络化、数字化平台工具，以统一的对外形象开展生产与经营活动，实现不同地域、不同部门、不同体制下相关单位的模拟统一经营与管理的非法人组织形式。

林家乐、蔡秀生[4,5]对组建虚拟集团模式和构想开展了一些基础研究,中国科学院上海光学精密机械研究所对科技期刊虚拟集团的实践开展了一些研究[6—10]。对于信息技术对科技期刊传播的影响,程维红、张惠民等[11—13]等进行了研究。本文根据我国科技期刊发展的特点及发展环境,探索当前形势下我国科技期刊的集团化发展道路,提出基于信息技术的行业科技期刊虚拟集团的模式及构建过程,该模式可以推进期刊体制改革、国际化、网络化发展,由此探索科技期刊跨主管、主办、地域集约发展,尽快实现科技期刊的集团化经营,短期内提升和推进我国科技期刊的整体实力。

二、科技期刊虚拟集团构建的必要性

我国科技期刊虽然取得了长足的发展,但是与国际优秀科技期刊相比,仍然存在很大差距。在第六届中国科技期刊相比发展论坛上,中国科协书记处书记冯长根表示:"目前,国际出版业大环境正在历经深刻变革,中国科技期刊出版面临一系列机遇与挑战,包括出版全球化、数字化、网络化趋势;出版理念更新;管理体制与机制创新以及国内外合作与竞争等"。我国的现实却是,大多数科技期刊仍沿用30年前传统的日常管理和出版机制,出版规模小,发行量小,经营能力较低,很难同国际出版公司竞争。

1. 科技期刊及科技期刊集团总体实力不强

由于我国科技整体实力、研究水平所限,以及科技和人才评价机制等多种因素的影响,科技期刊难于吸纳高水平的国外论文,而国内一流学术论文也大量外流,这严重影响了中国科技期刊的学术水平和质量。根据美国科学信息研究所(ISI)发布的2009年度《期刊引证报告》(JCR-2009)中,中国科技期刊的总被引频次的平均值为838次,远低于JCR所有源期刊的总被引频次4391次的平均值。从影响因子上看，中国科技期刊在JCR中的平均值为0.805，也远低于所有JCR源期刊的影响因子平均值2.013[14]。我国科技期刊的学术水平与国际优秀科技期刊的平均水平相比还有很大差距。

我国期刊集团特别是科技期刊集团的数量仍然很少，据统计，截至2006年，我国只出版一种科技期刊的单位有2253家，出版2种科技期刊的单位有341家，出版三种科技期刊的单位有111家。这3种情况出版的科技期刊就占了我国科技期刊总量的近70%。我国主办科技期刊较多的中国科学院也只不过有320种期刊，其次是中华医学会，有125种。美国出版3种以上杂志的期刊集团有500个，我国9000多种期刊分散在5000多家编辑部或杂志社中，平均每家杂志社运作1.6种杂志。从集团的总发行量和总营业收入上看，我国最大的期刊集团年营业收入仅1亿多元人民币，而德国贝塔斯曼集团的年营业收入是200亿欧元，差距悬殊。

2. 科技期刊管理体制复杂，市场主体缺失

我国期刊出版实行审批制和主管主办制度，每一种期刊都经国家有关部门批准创办，每一个期刊出版单位都有主办单位和主管单位。以中国科协所属全国学会主办和参与主办的1003种科技期刊为例，第一主办单位是全国学会的711种，占总数的70.9%，而第一主办单位是研究院所、高等院系等其他单位的共有292种，占总数的29.1%。这些期刊中，有567种期刊存在两个或者两个以上主办单位，占总数的56.5%，主办单位呈现多元化趋势。主管单位方面，这1003种科技期刊主管单位共有170多个，这些主管单位既有政府部门和事业单位，也有企业和人民团体等。

据中国科学技术信息研究所的一项调查，我国科技期刊有63.3%的期刊编辑部为非法人机构，有21.9%的科技期刊编辑部为法人机构，另有14.85%的编辑部没有这项数据[15]。相当

数量科技期刊出版单位的责、权、利不明确，还是按照计划经济体制下的行政事业单位模式进行出版管理和财务管理。

按照出版发行体制改革的相关政策，经营性出版单位的转企改制工作，要按照现代企业制度的要求，完成法人治理结构，有条件的要进行股份制改造，实现投资主体多元化；转企改制的出版社、报社、期刊社，实行企业的财政、税收制度。鼓励出版集团公司和发行集团公司相互持股，进行跨地区、跨部门、跨行业并购、重组等。由于我国科技期刊普遍存在着办刊分散、经营规模小、市场竞争力弱等问题，科技期刊体制改革困难重重，并且明显滞后[16]。

3. 科技期刊体制改革难度大

由于我国科技期刊长期处于分布散、实力弱、规模小的状况，大量科技期刊如果在短期内直接改制成为市场主体，必然面临着收入来源少、开支增加等严峻的生存问题。科技期刊市场化程度仍然很低，市场意识缺乏，对期刊所处的市场环境和市场需求不够关注，"等、靠、要"思想严重，等待上级拨款、资助，大部分科技期刊还没有做好转企改制的思想准备。

科技期刊的出版单位从机构设置上隶属于某一个科研院所、学会、协会等，该上级单位负责期刊的资金投入和人员编制等问题，科技期刊在该单位处于从属地位，有时候甚至成为该单位的"发稿源地"或者解决相关引进人才家属工作问题的机构，因此缺乏用人自主权、财务自主权，期刊人员机构失衡、冗员滞留，而发展期刊市场业务所需要的人才却无法保证。据中国科协2009年调查[17]，中国科技期刊编辑、经营和管理人员的比例为4.8：1：1.2，经营人员管理人员非常少。这样的人员规模和人员结构，要完成组稿、编辑、出版、发行和经营管理等各项工作，一些编辑部的编辑往往一人身兼多职，没有多余的精力考虑期刊长远发展问题，更无法拓展新的业务。由于分配机制的问题，无法通过自主开展分配来调动人员积极性，更没有多余的资金投入到期刊的再发展中。

因此,部分专家提出,能否支持和鼓励科技期刊出版单位之间兼并重组,引导科技期刊出版资源向有实力的出版企业聚集,或采取跨地区、跨部门、跨学科多刊联合组建出版企业的方式进行体制改革,对于难于直接转企改制的期刊编辑部,可以采取分散编辑与集中出版相结合的方式,将期刊的出版权从现有的单位剥离出来,由有实力、有资质的出版企业集中出版和统一经营,在分散设置编辑单位的基础上实现期刊的出版和经营的集群化。而按行业构建科技期刊虚拟集团正是这一发展思路的典型模式。

三、科技期刊虚拟集团构建的可行性

科技期刊虚拟集团可以作为科技期刊集团化进程中的过渡形态,不但可以实现期刊的集团化经营,也不涉及敏感的资产、人员流动等问题,该模式可以为条件成熟后迅速组建真正的期刊集团打好基础,组建行业科技期刊虚拟集团的可行性如下。

1. 信息技术的支持

信息技术尤其是数字化技术和网络技术,为发展虚拟集团模式提供了技术支持,运用先进的多种期刊协同办公系统,科技期刊的编辑出版、发行、广告经营、数据库销售等业务都可以通过互联网来完成。通过互联网的及时通讯技术,虚拟集团内部的各期刊虽然地处不同的地域,但是其交流沟通就如同在同一个办公地点一样。

2. 推进科技期刊编辑部的出版现代化进程

科技期刊虚拟集团可以为虚拟集团内各个期刊提供工作平台和资源平台,还可以根据科技期刊的要求提供广告、发行等业务平台,对提升科技期刊的网络化、数字化水平具有很大帮助,而各期刊通过提升数字化、网络化水平可以提升期刊的影响力和被关注度,从而提高各期刊的办刊水平和期刊的学术质

量,虚拟集团平台还为加强各个刊物之间的交流提供了很好的基础。

3. 操作简便、阻力小

由于组建行业科技期刊仅仅涉及信息资源、客户资源的整合利用,不涉及到主管、主办的控制权,资产、人员的重新分配与变革,因此不会牵扯到多方面的利益冲突,各科技期刊从繁荣科技期刊市场,提升科技期刊影响力,推动科技水平发展的角度思考问题,加强信息的综合应用,顺应科技期刊的发展趋势,容易获得各科技期刊的共识,因此比较容易调动各方面的积极性,并且由于不涉及到期刊主管、主办方面的体制变更,也容易得到期刊的主管、主办单位的支持与配合。

四、科技期刊虚拟集团的构建过程

真正的传媒集团需要进行大量的资产和人员的整合和重新配置,花费的人力、财力和时间较长,虚拟集团则可以避开这些弊端。行业科技期刊虚拟集团的构建重点是通过信息技术对相关的信息资源进行整合,开展协同办公;制定虚拟集团内部协调管理机制;设置集团内进行期刊统一经营的相关机构。其组建过程主要分为以下几个方面。

1. 领军科技期刊牵头搭建虚拟集团信息技术平台

每个行业总有一些期刊在业内具有权威、领军地位,这些期刊由于受到广大专家、作者、读者的认可,该行业中重要的创新科技成果大多都发表在这些期刊上,而这些期刊也是业内人员从事科研工作的必读期刊。由于这些期刊一般实力雄厚,掌握了业内最重要、最权威的信息资源,有能力和财力将这些资源整合之后搭建虚拟集团的信息技术平台,同时使该信息技术平台能够整合期刊出版的业务功能。信息技术平台可为行业内其他期刊加入提供协同办公环境。

要开展科技期刊虚拟集团的相关出版和经营业务,需要一套能够支持各期刊协同办公的数字出版平台和相关业务管理平台，以实现虚拟集团内的期刊在不同地点同时开展期刊的编辑与经营工作。该信息化平台一般至少需要包括三个子出版工作平台（多刊协作入网期刊管理平台，多刊协作的远程稿件采编系统平台，网络版电子期刊发布平台）和三个子经营工作平台（多刊协作广告管理平台，多刊协作客户关系管理平台，多刊协作国际学术会议系统）以及一个数据挖掘与分析系统；同时需要建设稿件数据库、文献数据库、资源数据库、用户数据库、辅助数据库五大数据库。

2. 邀请战略趋同行业期刊加入虚拟集团

通过信息技术平台的建设，基本具备了构建虚拟集团的技术条件，可以实现多种科技期刊的统一展示、统一数字化出版、统一经营。此时，具有领军地位的行业科技期刊可以通过组织业内同类期刊研讨会等形式邀请行业内战略趋同的相关期刊自愿加入虚拟集团。

在邀请相关期刊时，需要把握三个方面的原则：

（1）注重虚拟集团内期刊结构的合理性，一般来说，科技期刊虚拟集团内的期刊出版方向应该能涵盖该行业的所有前沿研究方向，这样的虚拟集团数据库才具有广泛的代表性和权威性。

（2）在虚拟集团发展的初始阶段，由于协同办公系统对期刊和期刊编辑的数字化、网络化水平有一定的要求，最好能邀请在数字化、网络化建设上有一定基础的期刊，这样就不会因为技术问题影响期刊统一经营，有利于尽快顺利组建虚拟集团。

（3）要有平等、公正、开放的姿态，由于同处于一个行业内，有些期刊必然存在或多或少的竞争关系，因此在邀请相关期刊加入虚拟集团时，要从科技期刊和学术研究发展的高度及我国科技期刊面临的国际竞争态势上着手，争取和相关期刊达成共识，即使一时无法和相关期刊达成共识，也可以求同存异，在经过一段时间酝酿和发展后再次邀请合作。

3. 组建合作出版管理委员会及经营机构

行业期刊虚拟出版集团由于没有资产和人员的体制管理约束，其形式上类似于一个行业性协会组织，要实现其统一经营管理，需要一套明确的管理规则，因此通过协商组建合作出版管理委员会是比较切实可行的办法。

该出版管理委员会应由所有加入虚拟集团的期刊代表组成，遵循公平公正的原则，共同讨论制定虚拟集团的发展目标、章程、主要工作内容、各期刊加入、退出虚拟集团的条件、程序和方式，各期刊的权利、义务，虚拟集团的经营方式和收入分配形式等。行业科技期刊虚拟集团的业务经营组织如集团广告部、集团发行部等也可以在此合作出版管理委员会的管理下设立。出版管理委员会应该定期召开现场会议或者视频会议，处理虚拟集团内需要讨论决定的各项事务。整个虚拟集团的管理模式可以如图1所示。从图1可以看出，虚拟集团基本形成分散编辑、统一经营的管理模式。

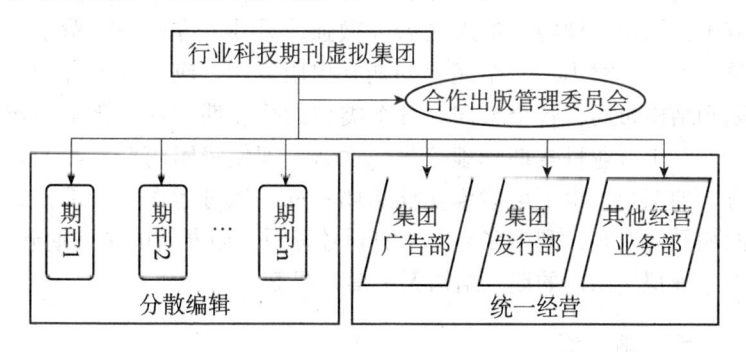

图1 行业科技期刊虚拟集团的管理模式示意图

五、科技期刊虚拟集团模式的不足

行业科技期刊虚拟集团借助信息技术虽然在管理与运作方

面有一定的优势和便利性，但是由于其先天的缺陷，在资源的整合和统一的集团化运作方面仍然存在一定的不足。

1. 虚拟集团形式的松散性

正是由于行业期刊虚拟集团的组建不受资产、人员方面的制约，只需要通过签订相关协议就可以组建，这样的"民间联盟"具有很强的"草根"性。无论是从法律角度还是从期刊的主管、主办角度都对期刊的出版权和经营权没有强制性约束，虚拟集团的统一运作主要依靠协调来进行。虚拟集团内各期刊来自不同的所属单位、不同的管理体制，虽然大家都有协作发展的愿望，但由于行政隶属关系的复杂性，有些情况下，即使期刊编辑部有统一运作的意愿，但受到期刊主办单位或者相关专家不同的意见和想法的干扰，统一运作行为可能瞬间瓦解。这种松散的组织形式不利于虚拟集团的进一步整合。

2. 虚拟集团内刊号资源无法整合

由于历史原因，行业内各期刊主办单位在同一个研究领域都分别主办了多种出版方向和宗旨类似的期刊，一方面分散了资源，导致每种期刊都无法做大做强，另外一方面也浪费了大量的人力、财力。一个完善的期刊出版集团，应该具备合理的期刊结构布局，各个方向、各个类型的行业期刊都应该全面布局。对于行业科技期刊虚拟集团而言，即使集团内有多种相同方向的期刊，也不可能像实体集团一样，通过运作合并部分方向相同的期刊，利用多余出来的刊号资源，创办新的系列期刊，整个虚拟集团内的期刊结构无法得到调整。

六、结　语

基于信息技术的行业科技期刊虚拟集团可以借助多刊协同办公系统等技术管理和期刊合作出版管理委员会的组织管理实现期刊的统一经营，克服国家的相关管理体制障碍，推进期刊体制改革、实现期刊国际化、网络化发展，由此可以探索科技期刊跨主管、主办、地域集约发展,尽快实现科技期刊的集团化经营,短期提升我国科技期刊的整体实力。

今后我们还将进一步探索虚拟集团的运作模式,主要包括以下方面:

(1) 在行业科技期刊虚拟集团的范畴内探索期刊出版权的统一经营与运作;

(2) 探索行业科技期刊虚拟集团内的期刊结构调整管理模式;

(3) 探索行业科技期刊虚拟集团的数据库与 CNKI 和万方数据的不同定位,并开展专业数据库的销售工作。

参考文献

[1] William H Davidow The Virtual Corporation: Structuring and Revitalizing the Corporation for the 21st Century New York: Harper Paperbacks, 1st edition, 1993.

[2] John A Byrne The Virtual Corporation Business Week, 1993, (8): 98 – 102.

[3] 李仕模. 虚拟管理. 第五代管理. 中国物价出版社, 2000: 214 – 252.

[4] 林家乐, 张曾荣, 王云亭. 利用虚拟集团化模式提高我国科技期刊国际影响力. 中国科技期刊研究, 2003, 14 (3): 248 – 249.

[5] 蔡秀生. 按行业组建虚拟化科技期刊出版集团的构想. 中国科技期刊研究, 2007, 18 (6): 1057 – 1059.

[6] 杨蕾, 薛慧彬. 联合创新实现跨越发展——三种光学类学术期刊的改革实践. 中国科技期刊研究, 2006, 17 (2): 265 – 268.

[7] 段家喜, 薛慧彬, 郑继承. 以信息技术实现期刊的规模化和强强联合. 中国科技期刊研究, 2004, 15 (4): 442 – 444

[8] 王晓峰,杨蕾,段家喜等.在变革中前行——《激光与光电子学进展》改版回顾.中国科技期刊研究,2008,19(5):848-851.

[9] 张雁,刘美红,杨蕾.中国激光杂志社基于网络平台的集群化发展.中国科技期刊研究,2010,21(5):656-658.

[10] 段家喜,郑继承,童菲等.《中国激光》杂志社集群化发展与体制改革的新进展.中国科技期刊研究,2011,22(2):176-179.

[11] 程维红,任胜利,刘旭.我国农学期刊网上学术影响力分析.中国科技期刊研究,2006,17(4):555-558.

[12] 张惠民.网络时代的科技期刊传播研究.中国科技期刊研究,2006,17(6),1113-1115.

[13] 中国科学院自然科学期刊编辑研究会研究小组.影响科技期刊发展的因素及有关政策的调研分析.中国科技期刊研究,2007,18(2):213-219.

[14] 刘雪立,方红玲,王梅英等.2009年7347种SCIE期刊文献计量学指标统计分析.中国科技期刊研究,2011,22(1):44-52.

[15] 郭玉,赵新力,潘云涛等.我国科技期刊基本状况统计与分析.编辑学报,2006,18(1):1-4.

[16] 刘泽林,张品纯.我国科技期刊体制改革难点初探.中国科技期刊研究,2009,20(4):593-595.

[17] 任红梅,寿景依,张宏翔.中国科协科技期刊办刊队伍现状调查与思考.中国科技期刊研究,2011,22(3):350-353.

(作者单位:《中国激光》杂志社等)

国际学术期刊的数字化发展趋势

彭希珺　张晓林

摘要：本文详细分析了国际学术期刊的数字化发展趋势，指出数字期刊是能对细粒度内容进行组织、呈现、关联和利用的新期刊形态，提出数字期刊内容丰裕化、结构化及附加资料成为论文有机部分，介绍了期刊语义出版并支持数据挖掘与知识发现的能力，分析了网络平台及移动应用推动了新的期刊利用形态和评价指标，最后提出学术期刊应将 Web 作为期刊默认形态、加载富内容和附件资料、推进语义出版并加强与其他应用环境的嵌接。

关键词：学术期刊　数字出版　富内容　附加资料

学术期刊是学术研究和知识传播体系中的重要工具，历史上承担着对科学研究成果进行质量控制、成果记载、知识传播和长期保存的功能。当前，学术研究和知识传播的基础环境、主流形态和功能需求都在发生巨大变化，科学研究进入数据密集型科学发现时代[1]，教育也正在被数字技术改造为开放、动态、交互和群组化过程[2]，学术期刊的生存环境正发生根本的变化，学术期刊的形态、功能和作用也随之发生深刻的变化。美国演讲语言听力协会（ASHA）期刊主任 GaryDunham 在 2011 年提出学术出版的六大发展趋版：出版形态数字化、深度解析和利用内容、关联相关的内容环境、接受多媒体资源、增强交互、走向移动出版[3]。尽管对具体发展前景仁者见仁、智者见智，存在多种多样的可能，但学术期刊面临严峻挑战是不争的事实。

一、数字形态成为学术期刊的主流形态

1. 数字形态成为学术期刊主要形态

数字期刊已经成为学术期刊，尤其是科学技术医学领域（STM）学术期刊出版、传播和利用的主流形态。据 ALPSP 在 2008 年的统计显示，96.1% 的 STM 国际期刊已实现数字化，可通过网络访问，艺术、人文、社会科学类期刊这一比例也达到 86.5%[4]。美国研究图书馆协会在 2007 年发表研究报告，认为在学术领域只需 5～10 年就可完成从纸本到数字的转换[5]。英国研究信息网络（RIN）等在 2010 年底发布报告，认为向 e-Only 学术期刊的转变已经得到各方包括出版社的大力支持，正在克服各种困难迅速推进[6]。以 e-Only 作为基本出版形态的开放出版期刊也得到大力发展，截止到 2012 年 11 月已经超过 8000 种[7]。2012 年 10 月，学术界代表为纪念布达佩斯开放获取倡议十周年而提出建议[8]，要求把开放获取作为学术交流的默认状态，10 年内使开放获取成为所有国家所有学科领域传播同行评议研究论文的主流方式。即使在我国，在大多数重要科研、教育机构，STM 学术期刊的主要采购份额和主要使用都已经集中到数字化版本上。可以判定，数字形态将成为学术期刊的主要形态，未来多数学术期刊将以单一的数字形态存在，这一趋势不可逆转。即使部分期刊继续为读者提供按需印刷的服务，这将只是学术期刊数字化生存形态的一种补充。

2. 数字形态将成为一种"不同"的学术期刊形态

数字化改变的不仅是学术期刊的传播形态，还将为期刊内容带来全新的组织、表征、利用方式。这种不同于传统意义的期刊形态，不是简单地将纸本期刊 PDF 化，还包括：

（1）Web/HTML 将是期刊内容的主要呈现形式和用户界

面[9]，纸本时代对论文篇幅的限制，对论文内容形态的限制，对论文内容被抽取、被传递、被评论、被关联的限制都将被一一打破，论文内容将变得更加丰富（比如论文还可包含丰富的图表、图像、音频、视频、动画、可计算数据等），读者对论文内容的利用形式更加多样化。

（2）期刊内容以 Web 为主要呈现形式，充分利用 HTML5 和 XML 等技术，实现论文内容的结构化描述[10]，达到内容与形式版面的分离，从而支持对期刊内容的深加工，支持对期刊内容的动态定制组织与呈现，支持对期刊内容的计算机理解和处理，实现需求驱动的内容组织和内容驱动的功能组织。因此，以 XML 标引呈现期刊论文，正逐步成为学术出版领域的通行方案，PLoS、IoPP 等多家出版社已经在网站上提供 XML 的全文展示方式。XML 结灵构活化的文件不但支持发布形式，而且满足了跨媒体出版的需求，为义本挖掘、语义山版提供了基础[3]。即使尚未形成基于 XML 义件格式的完善服务功能，增加 XML 义档下载功能也为用户对论文内容的灵活应用以及支持未来新产品新服务提供了基础。

（3）数字学术期刊将把期刊论文内容变成活的知识工具。数字内容与纸本内容的一个重大区别是，数字内容中每一个层次的信息都可以作为具体的知识单元被解析、被描述、被重组，可以通过计算机对这些单元及其复杂关系进行计算，使得这些单元与其他知识单元可动态地、个性化地关联，通过揭示这些单元之间关系来支持复杂的知识发现。这种能力将期刊及其论文从一个孤立、静止的知识包（aknowledge package）变成了嵌入在相互关联和相互作用的知识体系中的活的知识工具（a knowledge tool），并超越传统的质量控制、成果记载、知识传播等功能，为科学、教育和文化提供了全新的服务能力。

二、数字化极大丰富期刊内容的丰裕度、细粒化

1. 论文内容的丰富与扩展

数字化带来的最直接功用就是使得数字期刊可以包含更多形态的内容,可以用全新的形态出版"论文"。例如,可视化实验杂志(JoVE)[11]是生物学领域一种完全采用视频形式出版的期刊,利用视频技术描述错综复杂的生命科学研究过程,可视化地呈现实验过程、细节和技巧,支持高效率地掌握和重复复杂的实验过程,从而解决了生命科学研究领域长久以来面临的生物实验透明度低、实验细节与技巧难以揭示、实验可复制性差等挑战。

其实,许多传统的学术期刊也尝试在网络平台上附加相关的数据或音视频资料。例如,*New Journal of Physics* 在物理学期刊中首次尝试"视频摘要"功能,将复杂的理论现象或实验过程以可视化的形式展现[12];*NEJM* 也将调查问卷、实验数据、临床视频等作为论文的附加资料[13];Science[14]和Nature 也推出了多媒体出版模块,以音视频形式再现论文的研究背景和实验过程,丰富了期刊内容的表征能力。

当数字化期刊加载了图像、音视频新型内容后,它们的表现与利用就与传统期刊中的图像、图表、附带光盘等大不相同。例如,图像的缩小与放大、图像或地图细节的逐层展示、音视频的文本同步播放、数据集动态计算、与其他内容的关联等。以 OECD Factbook 为例,它作为连续出版物是经济及政治的重要参考,收录了不同国家的 100 余项分析指标以及各种分析图表,这些表格与图形都能以 Excel 格式下载和处理[15]。*Nature*、*NEJM* 等众多期刊都还允许将图像以 PPT 文档或其他格式导出使用。

2. 论文附加资料的发布与利用

随着期刊数字化网络化的发展,论文附加资料

（Supplemental Materials）的组织和发布逐步成为数字期刊的不可缺少的功能。科学要求可理解、可验证、可重复，因此在审查、传播和利用任何科学论文时，支持该论文结论的有关研究过程、研究工具、研究数据、数据处理与分析工具和过程等的资料，实际上都是人们理解、审查、利用这个论文的有机部分，都应该像论文一样可被查询和检验[16]。只不过在传统纸本期刊下，人们难以经济和方便地"与论文一起"呈现这些信息。而且，由于研究项目和研究人员的快速变化，使得这些信息既无法公开获得又转瞬即逝。可以说，离开了这些"附加资料"，科学论文实际上是不完整的，科学知识及其记载、传播、利用和保存也是不完整的。在数字化期刊状态下，再也没有理由不解决这些问题。

将"附加资料"与论文一起被发布和利用，有助于扩展研究内容、完善证据链条、保障重复验证、完整保存知识。附加资料本身是一个开放的概念，Linda Beebe 将其归纳为三种类型[17]：（1）文本、图、表；（2）多媒体，化学晶体，蛋白质结构；计算机算法；可执行文件等等；（3）复杂数据集。对这些附加资料的存储、发布、传播、管理涉及复杂的技术、知识产权、标准以及管理机制。David Martinsen 分析提出了一系列有待深入研究的问题[18]：

（1）附加资料元数据、唯一标识符和置标细粒度体系以支持附加资料的描述；

（2）附加资料链接机制；

（3）附加资料存档、长期保存、迁移机制；

（4）附件资料在复杂技术环境下的封装、交换、传递机制；

（5）检索、获取与权益管理机制。

美国国家信息标准化组织（NISO）在 2012 年专门提出了附加资料最佳实践（Recommended Best Practices for Supplemental materials）[19]，将附加资料分为"论文的有机内容——那些对准确理解论文不可或缺的资料""论文的支持内容——那些可以扩展论文内容的资料"和"论文的相关内容——那些有助于重复论文研究的内容",并提出附加资料元数据、标识符、封装和保存的最佳实践建议,为"附件资料"常规化打下基础。我们将看到,将附件资料与论文一起发布、利用和保存,会很快成为数字化学术期刊的正常功能甚至必备功能,不再是"有它当然好"(Nice to have),而是"有了才算好"(Must have)。

三、数字化为期刊内容语义出版和挖掘分析提供了强大基础

前文提到,数字化期刊中每一个层次的内容都可以作为具体的知识单元被解析、被描述、被重组、被关联,而且关联关系可以用于知识计算。但要做到这一点,必须对这些单元进行解析,对它们的语义类型进行鉴别和标注,例如概念、人物、组织与机构、地理对象、时间对象、事件、生物动物体、物质体、仪器设备、功能等;对它们之间的语义关系进行鉴别和标准,例如 is-a、part-of、in、along、adjacent to、overlap、fund、take part in、causes、affect、write、publish、discover、cure 等(可参见 UMLS 的 Semantic Network[20])。如果将每篇论文中的这些知识单元及其语义类型和语义关系揭示出来,并且与其他论文、其他期刊和其他知识资源中的其他知识单元进行关联,就可以深度地揭示知识内容,方便地支持基于动态关联的知识发现。David Shotton 等人于 2009 年首次提出了语义出版的概念,认为这有助于发掘并丰富论文的知识内涵,不仅能更好地被发现,而且可以自动链接与之语义相关的论文,并利用论文中的各种单元及其关系进行逻辑语义上的分析、关联和集成[21]。Elsevier 提出语义出版的路线图(图 1)[22],阐释了语义出版的内涵和实现路径,通过一系列技术对期刊论进行加工(分类、注释、关联),实现从原始的文本到结构化文本再到富含语义知识的灵活内容(Smart Content),这是一个给论文提升附加值的

过程。Elsevier 的未来论文（Article ofFuture）[23]也属于这方面的试验。近年来语义出版在学术出版领域也越来越得到重视，尤其在 STM 领域进行了一系列试验并逐步推出正式的服务。例如，英国皇家化学会（RSC）对其发表的部分论文提供了 Rich HTML 全文形式[24]，自动识别论文中所包含的化合物、化学术语、生物医学术语，并且可关联一系列开放的知识本体库来对各种知识提供更深入的解读。Elsevier 旗下的《欧洲生物化学会联盟通讯》（FEBSLetters）与 MINT（Molecular INTeraction Database，分子间相互作用数据库）合作，对发表在 FEBS Letters 上的论文提供结构化摘要（Structured Digital Abstracts），支持进一步的扩展检索[22]。Stembook 是哈佛干细胞研究院（Harvard Stem CellInstitute）出版的关于干细胞研究的电子期刊，它应用了 SCF 框架（Science Collaboration Framework），融合了社会网、语义网和半自动挖掘等技术，实现了从论文撰写、语义标注到本体呈现的全过程，较好地揭示了学科领域内的知识关联[25]。

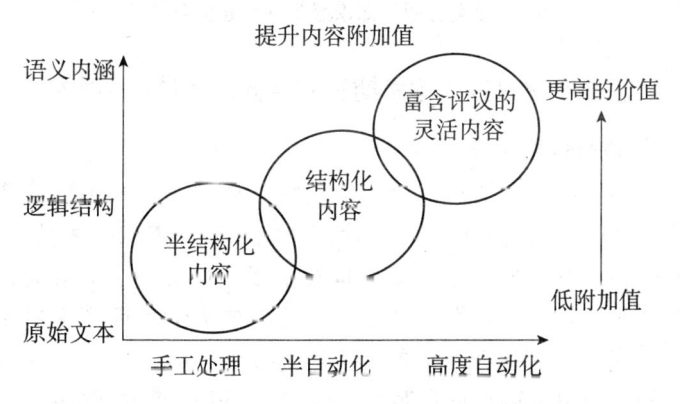

图 1 Elsevier 语义出版路线图（引自文献[22]）

语义出版意味着出版机构可以充分利用丰富的期刊内容信息，提供知识的深度挖掘和关联分析，进而形成知识体系，帮助用户发现或验证新知识，如图 2 所示[26]，这将成为期刊的新服务方向和新利润空间。这也是为什么在预测 STM 期刊发展趋势时，出版界普遍认为今后的期刊内容将从可发现到可计算（Actionable knowledge）[27]，而且许多出版社视语义出版为未来最有意义的业务之一，都在积极开发数据挖掘服务。

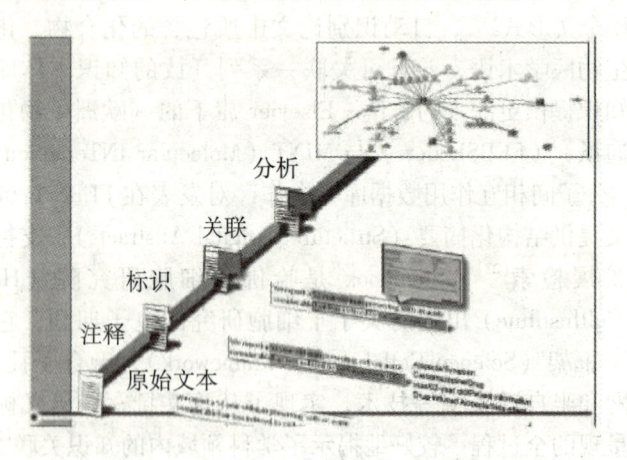

图 2　语义出版与知识服务（引自文献[26]）

四、数字化改变了学术期刊的生存环境和利用途径

1. 移动环境阅读

数字化期刊、结构化语义化内容与移动通信和手持设备的结合，造就了新的使用环境、使用体验和服务需求。通过手机、iPad 等移动终端来获取论文信息甚至阅读论文，逐渐成为科研人员，尤其是青少年学生（正成为或将成为学术期刊主要用户的新一代）的熟悉和习惯的学术信息获取方式。当前，许多出版机构纷纷引入移动信息服务，例如，iopp 可通过 iPhone、iPad 或者 iPod Touch 来浏览、检索以及全文下载论文资源[28]；*Lancet* 的 PDA 服务可与手机运营商或与 Apple 公司的 iTunes 链接，发布实时科技新闻信息到手机[29]。*NEMJ* 提供了许多适合无线媒体、掌上电脑等移动设备的文献资料[30]；ACS 推出的 Mobile

Projects，同样给用户带来了随时随地检索与利用的便捷[31]。需要注意，移动应用不仅仅使期刊内容能随时随地推送到读者手里，而且它可以方便地与地理位置服务（Location Based Services）[32]结合，支持用户间的交互，从而能较好地支持将移动、地理位置和社交网络结合起来的 SoLoMo 服务[33]。这也为期刊内容嵌入到"现场"和"社区"、与其他内容（包括地理信息、用户自创内容、社区交互内容）等灵活结合进一步生成新的内容和服务提出了新的可能。

2. 融汇平台

在数字环境下，期刊内容本身（至少在技术上）的开放性和可重组性，加上海量的开放获取资源、科学数据、教育课件、软件工具等非传统方式出版、发布传播速度快、可通过网络方便获取的资源，使得期刊出版者可利用高质量学术内容（期刊）作为核心种子来关联和组织相关领域的其他资料，通过期刊网络平台实现集成，为用户提供统一的检索与服务。例如，Elsevier的全医学平台 ClinicalKey[34]涵盖了 Medline 文摘、期刊、图书、医疗（手术）视频、循证医学主题、图片、诊疗指南、临床试验、Gold Standard 药物专论、患者教育及年鉴共十大类别，用户输入关键词即可同时检索获得多种类型的资源。在这个平台基础上，Elsevier 还开发了一系列应用工具，为用户也为Elsevier 带来新的服务空间。网络化时代，依靠期刊本身已经难以满足用户的需求，学术出版平台（期刊或者其他）需要具备对多种学术资源的整合能力，有效地组织各类"出版"资源，支持其融汇发现和利用。

3. 大型集成检索传播平台

数字化期刊和网络环境正改变人们了解、接入、利用期刊的"接口"或"界面"。出于快速覆盖海量信息的需要，也借助于大型集成检索传播平台的丰富功能，人们越来越依靠网络化集成平台来获取期刊内容。处在数字期刊和网络化检索时代，读者不再像纸本时代必须拿到一本期刊才能发现和利用其中论文，完全可以不在意（甚至不在乎）具体的期刊就可以高效发现、获得自己需要的论文。论文（而不再是期刊）成为"传播元"。这时，网络化规模（Web-Scale）的内容发现能力，不仅成为吸引网络化长尾读者群（即那些不会依靠或聚焦在某种或某些期刊的、主要关注"感兴趣"论文的用户——对于多数期刊来说大多数用户都是这样的长尾读者）的条件，而且也迅速地提高期刊"核心读者群"的忠诚度。正是在这种环境下，Google、Google Scholar 或百度成为了包括高层次学术用户在内的首选检索系统，而像 Primo[35]、Summons[36]等所谓 Universal Search Engines，Scopus[37]、EBSOC[38]等所谓跨出版社检索平台等，甚至各个图书馆开发使用的集成检索系统，利用其高度集成的海量信息和灵活便捷的检索功能，成为学术论文检索、获取和传播的最佳载体，凸显"去期刊化"的特点。因此，对于单个期刊或小型出版社而言，面临实质上"不可见"的危险；加入大型网络平台、甚至多个网络平台，成为生存和发展的必然途径，例如相当多学协会参加的 HighWire Press 平台[39]。

4. 新的学术期刊使用和影响力评价机制

在纸本环境下，我们似乎只能通过引用量和引用率来计量期刊和论文的使用和影响。但数字化环境给我们提供了丰富的可计量的使用形式，而且随着网络传播的普及和用户参与度的不断提升，一篇论文会被读者阅读、下载、转载、推荐、标记、评论等，这些"使用行为"都可被跟踪、记载、统计，并与读者本身的数据结合起来进行分析，形成新的学术期刊和学术论文的评价机制。PLos 系列期刊首次提出并实施了"论文级计量分析"（Article level metrics）服务，自 2009 年开始对其出版的每篇论文提供基于论文本身使用情况的计量分析[40]。除了传统的被引频次外，还给出了按不同时间段统计的多项指标，包括下载 HTML、PDF、XML 各种格式全文的次数，社会化书签用户的标记次数,读者的评论、批注、评分情况,文章相关的博文信息分布和引用跟踪等。部分数据需要从权威的第三方获取,例如被引数据主要基于 CrossRef、PubMed Central、Scopus 和 ISI Web of Science,博文信息则主要来自于 Researchblogging. org、Nature Blogs 等。这些计量数据形成了关于一篇论文的多维度评价。一些其他期刊也推出了类似的服务。比如,Frontiers 系列(http://www.frontiersin.org/),其网站同样给出了论文影响力分析数据,还包括下载读者的区域分布。

五、数字化对学术期刊的挑战

从上述分析可以看到,原来熟悉的那种读者找到期刊、发现感兴趣的论文、线性孤立地阅读论文的状况已经发生根本转变,期刊论文的阅读过程和读者的研究学习过程被截然分开的障碍已经被打破,人们需要新的期刊形态和服务功能。期刊在继续发挥质量控制和成果记载功能的同时,其作为一种知识工具承担交流服务的功能将得到极大加强。从这个意义上讲,只有数字期刊才能真正在数字信息环境中发挥作用、体现价值,纸本期刊逐渐沦为保存本(而且随着数字文献长期保存体系的可靠建立,这种保存本价值也随之降低)。

面临这种挑战,学术期刊需要认真思考自己的发展取向。笔者认为,在继续抓好论文质量、提高编辑效率的同时,亟待解决以下几个问题:

(1)将 Web 作为期刊的默认形态,按照 Web 形式重新打造期刊的内容组织、呈现和利用形态,将论文内容、期刊各期的内容、期刊的相关内容(例如同行评议规范、编委会与编辑信息、期刊提供的动态通报等等),通过 HTML 或 XML 格式进行结构化、动态化组织,支持读者个性化阅览。

(2)加快发展包含数据和音视频在内的富内容,加快将论文附加资料纳入期刊论文一起审议、发表、保存,确定"构成期刊内容有机部分"的附加资料类型，确定这些富内容和附加资料的描述、封装、嵌入、链接等方法，确定对这些富内容和附加资料的权益管理规则，充分利用Web能力，形成期刊本身（而不是集成平台）的特殊功能。

（3）加快推进语义出版，将过刊论文回溯为经过语义标注的内容，积极推出基于语义标注的"论文内容浏览""语义关联论文推荐"等功能、形成"知识语义网络浏览""跨期刊内容关联推荐"等服务，提高期刊本身的独特服务能力和读者黏度，挖掘增值服务空间。

（4）将期刊与各种社交网络、用户信息平台、数字科研环境、数字教育系统、科学文化传播系统、甚至博物馆展览馆会展中心等信息密集型服务平台关联，实现内容和服务的推荐和推送。期刊应通过网络，以"开放数据"方式提供自有内容和各类服务的开放接口，建立第三方系统可有效利用期刊内容和资源的权益与使用管理规则，及自动管理流程，向整个网络长尾开放期刊的内容和服务，并有效地嵌入到用户的知识利用流程。

六、结　语

Nature出版集团首席技术官Howard Ratner曾指出，未来STM学术期刊将从发现内容向操作内容演变[41]，其中期刊内容的"可操作"要求构建应用程序平台来支持内容的挖掘与交互，制定内容的相关标准来明确未来的论文形式与格式，集成各种科研工具来嵌入用户工作流和支持计量评价。本文作者之一也在2009年提出Journal 3.0模型，重新定义了新环境下学术出版的职能、服务模式和内容呈现模式，建议基于丰裕化结构化语义化内容（Enriched Content）、关联与融汇发现技术（Linked & Mashed-up Discovery）和开放与交互的传播利用方法（Open & Collaborative Communication）三个维度，构造新型的数字化期刊发展模型①。

本文全面梳理了国际学术期刊的数字化发展趋势，并总结了未来的主要任务及挑战，即，将 Web 作为期刊默认形态、加载富内容和附加资料、推进语义出版和加强与其他应用环境的嵌接。虽然文中描述的趋势与挑战还存在模糊性和不确定性，但发展方向已经十分清晰，直面挑战，前行和创新将是唯一的选择。

参考文献

[1] Hey T, Tansley S, Tolle K. The Fourth Paradigm: Data-intensive Scientific Discovery [EB/OL]. [2012 - 10 - 06]. http://research.microsoft.com/en-us/collaboration/fourthparadigm/.

[2] Anderson J., Boyles J. L., Rainie L. The future impact of the Internet on higher education [EB/OL]. [2012 - 06 - 27]. http://pewinternet.org/~/media//Files/Reports/2012/PIP_Future_of_Higher_Ed.pdf.

[3] Gary Dunham. What are Trends in Scholarly Publishing [EB/OL]. [2012 - 11 - 10]. http://www.asha.org/academic/questions/trendsscholarly-publishing/.

[4] ALPSP. Scholarly Publishing Practice, Third Survey 2008: Academic Journal Publishers' Policies and Practices in Online Publishing. [EB/OL]. [2012 - 11 - 10]. http://digital-scholarship.org/digitalkoans/2008/10/13/scholarly-publishing-practice-third-survey-2008-academic-journal-publishers-policies-and-practices-in-onlinepublishing/.

[5] Johnson R K, Luther J. The e-Only Tipping Point for Jour-

---

① 张晓林. 学术期刊的数字战略. 中国科学院科技期刊主编岗位培训班, 2009 - 07 - 04, 北京

nals [EB/OL]. [2012 - 10 - 06]. http://www.arl.org/bm~doc/electronic_transition.pdf.

[6] RIN, JISC, PRC, and RLUK. E-only scholarly journals: overcoming the barriers [EB/OL]. [2012 - 10 - 06]. http://www.publishingresearch.net/documents/E-only_reportRIN2010.pdf.

[7] Directory of Open Access Journals [EB/OL]. [2012 - 10 - 06]. http://www.doaj.org/.

[8] Ten years on from the Budapest Open Access Initiative: setting the default to open [EB/OL]. [2012 - 10 - 06]. http://www.opensocietyfoundations.org/openaccess/boai-10 - recommendations.

[9] Graham McCann: Article evolution [EB/OL]. [2012 - 10 - 06]. http://www.stm-assoc.org/2011_12_02_Innovations_McCann_Article_Evolution.pdf.

[10] Enhanced publications [EB/OL]. [2012 - 10 - 06]. http://www.enhancedpublications.com/.

[11] About JoVE [EB/OL]. [2012 - 10 - 06]. http://www.jove.com/about.

[12] Video abstracts [EB/OL]. http://iopscience.iop.org/1367 - 2630/videoabstracts.

[13] Browse Figures & Multimedia [EB/OL]. http://www.nejm.org/multimedia.

[14] The Science Multimedia Center [EB/OL]. http://www.sciencemag.org/multimedia/.

[15] OECD FActbook [EB/OL]. [2012 - 10 - 06]. http://www.oecdchina.org/OECDpdf/factbook06cns.pdf.

[16] The Royal Society. Science as an Open Enterprise [EB/OL]. [2012 - 10 - 06]. http://royalsociety.org/policy/projects/sciencepublic-enterprise/report/.

[17] Beebe L. Strategic Integration of Article Content: Supplemental Materials (part A) [EB/OL]. [2012-10-06]. http://www.stmassoc.org/2011_04_26_Spring_Conference_Beebe_Strategic_Integration_of_Article_Content_Part_A.pdf.

[18] Martinsen D. Strategic Integration of Article Content: Managing Supplemental Materials (part B) [EB/OL]. (2011-04-26). [2012-10-06]. http://www.stm-assoc.org/2011_04_26_Spring_Conference_Martinsen_Strategic_Integration_of_Article_Content_Part_B.pdf.

[19] NISO Recommended Practices for Online Supplemental Journal Article Materials (Draft) [EB/OL]. (2012-07-25). [2012-10-06]. http://www.niso.org/apps/group_public/download.php/8880/RP-15-201x%20Suppl_TWG_draft_for_comments_final-rev.pdf.

[20] Unified Medical Language System Semantic Network [EB/OL]. [2012-10-06]. http://www.ncbi.nlm.nih.gov/books/NBK9679/.

[21] David SHOTTON. Semantic Publishing: the coming revolution in scientific journal publishing. Learned Publishing, 2009, 22(2): 85-94.

[22] Elsevier Smart Content and the Next Generation of Clinical Information [EB/OL]. [2012-10-06]. http://info.clinicalkey.com/docs/physicians/ClinicalKey-Smart-Content.pdf.

[23] Elsevier. Article of Future [EB/OL]. [2012-10-06]. http://www.articleofthefuture.com/.

[24] RSC Semantic publishing [EB/OL]. [2012-10-06]. http://www.rsc.org/Publishing/Journals/ProjectProspect/Examples.asp.

[25] Sudeshna Das. Mark Goetz. Lisa Girard. et, al. Scientific

publications on Web 3.0. In: 13th International Conference on Electronic Publishing. ELPUB 2009, Milan, Italy. 2009.

[26] Mayer, D. Mainstream Semantic Enrichment [EB/OL]. [2012 - 10 - 06]. http://www.stm-assoc.org/2011_12_02_Innovations_Mayer_Mainstream_Semantic_Enrichment.pdf.

[27] STM Future Labs Committee. STM Publishing Industry: 2012 Technology Trend Watch [EB/OL]. [2012 - 10 - 06]. http://www.stm-assoc.org/future-lab-trend-watch-2012/.

[28] Graham McCann. IOP Pulication [EB/OL]. [2012 - 10 - 06]. http://indico.cern.ch/getFile.py/access?contribId = 12&sessionId = 4&resId = 0&materialId = slides&confId = 128826.

[29] The Lancet [EB/OL]. [2012 - 10 - 06]. https://itunes.apple.com/cn/app/the-lancet/id483025114?mt = 8.

[30] About NEJM Mobile [EB/OL]. [2012 - 10 - 06]. http://www.nejm.org/page/about-nejm/mobile-applications.

[31] ACS Moile Projects [EB/OL]. [2012 - 10 - 06]. http://pubs.acs.org/JACSbeta/mobile/index2.html.

[32] Location Based Services [EB/OL]. [2012 - 10 - 06]. http://en.wikipedia.org/wiki/Location-based_service.

[33] SoLoMoClo in 2012: Social, Local, Mobile, Cloud [EB/OL]. [2012 - 10 - 06]. http://blog.programmableweb.com/2012/01/05/solomoclo-in-2012 - social-local-mobile-cloud/.

[34] ClinicalKey [EB/OL]. [2012 - 10 - 06]. https://www.clinicalkey.com/.

[35] Ex Libris. Primo [EB/OL]. [2012 - 10 - 06]. http://www.exlibrisgroup.com/category/PrimoOverview.

[36] The Summon Services [EB/OL]. [2012 - 10 - 06]. http://www.serialssolutions.com/en/services/summon/.

[37] Scopus [EB/OL]. [2012-10-06]. http://www.scopus.com/scopus/home.url.

[38] EBSCO Academic Search [EB/OL]. [2012-10-06]. http://www.ebscohost.com/academic/academic-search-premier.

[39] Stanford University HighWire Press [EB/OL]. [2012-11-05]. http://highwire.stanford.edu/.

[40] PLoS Article Level Metrics: Measuring the impact of research [EB/OL]. [2012-10-06]. http://article-level-metrics.plos.org/.

[41] Howard Ratner. STM Publishing Industry: 2012 Technology Trend Watch. [EB/OL]. [2012-11-10]. http://www.stm-assoc.org/2012_05_01_Innovations_US_Ratner_2012_Future_Lab_TrendWatch.pdf.

(作者单位：中国科学院文献情报中心；《现代图书情报与技术》编辑部)

数字化出版对内容生产的逆向颠覆

——以网络文学为例

谢丹华

摘要： 数字化出版不仅是出版载体变化，更对出版内容造成了巨大的颠覆。本书以网络文学为例，通过建立本体的/技术的、个体化/制度化两组对立概念，剖析了数字出版浪潮下，出版形态对出版内容构成了强大反作用力。

关键词： 数字化出版　网络文学　本体　技术　个人化　制度化

在信息技术革命的大潮之中，基于各种电子载体的数字化出版可谓千帆竞渡：从早期的 CD 光碟，到当红的 E-ink 电纸书；从博客、微博，到手机报、数字报和电子杂志……不仅产品形态纷繁多样，产业规模亦呈几何级数增长——2009 年中国数字出版产值达 795 亿元，首度超越传统出版物。[①] 这种全新的产业模式不仅顺应了低碳潮流下绿色出版大势，更因之与互联网结合甚密而令人充满无限想象。

事实上，数字化出版的影响绝不限于出版生产机制，因其网站、手机、电纸书等对于出版而言，不单是载体的更迭。以此为基础的实时、互通式数字化阅读，一方面改变着读者的阅

[①] 《"无纸阅读"预言》：《瞭望》，2010 年 08 月 08 日

读方式和出版生产机制,一方面还对上游的内容制作构成一种逆向颠覆——内容制作(抑或曰写作)的目的、内容以及群体、过程等等,都因此而发生巨大变化。在美国,已出现专门为电子书写作的"专业作家",他们不再像传统出版那样与出版商分享版税,而是以全新的代理合同加入到"无纸阅读"时代;在中国,以互联网为土壤发展起来的网络文学亦已形成规模庞大的创作群体,并且在题材、风格上形成了独立的特色。

应该如何理解数字化出版对内容生产的逆向颠覆?下面,我们试从出版数字化对于网络文学形成的所产生的影响,对之进行浅析。

一、本体的VS技术的——来自数字化出版的逆向颠覆

海德格尔说:"技术不仅仅是手段,技术是一种展现的方式。"①对手段的使用总是要参与到对事物存在本身的规定之中。

有人以为,基于数字出版的网络文学,无非就是题材与网络有关的文学;或者是首发于网络、主要通过网络进行传播的文学……这种观点虽然也抓住了网络文学的某些外部特征,却难免有将数字化的影响局限于技术层面之嫌。事实上,在现代出版所经历的数字化转向中,数字化、互联网看似仅作为载体而与内容发生"纯技术"性关联,实则却是将纸质出版条件下的相对封闭的个人化阅读,带入一个实时与他人进行信息交互的、开放式的阅读之中,从而不仅极大地改变着文学承载与传播的外观形态,而且同样深刻地改变着阅读生态——读者与文本之间由一种单线的、个人化的、沉思性的关系,转变为多元交互式的、群体化的、讨论式的关系,读者在阅读中除了接受来自文本的影响和自我的反思,还深深地受到通过互联网传递

---

① 绍伊博尔德:《海德格尔分析新时代的科技》,中国社会科学出版社,1993年版,第24页。

的"网上舆论"的影响,"群落化"阅读代替个人化阅读成为数字化出版条件下新的阅读生态。

正是阅读生态的这种深刻变化,网络文学等基于数字化出版的内容生产,绝非是一种简单的技术性转变,绝非是传统出版内容由纸质载体向电子载体的纯技术性"搬家",而是从一开始就酝酿了完整的文学本体论意义,在内容上、风格上以及写作生态上均与传统文学有着明显不同:

首先,"数字化"从本体论意义上决定了网络文学具有不同以往的内容风格特色。

就某种意义而言,网络文学本身就是一种文化。信息革命在给人们带来"数字化生活"的同时,也造就了网络文学所赖以产生的社会文化背景——信息爆炸给人们带来了巨量信息,却又让人在无所适从中丢失了相信崇高的理由;数字化提高了生活的科技含量,却又在无形中强化了技术崇拜和物欲追求;通讯延伸了人们的生活边界,却又在这种延伸中任"虚拟社会"肆意压缩现实空间,消解着文化与传统对人的各种约束。特别是对于植根于网络并且绕开了传统出版生产机制的网络文学而言,网络的虚拟性对于文本的内容选择和风格特征的影响更是异常鲜明——

据中南大学教授欧阳友权对榕树下、橄榄树、黄金书屋、新语丝等国内10大文学网站的统计显示:就内容选择而言,情爱题材、搞笑题材和武侠题材占据了前3位,其中以网恋故事为题材的作品占43%,其次是搞笑题材,约占17%,而武侠题材的作品约占15%;而就风格特色而言,相当多的作品透露出的是闲适化和私人化的格调,无处不在的都是一地鸡毛的人生碎片,倾向于情爱易变、情爱如水的占绝对多数。

可以说,无论是就题材选择上还是就风格诉求而言,网络文学都洋溢着人由充满了各种束缚的现实社会进入网络"虚拟空间"中的"解脱"感,更倾向于宣泄对主流价值的质疑,倾向于不受束缚的、碎片化的个人感觉表达以及天马行空的"虚拟梦幻",甚至走向单纯地追求刺激强度的色情与暴力……文化价值的指向不仅与经典传统文学大相径庭,而且与同时代的以印刷媒介为依托的传统文学亦明显不同。

其次,网络文学的创作生态遭遇来自数字化出版的逆向颠覆。

文学自从产生伊始,就并非能单纯等同于创作活动,而是由文学创作、传播、接受共同构成的交互性的文学生产体系。互联网对于传播技术所带来的交互性、海量性、多媒体、即时性、个人化、超文本等革命性巨变,使基于此的网络文学被置身于一种全新的出版体制生态和全新的阅读生态之下。而此二者的这种变化,又使得网络文学的创作生态遭遇来自数字化出版的逆向颠覆——

(1)创作主体的颠覆:网络文学的出版绕开了传统出版生产机制,出版上的"零门槛"使原本被职业作家所垄断的创作权被创作主体的非职业化所代替;

(2)写作动机的颠覆:从寓教于乐式的理念的传达,转向注重在写作过程中个体感受对文本的融入;

(3)主导话语的颠覆:封闭文本变成对作者和读者开放,甚至可以任意修改的开放性文本,"群落化"阅读弱化了文本理念传达的能力,内容制作从强调作家个体的思想价值转向强调群落化话语的主导地位;

(4)文本形式的颠覆:数字化媒介让单纯的文字表现形式被融合文、图、声、光等多媒体表现手段的超文本表现,文学文本概念本身甚至面临着颠覆性的变革;

(5)表达特征的颠覆:巨量的信息,使文本传播(文学接受)从情景的想象和意义解读的个人化、后延性转为以群落交互性和当下性为主要特征,文本创作只能屈从于更加简洁明快的表达,语言的能指和所指之间的张力在此缩小到几近为零。

二、个人化 VS 制度化——网络文学的数字化悖论

在文学生产论看来，文学活动的发展，是一个从个人写作到制度写作转变的过程。特别是在以市场经济为代表的工业文明席卷全球之后，个人写作被加速纳入到社会化生产窠臼之中，文学创作"流水线式"的工业化生产方式，使得文学的主体精神和生动形象被消解殆尽，任何技术型的革命仿佛都在加深这一进程而无可逆转。

然而，这一现象在数字化出版的条件下，却显得大为不同。互联网所带来的传播革命并非简单地加速或者逆转文学等内容生产的"工业化"，而是使网络文学被置于一种悖论之中——

一方面，在数字化出版提供的全新体制生态中，写作呈现出强烈的向个人写作复归的倾向。

基于互联网的多样化出版方式，为数字化出版突破传统出版的体制化约束提供了途径。在网络这个虚拟的空间中，"没有人知道你是一条狗"。任何人随时轻轻点击鼠标，就可以完成创作与发表，网络写手们或不具名，或只是起一个网名，就可以在BBS、MSN上信手涂鸦，从而使编辑、出版、发行等传统文学生产体制的一系列"关隘"一时间化为乌有。成名后的蔡智恒认为网络文学的"最大的优势是降低了文学作品的门槛，只要你愿意发，你就可以成为作家，我鼓励年轻人创作，网络降低了发表的平台，对文学创作有促进作用。"[1]

网络文学将创作门槛"归零"，不仅使在传统出版中被垄断的创作权力被消解殆尽，而且更为重要的是为创作主体带来了创作观念的改变。"零门槛"下的创作，不需要屈就传统文学中必须遵从的体制约束，政治的、伦理的、经济的对于创作的压

---

[1] 蔡智恒：《青年作家·网络文学》杂志，2001年第四期，第5页。

迫得以基本解脱（虽不能说是完全解脱）。创作，对于大多网络写手而言，更多的是一种个人化的情感释放，是一种和自我实现相联系的成就感和表现欲的实现。

曾夺得网易第一次网络文学大奖的邢育森说："说实在的，在没有上网之前，我生命中很多东西都被压抑在社会角色和日常生活之中。是网络，是在网络上的交流，让我感受到了自己本身一些很纯粹的东西，解脱释放了出来成为我生命的主体。"[1]网络写手宁财神说："以前我们哥几个曾经探讨过这个问题，就是说咱们是为了什么而写，最后得出结论：为了满足自己的表现欲而写……"[2]

因为他们是为了来自自身的情感意志驱使而创作，为了个体情感的宣泄而表达，更加注重个体感受在创作中对于文本的融入快感，所以他们一开始就处于人文关怀的境遇之中。

另一方面，同样是由于网络传播的大众化特点，个人写作又似乎从一开始就显得绝非可能，制度写作在一种全新的技术条件所提供的全新的体制生态中，以更加彻底的形式得以强化，从而把文学进一步拉向了平民化和通俗化。

由于网络的开放性，网络作品一经张贴，就预示着要经受被解读、被删节、被改造、被续写的命运。网络文本不仅在接受上不可能是个人化的，其文本本身更是向所有跃跃欲试者开放，以至于创作成了接力传递，甚至一部作品最终会变成无名无主的大拼盘——它既可以是单个作者的篡改，也可以促成"接力小说""纸牌小说"的出台。所谓的"接力小说"是指个人写了开头，其他网友续写，小说就成了无法预知结局的接力赛，其最终的结果依靠整体的实力和配合的默契。所谓的"纸牌小说"是指一部已完成的作品，其他作者在同样的题目下，就像洗牌一样，对人物关系和情节的转换进行多项重组，

---

[1] 参见：http://book.szptt.net.cn
[2] 参见：http://book.szptt.net.cn

于是又变幻出许多同题不同貌的新作品。例如,《第一次的亲密接触》刚刚在网上蹿红,就出现了众多的改编版本。有些网友甚至把自己的作品都署上"痞子蔡"的名字,以期引起注意。小说在这种情况下,既可以走向"小径交叉的花园",也可能沦落成一堆完全屈从于以"点击率"为代表的网络文学创作生态下的能指与所指废物。

本体的?技术的?个人化?制度化?网络文学是否能够突破数字化出版条件下的这一悖论,落归一个清晰纯粹的归宿?抑或,它将为文学发展引领趟出一条新的蹊径?作为代表着一种方向的数字化出版,又该如何面对内容生产所遭遇的这种逆向颠覆,才能最终将出版引向数字化的繁荣?但无论如何,网络文学所代表的新的内容生产创作生态,都是我们深入思考出版产业数字化转向与发展的一个契机。

(作者单位:贵州人民出版社)

数字出版"七问"

于殿利

"变革"无时无刻不在发生着,关乎"变革"甚或"革命"的故事在世界上几乎每天都在上演着。虽然推动变革或革命的因素多有不同,但有一点是相同的,那就是变革或革命必定会带来错综纷乱的形势,或一时或长久,而面对错综纷乱的形势,人们的认识更加混乱,现象开始掩盖本质,草莽甚至强盗被一时奉为英雄。旧秩序受到非理性的破坏,新秩序不遵循规律又难以建立。数字技术在我国出版产业的实践,以及初期所造成的影响,就是一例。

当数字技术一夜之间席卷全球并进入中国的时候,中国的出版业呈现出热闹的局面,传统的出版业受到的惊吓自不必说,产业外的一些所谓的技术商看到了攻城略地的机会,他们也因为人们对技术的崇拜而受到青睐,甚至被认为代表未来出版的方向。可以说,从所谓的数字出版进入到我国,几乎所有环节对它的认识都存在着偏差,而这种认识上的偏差,必定带来实践上的偏差,带来数字出版从一开始就在一条歧路上跑偏的状况。面对这样的情态,作为一名出版人难免心生疑问。

一问:何谓"数字出版"?

关于数字出版,那么多有识之士已经给出了很多的有价值的定义,这里无意纠缠概念,只是想澄清"数字出版"这一术语有多少实际价值或意义,它又造成了多少混乱和负影响。在几年前有关数字出版的论坛上我就反复地讲过，所谓的"数字出版"是一个似是而非的概念。我所说的"似是而非"，不是模棱两可的意思，而是"好像是，实际上却不是"的意思。"似是"就是表面上看是，从现象上看是，具体说来就是，在表面或现象上数字技术成为出版业的新主导甚至核心，因此出版就"顺理成章"地变成了"数字出版"。"而非"是探求本质，从本质上说，技术无论多么伟大，作为生产力无论对产业产生多么大的影响，它终归只是工具和手段，改变不了产业的本质，出版业的核心还是内容，出版业从本质上说是内容产业，无论是龟骨刻字还是造纸印刷，无论是铅字纸型还是激光照排，无论是胶片或CTP，亦无论是装订成册还是在线阅读，从顾客价值的角度来说，技术从来都只是表现为工具和手段，内容永远都居于核心的地位。在数字技术产生之前，出版业经历了无数次的技术革命，却不曾听说过因此而"改名更张"之事，为何要因数字技术的进入而"更名改姓"呢？

大凡一项新技术进入到某一个产业，并给这个产业带来革命性的变化之时，在技术还处于"先进"而并未步入"普及"阶段，人们就会被这种"革命"现象所迷惑，"技术主义"就会甚嚣尘上，技术现象一时就掩盖了实质。但随着技术的普及和变成"常态"，技术五彩斑斓的绚烂迷雾便自行散去，被其掩盖的事物本质也自然会恢复真容。例如，当数字技术刚刚进入到照相器材领域的时候，人们一开始给出了"数码相机"的概念，以区别传统的胶片机，但随着数码相机的很快普及和传统胶片机退出寻常百姓的生活，我们就不再提"数码"两个字了，只要一提到相机自然就是指数码相机了。相反，如果偶尔说的不是数码相机，却要特别指出是传统的胶片机了。这一转变确实耐人寻味。数字电影和数字电视并未给电影业和电视界带来如出版业一样的混乱和恐慌，恐怕也是一个值得深思的现象。

我们说"数字出版"这个概念并不能成立，还因为它在中国诞生之时就走向了传统出版的对立面，人们习惯上把它与传统出版割裂开来。这种状况的出现当然有多种原因，其中一个最重要的原因就是一群出版业的"门外汉"或"技术人"自觉地站在了传统出版人的对立面，他们的理想是凭借自己的所谓的技术优势取代传统出版人而成为出版的主角。当他们不是采取与传统出版人合作的态度，而是寄希望于低成本甚至零成本获取内容资源，而在不可能获得成功之后又开始"偷盗"或"胡编乱造"之时，他们的命运就已经注定了。实际上，数字技术就像现在越来越清晰地显现的那样，为出版业带来了新的生产力，为传统的出版在满足读者需求无论是在产品形式还是在消费方式等方面，提供了更多的选择，它与传统出版不是对立的关系，它的出现把出版业带到了全媒体出版的新阶段。所以，我更愿意把数字出版称为"全媒体出版"，传统的纸介质图书也是全媒体出版的一种形式，而且到目前为止还仍然是居统治地位的形式。近年来，国外的同行们把所谓的数字技术所造成的这种状态，称为"混合出版"（Hybrid），而较少使用"数字出版"这个概念了。

二问：出版权怎么可以分裂？

自从所谓的数字出版进入到中国以后，中国的出版业便被分为二了：一批既没有过任何出版经历和实践，更没有培养过从事出版所必需的编辑队伍的所谓的技术商和被冠以"IT"标签的网络运营商，获得了第一批数字出版权；经过严格审批而得以创立的传统出版社若要从事数字出版工作，还需要重新申请数字出版权，其结果是很多出版社由于各种原因至今也没有获得互联网出版权，即所谓的数字出版权。这种做法具有很特别的意义，它要么否定了传统的出版审批制度，要么否定了互联网出版属于出版范畴，否则就无法解释它对出版业所造成的分裂状态，无法解释对于互联网出版和传统出版社管理办法和管理尺度不一的情况。对于这样严重的后果，有可能对未来的中国出版业产生重要影响的后果，不知为什么没有引起足够的注意，如果是因为其影响还不够显性而没有引起关注的话，那就太可怕了，因为影响显现之时，往往就是问题铸成之日。实际上，非出版机构所从事的互联网出版在内容质量方面存在的问题，已经引起了人们的关注和担忧。

其实，具有出版资格的出版社本不需要再申请数字出版的权利，因为出版社在申请创办的过程中，各种资质的审核是相当的严格，对已经成立了的出版社的指导和管理也很到位，最关键的是，所谓的数字出版只是把既有的内容制作成不同种形式的产品而已，对其内容质量的要求和管理与纸介质图书应该是一样的，没有什么特殊性。因此，有出版纸介质出版物权利的出版社就应该有把它做成其他一切介质出版物的权利。这种权利是出版权的自然延伸，区别仅仅是产品形态的不同和出版形式的不同而已。反过来，没有纸介质图书出版权的单位怎么可以拥有数字出版权？如果承认数字出版是属于出版范畴的话，就应该按出版业的规矩和规律去管理。否则就必然会出现传统出版和数字出版一头紧一头松的状况，紧的一头有管理，有自觉，有担当，而松的一头疏于管理，不问责任，不讲担当。对出版进行监管是应该和必须的，而如果把数字出版与传统出版割裂开来，是非常不利于管理的。中国有句颇具警示性的话语叫做"千里之堤，毁于蚁穴"，互联网出版的"一头儿"可绝不是"蚁穴"，这一点应该引起注意。

三问：著作权怎么可以被分割？

数字出版进入中国并与传统出版分裂以来，著作权的被分割也已成为事实，即面对纸介质图书出版权和数字出版或电子版权，著作权被割裂开来分别授予，从而出现了纸介质图书出版权授予传统的出版社而数字版权或电子版权授予不具备纸介质图书出版资质的互联网出版机构的情况。这种状况同样具有消极意义：其一，它把著作权与出版权生硬地割裂开来，在面对数字出版时，有时把著作权人推到了出版社的对立面。我的理解是，没有脱离出版权的著作权，著作权发生作用的时候一定是在书稿被授予了某个出版单位出版了的时候，换句话说，著作权和出版权是一起发生作用的，是孪生的，是一体的。当作品没有付诸出版的时候，没有著作权产生。没有付诸出版的书稿永远只能叫书稿，书稿不产生著作权利。其二，当数字版权或电子版权与传统的纸介质图书出版权分离的时候，就否定了出版社和编辑在出版过程中对作者书稿价值的创造性劳动。不可否认，作者是图书价值的主要创造者，但也可以肯定在多数情况下不是唯一的价值创造者，出版社和编辑在保证书稿内容的准确性、系统性和科学性等方面的有价值的劳动得到了作者的认同甚至赞扬，出版社和编辑在把书稿加工、打造成符合出版规范的"合格"或"标准"产品方面所做的专业性工作，更是任何作者都离不开的。其三，把经过出版社和编辑加工后的"定型"图书产品的数字出版或电子版权转售给其他互联网出版机构，即使从纯粹的市场竞争角度而论，对出版社也是不公平的，也是一种侵害。因为出版社辛辛苦苦打造出来的产品甚至畅销书，反过来却又受到"克隆"自己的"双胞胎兄弟"的竞争，而且数字产品形式越有市场号召力，对出版社的伤害就越大。这种状况还有更为严重的后果，就是当它发展到极致，就是当有一天读者只认数字产品而不购买纸介质图书的时候，数字产品从何而来？以目前互联网出版机构的编辑队伍现状，不经过出版社和专业编辑加工的书稿怎么能够直接出版数字产品？

在国外的出版业，就没有出现我国的这种状况。国际的通行做法是，纸介质图书的出版权和数字版权或电子版权是一体的，作者在授予出版社纸介质图书的出版权的同时就会授予其数字或电子出版权，而且数字或电子出版权与纸介质图书的出版权，通常是在一份合同上授予的。因为不管出版的产品形式多么丰富，出版权只有一个。一个著作权不能因为产品形式的不同而变成多个著作权，这不符合产业发展的规律。在数字技术高速发展的时代，出版业顺应新形势的法律法规建设也一定要跟上，这是未来出版产业健康发展的根本保证。我们强调保护作者的著作权，这是没有错的，这是根本，但不能将之与出版单位的权利对立起来。我们对新的著作权法抱有期待。

四问：数字出版就不需要编辑了吗？

最近坊间出现了这样的热议，编辑是正在消失的艺术，仿佛数字时代就不需要编辑了，一种"去编辑化"的说法也正在蔓延。在数字时代，编辑的价值就没有了吗？恰恰相反，在信息爆炸的时代，如果没有编辑，对人类将是一场灾难。编辑在数字出版时代的价值只能加强不能削弱。因为信息时代信息更多，更加真假难辨，编辑的价值应该更加凸显，编辑的价值更加不能被贬低，编辑的角色更加不可被替代。出版是什么？出版是人类有目的有组织的以传播和传承文化为目的的活动，所传播和传承的知识和文化必须具有准确性、科学性和思想性，不是任何人在网上发个什么东西都可以叫做出版。更何况出版业还有自身的系统性和规范性的标准和要求，这些都是编辑价值的直接体现。国外有一种新兴的形式叫做"自出版"，所谓的"自出版"让人们对编辑的价值产生了错误的认识。编辑是具有一定的专业背景并经过长期的专业培训才能够胜任的职业，编辑是达到国家行业管理部门一定资质要求才能上岗的门槛相对较高的职业，这从另一个侧面印证了编辑的价值。

其实，关于编辑的角色和价值，行业内早有评说，中国编辑协会就明确宣布，编辑是"精神食粮的生产者；先进文化的传播者；民族素质的培育者；社会文明的建设者"。任何时候，信息的传播都需要专业的选择、辨识、整理、加工，需要编辑的工作，这种选择、辨识、整理和加工的过程，也是价值创造的过程。

五问：数字出版改变了出版的业务模式吗？

在数字时代，人们谈论最多的话题是，数字出版改变了出版业的业务模式，这又只是看到了现象。从纯粹的逻辑和理论角度判断，这种论断便站不住脚。我们已经反复强调，数字技术仅仅是服务于产业的工具或手段，工具或手段不可能改变产业的本质或内核，因此不可能改变产业的性质和主要的业务模式。从数字出版在国内外发展的实践来说，出版的业务模式也没有发生根本性的改变。首先，无论是数字出版还是传统的纸介质出版，我们创造的价值都体现在内容里面，我们实质上卖的都是内容。在任何情况下，出版的是内容，人们对于我们出版的产品，无论是哪一种产品形式，需要的都是其所承载的内容。这一点没有发生任何改变，而且永远也不会发生任何改变。如果哪一天读者不是需要我们所提供的内容而是需要其他什么东西了，那我们的出版就不是出版了。内容价值是出版业存在的根本依据。一句话，在数字出版环境下，产品价值和买卖双方之间的关系，与传统的纸介质图书出版相比，没有发生任何变化。

其次，就单纯的商业模式来说，数字出版与传统的纸介质图书出版相比，也没有发生本质性的变化。传统出版的商业模式是编、印、发构成了三个核心价值链，即出版社负责编书，印刷厂负责印书，书店负责卖书，三方各司其职，各享其利，以保证产业链正常、有序地运转。对于数字出版而言，这种编辑、生产制作和销售的三个核心价值链并没有缺少任何一个环节，加之对于顾客而言产品价值没有发生任何变化，因此商业模式没有发生实质性的变化。人们看到的变化首先是生产方式发生了变化，与传统的纸介质图书出版相比，数字出版的生产环节由计算机的页面制作取代了纸质图书的印刷和装订制作；其次是产品形态发生了变化，即产品不再具有纸质图书那样固化的物质形态，而把内容通过网络或其他阅读终端的形式，以单一内容或集群方式呈现给读者；再次是销售方式发生了变化。生产方式尤其是产品形态的变化，必然带来销售方式的变化。对于"无形"的数字产品而言，传统书店尤其是地面店肯定无法销售，它只能通过网络平台或终端阅读器的方式实现销售。应该看到，无论生产方式、产品形态和销售方式如何变化，商业模式始终没有改变。出版产业作为内容产业的本质没有变，出版社作为内容提供者的角色没有变，出版社在出版产业链中的核心地位没有变，变的只是服务于内容的生产方式、产品形态和销售方式等。

六问：对互联网出版和发行业务的管理怎么可以另有标准？

所谓的数字出版给我国出版业造成的混乱和分裂状态，还表现在对互联网出版和发行业务的行业管理方面，具体来说，互联网出版和发行这个新生事物从一开始就没有进入到既有的、正常的出版、发行轨道中来，并没有按出版的规矩和规律，由新闻出版行业管理部门对其实行有效的管理。

首先，随着把网络游戏甚至手机彩铃等与出版关联不大的业务统统归入数字出版范畴中来，行业管理也出现了多头管理、职责模糊不清的状况，这种对数字出版貌似重视的管理状况，实际的效果却是削弱了管理，因为专业的新闻出版行业管理部门在这种多头管理的状态下，反而被束缚了手脚。

其次，对于获得互联网出版资质的非传统出版企业，也应该按照对传统出版社一样的要求进行管理，这是保证我国的出版业健康发展的必须，因为数字出版也是出版，也必须遵循出版的产业规律，也必须承担出版企业所必须承担的责任。不能把互联网出版企业排除在出版管理之外，尤其在导向管理、法人和编辑培训，以及编辑资格的获取等基础建设方面，不能另有标准。

再次，对网络书店不按一般的发行规矩和规律进行管理，现在已经造成纸介质图书发行乱象丛生，将来电子书"得势"之时，必将步其后尘。众所周知，图书产品的销售与多数的一般商品不同，那就是它需要申请行业许可，这是图书产品的特殊性所决定的。但网上书店或电商兴起后，一切都变了，原有的行业管理规矩受到了破坏，即人们可以置新闻出版的"行业许可证"于不顾，随便在网上注册商店卖书，最关键的是往往不按"规矩"卖书，甚至卖盗版书。有的电商主业不是图书，更不会把图书发行当作事业来做，而只在乎一时的商业利益，非理性地打折扣战，甚至低于成本价进行倾销，严重破坏了行业既有的商业秩序，损害了行业形象。几年前新闻出版行业管理部门出台的"公平交易原则"受到了行业的交口称赞，却被其他部门叫停，据说理由是不利于自由的市场竞争和不符合读者利益。人类的市场经济发展史告诉我们，竞争不能无序，竞争不能过度，市场法则这只"无形的手"必须配合以政府管理和宏观调控这只"有形的手"，两只手缺一不可，就像人必须有两只手一样。至于读者的利益，更不能只关注其眼前的打折利益，更应该关注其长久和根本利益，行业秩序受到破坏而致使没有好书出版的时候，读者的利益从何保护？

图书发行和销售的多渠道对行业的发展来说是好事，但行业管理不能执行不同的标准，更不能任其处于管理之外。这种任意打折甚至倾销的现象，在国外成熟的市场经济环境下，也是绝对不允许的。

七问：数字环境下出版怎么就变成夕阳产业了？

出版要变成夕阳产业了，这是传统出版人和不明就里之人发出的悲观论调，明显是受到数字出版大潮惊吓的结果，同时也反映出面对科技与产业融合的局面传统出版人惰于转型的陈旧观念。人类社会的经济一直保持着快速、稳定的发展态势，物质文明越来越发达，在满足了衣食住行等基本生存和生活条件之后，精神文化需求必定上升为人们的主要需求，换句话说，在精神文化方面的消费必定上升为人们的主要消费方式。美国已经为此提供了现实的证据，文化产业已经成为美国国民经济的支柱性产业之一。随着中国成为世界第二大经济体，以及全面建成小康社会的指日可待，文化的发展将成为未来中国社会发展的主流，也正是基于此，文化大发展大繁荣被作为国策确定下来。文化发展出版当先，图书是其他文化产品得以开发的最初始化产品形式，出版的发展和繁荣是完全符合经济和社会发展大势的。出版永远都是朝阳产业。只不过出版的业态会随着科技与产业的融合，以及读者阅读和消费习惯的变化而有所变化而已，但无论怎样变，出版的核心和本质不会变。我们传统的出版人要顺应变化的趋势而不断地调整自己，并随着新的产业格局的形成，由传统的出版人变成新出版人。如果我们不能做出顺应时势的调整和转变的话，我们传统的出版人会被其他新出版人所替代，而出版业依然会遵循其自身的规律随着人类社会的发展不断向前。

可喜的是，经过这么多年的探索之后，数字出版逐渐地拨云见日，开始回到主航道上来。当人们发现数字出版还是出版，出版还是要按照出版的规律来办，来不得半点儿投机的时候，当闯入者发现在这里暴富并不那么容易的时候，有些人也就开始散去。产业内对数字出版的认识，也越来越清晰。发展数字出版也不能完全脱离传统出版，更不能甩开传统的出版社孤立地做数字出版，两者本来就是一回事。国外的经验显示，数字出版的发展是不平衡的。对数字技术的接受程度各个国家也是不一样的。数字出版发展比较快的美国，数字出版反倒带动传统出版，是一个促进的过程。由此可见，传统出版和数字出版不是你死我活的关系，而是提供了多介质的选择。不同的产品形态丰富和满足的是人们的不同需求，但最终消费的是内容。读书已经融入人类的生存和生活方式，出版业一定会不断发展，即便是纸介质图书也远未到谈论其消亡的时候。

（作者单位：商务印书馆）

数字出版：手机为王？

——手机出版的特征及其在中国的发展

徐升国

一、手机出版发展现状

近一两年来，在地铁里、公交车上，越来越多的人利用零碎的时间全神贯注地用手机阅读各种信息。这一方面得益于移动互联网和3G业务的迅猛发展，另一方面得益于功能强大的智能手机的发展，使越来越多的人逐渐放弃传统图书，转而通过手机阅读。拿着手机阅读不仅代表着一种新时尚，更代表着人们利用"碎片化"时间读书看报的习惯已逐渐养成，它随时随地、图文并茂、有声有色的优势让手机阅读产业打开一片巨大的蓝海。

在中国数字出版的各种业态中，手机媒体异军突起，成为继报刊、广播、电视、网络四大媒体之后的"第五媒体"。从短信到彩信，从WAP到BREW/JAVA，从手机游戏到手机报纸、手机杂志、手机小说，甚至手机电视，手机不再仅仅具有通话功能，而是越来越多地进入传统媒体的领地。

所谓手机出版，一般是指服务提供者使用文字、图片、音频、视频等表现形态，将自己或他人创作的作品，经过选择和编辑加工，制作成数字化出版物，并通过无线、有线网络或内嵌在手机媒体上，供用户利用手机或类似的移动终端，进行阅读或下载的传播行为。按照内容可分为手机读物、手机音视频和手机娱乐；按运营传播形式可分为短信型、彩信型和掌信型；按照内容的获取形式可分为无线互联网手机出版、有线互联网手机出版和手机载体出版3类。

在中国，手机出版的实质性发展，是随着手机通讯3G网络的开通而发展起来的，2010年是中国手机出版开始大规模启动和商用化的一年。虽然手机出版是数字出版的最新门类，时间很短，但增长却非常惊人，很快便在中国数字出版中占有较高的市场份额。2010年中国数字出版产业总体收入规模达到1051.79亿元，其中：手机出版为349.8亿，超过网络游戏的323.7亿和互联网广告的321.2亿，成为数字出版当之无愧的主力军。与此相对照，电子书的收入规模仅为24.8亿。

近几年，手机出版规模持续上升。目前中国已有一半的报刊开展了手机报业务，手机报数量已突破1500种。手机新闻网站、手机小说、手机报等业务已成为手机网民阅读最重要途径之一，人们的阅读习惯已悄然改变。

从读者阅读习惯看，手机阅读也成为越来越多人的重要阅读载体。据中国新闻出版研究院国民阅读调查课题组2010年进行的第八次国民阅读调查显示，2010年中国14—17周岁手机阅读群体平均每天花费在手机阅读上的时长为33.66分钟，花费在手机阅读上的平均费用为25.56元；18—70周岁的成年人手机阅读群体平均每天花费在手机阅读上的时长为32.91分钟，化费在手机阅读上的平均费用为34.46元。

二、手机出版主要特征

1. 商业模式清晰，移动通信运营商成为产业主导者

与其他媒体形式相比，在中国，手机媒体是由移动通信运营商主导的一种出版形态。2010年由移动通信运营商为主导建立的手机出版产业链，对整个手机出版的产业格局产生了重要

的影响，并正在引起整个数字出版业的产业格局调整。

2010年，中国最大的手机通信运营商中国移动公司浙江分公司建立了第一家手机阅读基地，创建了一种新的模式。这种模式是由运营商为主导为用户提供一点接入的全网服务，联合内容提供商、设备商等合作者，并与合作者分成。这种以移动通信网络为主要信息传输通道、以移动通信运营商主导的手机出版模式，一方面不对用户阅读时产生的流量计费，而只对出版物本身计费；另一方面以手机话费代扣代缴为阅读付费方式。这种模式由于采用手机客户端软件模式，将手机阅读接口主动送到用户手机界面上，不仅使用户觉得界面良好，而且也较好地解决了支付和结算问题。

这种商业模式使手机阅读摆脱传统出版业印刷和仓储物流等中间环节成本高、库存积压严重等诸多问题，也避免了数字出版业遭遇的版权、小额支付不方便等问题。由于手机出版具有的稳定和可持续的收入来源，从而较好地获得了内容商的合作和支持。中国目前最大的原创文学网站——起点中文网，在与中国移动手机阅读基地合作之前月收入刚刚达到400万元。但在2010年，仅从移动手机阅读一块，起点中文网每月都能达到700万元人民币。随着手机阅读的繁荣，中国各大互联网企业也纷纷着力手机阅读。腾讯上线了手机QQ阅读；百度也推出了手机版的文库；此外，iPad、iPhone的流行，也正在中国掀起一股无线阅读热潮。

对用户而言，使用手机阅读业务，不仅便捷而且便宜。一本标价几十元的书，手机阅读只要一两元，如果包月，花3元钱就可以随心阅读1000本书籍。正是这种在阅读与付费方式上的便捷弥补互联网出版的不足，使手机阅读具备了可贵的优势。据悉，目前手机阅读平台排行榜前十名原创书籍的总销售收入，已远远超过同类原创文学网前十名的总销售收入，还有很多图书的手机阅读销售收入已经超实体书收入。

由于中国手机出版形成移动通信运营商主导的格局，也同时产生了产业链利润分配不均衡的问题。目前手机出版的产业链结构，主要包括内容提供商（CP）、服务提供商（SP）和电信运营商。其中 CP 负责提供版权内容，SP 负责将内容进一步加工与包装，并通过自己的业务平台与电信运营商对接，负责业务推广、客户服务等。电信运营商负责把内容通过自己的通信渠道传输给用户，并从用户的手机费中扣除相关费用，完成业务代收费。从收入分配方式上，由于电信运营商具有垄断地位，因此获得了收入分配的支配权，他们在分配比例上，给自身留下收入的 60%—70%，剩下的 30%—40% 由内容提供商和服务提供商进行分配。整个产业链上运营商占主导地位，CP 处于最弱势的位置，获得的利益最少。在过去的发展历程中，基本上都是渠道为王、运营为王，内容的权重是最低的，出版机构专门做内容加工业务入不敷出，传统出版商在手机出版格局中无法获得相应的利益，因此积极性不高。

2. 随时随地移动阅读，碎片化、娱乐化、浅阅读成为主要阅读特征

由于手机的通信功能，使其成为人们须臾不可或缺的随身携带工具。根据其随身携带的特性，用户随时可以利用碎片化时间进行阅读。随着人们生活节奏的加快，接触其他媒体的时间越来越少，所以，作为贴身媒体的手机显得越来越重要。

随着生活工作节奏的加快，时间被碎片化，伴随而来的是阅读的碎片化。而手机由于屏幕较小，不适宜长时间阅读，加上手机使用方便，可以随时随地利用碎片时间进行阅读，因此手机阅读成为碎片化阅读的最佳载体。所谓碎片化阅读，一方面是指通过手机短信、电子阅读器、网络等终端进行的不完整、断断续续地阅读的时间上的碎片化阅读模式，另一方面是指阅读内容上以短小的片断式内容，随时可中断的零碎化、片段化、非结构化阅读内容。

由于手机屏幕较小不适合长时间深入阅读，加上阅读时间的碎片化，还带来阅读内容的娱乐化特征。从中国移动手机阅读网站阅读排行榜上可以看出，在数十种图书排行榜中，大多为《我与25岁美女老总》《斗破苍穹》等网络文学内容，分类排行榜中，也以都市言情、穿越玄幻、武侠仙侠、游戏竞技、灵异悬疑等类型为主。分类榜中虽有历史军事、名著传记等榜单，但点击次数及下载次数与其他类型相比相差甚远。

网络小说对正规出版物的冲击，在手机阅读上体现得淋漓尽致。正规出版的小说因为电子版的泛滥和出版机制的限制，内容尺度不能放开，在互联网上拼不过网络小说，在手机上更是拼不过。手机阅读上用户付费的内容还是以网络小说为主。许多专做手机内容的网站也只有通过发掘原创网络小说才能获得较好利润。而如此，便形成了一种"劣币"驱逐"良币"的局面。运营商因为网络小说能赚钱而大量采购，网站看到网络小说赚钱而大量跟进、挖掘作者，鼓励写作，作者看到网络小说赚钱了，就会大量投身进去……由此也就造成了手机阅读内容质量偏低的现状。

利用垃圾时间，阅读垃圾内容，成为手机阅读的一个重要特征。这一点在日本、韩国的手机阅读内容上也体现出来。在日本，手机阅读也主要以漫画和《恋空》这类轻小说为主，其中漫画占据了手机阅读市场75%以上的空间。而在韩国，同样是以手机小说为主。

3. 手机阅读以年轻和低文化程度人群为主体，读者群体呈现低端化特征

依据第八次中国国民阅读调查显示，中国18—70周岁国民中分别有1.932亿进行过手机阅读，1.5204亿通过网络在线阅读，0.3276亿的国民在电子阅读器上阅读，0.2184亿的国民使用PDA/MP4/电子词典等进行数字化阅读；在14—17周岁中学生中手机阅读率为33.0%，推及总体后，中国14—17周岁中学

生有0.2656亿人进行手机阅读。

不同数字阅读方式下的阅读主体构成呈现出不同的特点。从18—70周岁手机阅读群体构成来看，手机阅读群体有以下三个特点：

（1）手机阅读的群体超过半数是农村居民，一半以上的手机阅读群体集中在26周岁及以下。

2010年进行过手机阅读的群体中有52.0%是农村居民，这与其他媒体的阅读人群结构形成了极强的反差，其他媒体均以城市居民为主要对象。从年龄结构上考察发现，手机阅读群体63.3%集中在18—29周岁这一年龄段，其中又以21—25周岁之间的集中度最高，有近四成（39.3%）的手机阅读群体集中在这一年龄段内。一半以上（51.7%）的手机阅读群体集中在26周岁及以下的年轻人中。

（2）手机阅读群体主要集中在中低学历人群中，将近6成手机阅读群体为高中及以下学历。

2010年进行过手机阅读的群体中，初中学历的占了26.4%，高中学历的占28.7%，有3.0%是小学及以下，另外，分别有24.5%和15.8%是大专和本科学历。硕士及以上学历的人群仅占1.7%。由数据可见，将近6成手机阅读群体是高中及以下学历，而大专以下学历的则占比高达82.6%。就整体而言，手机阅读群体相对集中于中低学历的人群中。

（3）手机阅读群体主要集中在低收入人群中，80%以上手机阅读群体月收入在3000元以下。

从收入分布上看，2010年进行过手机阅读的群体中，18.2%是无收入群体，13.6%是月收入在1000元以下的群体，31.0%是月收入在1001—2000元之间的群体，17.8%是月收入在2001—3000元的群体。综合以上收入分布可知，80%以上的手机阅读群体集中在月收入3000元以下。

从以上数据可以看出，手机阅读用户具有低年龄、低收入、低文化水平"三低"这一低端化特征。这一特征与手机阅读内容上的娱乐化、碎片化相结合,进一步使手机阅读在满足了部分人群的阅读需求的同时,也使其暂时还不能成为主流化阅读载体。

三、手机出版发展趋势

手机出版在全球都是发展时间较短的一种新的阅读媒体。随着技术的进步,手机出版仍然处于不断升级和发展之中。虽然目前手机出版还存在一些不足,但从发展趋势看,随着新技术的发展,这些不足将不断被克服,并给读者带来更多更好的阅读体验,推动出版和阅读形成新的革命。

1. 手机出版快速发展,数字出版将有可能进入手机为王、移动为王的时代

手机出版是目前发展最快的数字出版新业态。手机阅读受时间和地点的限制较小,手机上网相对电脑上网更加休闲化和碎片化,且能够为一些上网条件差的地区和人群提供便利,手机阅读付费方式便捷,读者与创作者的互动性强,随着3G和移动互联网迅猛发展,将极大地带动用户对手机应用的热情,因此手机出版拥有广阔的发展前景。

此外,随着苹果iPhone、iPad的推出,手机通信正在迅速地与电脑网络相融合,3G手机及3G平板电脑的出现,将极大地改变未来的数字媒体和通信媒体形态,使手机与电子阅读器、平板电脑三屏合一,为手机出版形成全媒体平台提供了技术可能。这种阅读载体随着屏幕的扩大,阅读内容的丰富,将能解决目前手机阅读存在的小屏幕阅读带来的碎片化、娱乐化、低端化阅读特征,与传统阅读优势进一步融合,从而克服目前存在的不足。而传统媒体和互联网等其他媒体可以为手机出版提供内容,或在手机出版产业链的各个环节中展开合作。随着3G、无线搜索等技术的不断完善和发展,三网融合、三屏功能

合一的进一步深入，手机终端软件的日益完备与丰富，手机出版原创内容不断增多，可以预见手机出版将会持续发展，并成为未来数字出版的重要盈利模式。如果这样，数字阅读和数字出版将可能进入手机为王、移动为王的时代。

2. APP 应用模式和互动出版形式成为新的出版模式

2010 年 4 月苹果 iPad 的发布，成为一个划时代的事件。标志着以往桌面电脑、笔记本电脑时代被手持平板电脑时代所替代的一个趋势的来临。几乎所有主流电脑厂商和网络公司都因此改变了业务方向和业务模式。iPad、iPhone 改变的不仅是人们对电脑的使用习惯，也正在改变人们生活方式和阅读方式。苹果 iPad、iPhone 的一个重要改变是 APP 应用软件商城模式和 itunes、ibook 阅读模式与交易模式。此后，微软、谷歌、亚马逊等均推出了各自的 APP。由此，以 APP 为代表的应用模式有望成为新的出版模式。打破以往数据库模式为主导的数字出版模式。

这种模式一方面可以使内容提供商不依赖移动通信运营商平台和服务提供商（SP），可以独立自主地开展数字出版业务和手机出版业务，同时，这种模式还改变了数字出版的内容模式和呈现形式，音、视频和文字相结合的多媒体出版第一次以傻瓜方式呈现在读者面前，即使是 2 岁的儿童也可以非常容易地在屏幕上阅读丰富多彩的多媒体内容，比起传统纸质儿童书，对儿童的吸引力强多了，比起电脑操作复杂度又低多了。iPad、iPhone 的出现，第一次使低幼儿童阅读的数字化成为现实。

此外，平板电脑与智能手机阅读模式的出现，还极大地推动了将内容阅读与互动游戏相结合的新的出版形式和媒体形式的发展。在 Disney 推出的《玩具总动员》（Toy story）系列图书中，我们可以看到，里边不仅有声音、图片、文字、动漫，还有涂色、歌曲播放、参与式游戏。这种多媒体互动出版模式是一种全新的出版方式，也是一种全新的阅读方式，对传统出版甚至数字出版来说，都是一种革命性变化。今后，互动出版将有可能会成为一种主流的出版模式。

3. 告别阅读——传统阅读的危机

文字的出现和图书的出现，使人类社会从口头传播时代进入了书本知识传播时代，一个人静静地在书房里面对一册厚厚的纸张，一言不发地盯着沉思，不仅促进了知识的传播，还极大地推动了人类的逻辑思维能力和理性思考能力的发展，使人类智慧和文化得到极大的扩张，同时也带来了一种新的安静地阅读的生活方式，口头传播不再那么重要，人际交往的价值也因此降低。

到了21世纪，随着电脑、网络、手机通信技术的发展，现在以facebook、twitter为代表的社交网络、微博等继门户网站、搜索引擎、博客、个人空间之后，已经成为人们新的信息获取方式和人际交往方式。其点击率甚至超过了google。而人们在iPad和iPhone上，不仅可以读书，还可以上网、玩游戏，收发邮件，以及与朋友通话。移动时代的到来，也使信息无时不在。在信息爆炸的时代，人们的生活方式越来越动感，通过社交和碎片化方式即可获得海量内容和信息碎片。一键搜索即可获得想要的信息，人们不再需要面壁冥思苦想才能获得关于某个问题的答案。通过深入阅读不再是人们传播知识的唯一方式甚至不再是主流方式，同时也不再是人们最重要的生活方式。动感阅读甚至是交流将取代传统的静态式、理性思考式阅读模式。

与移动网络和通讯相结合的交互式出版与阅读、社交式出版与阅读、维基式出版与阅读、碎片式出版与阅读将有可能彻底颠覆第一代和第二代数字出版模式。传统意义上的阅读重要性也将越来越低，阅读和思考将越来越成为稀有之物。信息爆炸时代人的思考能力的平面化、碎片化、肤浅化、无脑化将有可能成为一种我们不得不面对的新现象和新趋势。在这个背景下，告别阅读，对人们到底意味着什么？

（作者单位：中国新闻出版研究院）

大学出版社版权贸易管窥

陆 梅

摘要： 对大学出版社引进版权图书进行实证分析，探讨大学出版社进行学术著作及教材的版权贸易的可行性，并就大学出版社版权贸易存在的问题提出对策。指出大学出版社应综合考虑本社情况，以双语教学为契机，或者直接引进原版教材，或者海外组稿合作出版，或者以优势学科、特色学科为基础进行版权输出，从版权贸易的角度做好教育、学术服务工作。

关键词： 大学出版社 版权贸易 双语教学 原版教材

我国自1992年正式加入《国际版权公约》和《伯尔尼公约》以来，版权贸易越来越繁荣。在"知识产权日益成为国家发展的战略性资源和国际竞争力的核心要素，成为国际经贸交流的重要载体"[1]的时期，如何充分利用版权贸易引进别国的先进技术和前沿理论，输出我国先进文化和技术，是一个值得研究的课题。在这样一个大背景下，大学出版社综合考虑本社的情况，选择引进一些先进的自然科学技术、社会科学（如经济、管理、法律等）方面的图书，输出介绍我国最新科研成果的有影响的优势学科方面的图书，既可以提高自身的效益，为学科建设、培养人才服务，又可以弥补市场的不足。无疑，这对于出版社的综合实力提高，有着极其重要的意义。

一、大学出版社引进版权图书实证分析

国外关涉各学科的学术著作、教材不计其数，如何充分利

用国际优质资源，更好地服务于中国教育，是大学出版社在版权贸易中应思考的核心问题。

大连海事大学出版社2011年6月出版的《（挪威）船舶保险手册》由挪威奥斯陆大学的两位教授Wilhelmsen和Bull合著。从学术意义来讲，此书是第一本基于1996年挪威海上（船舶）保险条款2007年版，同时大量对比英国海上保险法的挪威船舶保险手册。"挪威船舶保险条款"（NMIP）在充分尊重和借鉴英国船舶保险条款的同时，立足于与船东共存共荣，运用斯堪的维亚人的智慧，创立了具有鲜明特点的船舶保险产品，同时为北欧水险市场的繁荣提供了良好的平台，为世人所注目，为联合国贸发会所推崇，也对英国水险市场造成巨大冲击。"[2]与英国船舶保险条款相比，NMIP的承保范围更广，同时对船舶安全管控的要求更具体、更合理，代表一种新的更适当的平衡，特别适合优良船队的投保。由于NMIP是相关各方协商和连续检讨的结果，再配合详细的"条款释义"（commentary），使得NMIP更具可操作性，大大减少了可能的争议点。

在引进此书时，出版社考虑到海商法是本校优势学科，这本书对于我国根据国际水险市场新的竞争形势，修订和调整我国相对单薄和保守的船舶保险条款，以巩固和提高我国船舶保险市场的国际竞争力，有一定的借鉴作用。译者又是业界颇有影响的中青年人士，既有精深的专业知识又有较高的英语水平，其以往的学术著作多是社里的长销书，在业界反映良好。因此，在译者的大力帮助下，促成此学术类图书的引进出版。

二、大学出版社进行学术著作及教材的版权贸易的可行性分析

教育部在2001年8月颁布的《关于加强高等学校本科教学工作提高教学质量的若干意见》中指出："高校必须积极推动使用英语等外语进行公共课和专业课的教学，特别是在信息技术、

生物技术、新材料技术等专业,在金融、法律等专业,以及国家发展急需的专业领域开展双语教学。"该意见颁布以来,国内部分高校陆续开设了数门双语教学的课程,而双语教学的课程建设以教材建设为核心。因此,大学出版社可以利用自身的先天优势,以双语教学为契机,开展版权贸易。通过引进国外优质教育资源,做好教育服务。

1. 直接引进原版优质教材

双语教学的最高目标是在专业文献的使用上、专业实务具体操作上使学生能够做到双语自由转换。直接引进国外教材,对于培养这样的国际化人才来讲有着不可替代的优势。

国外一本优秀的教材出版后,作者往往根据学科发展的最新前沿,不断进行修订再版,更新完善。如美国最流行的政治教科书《民治政府》2005年已出到第21版,营销学方面菲利普·科特勒和加里·阿姆斯特朗合著的《市场营销原理》已出至第13版,经济学方面萨缪尔森的《经济学》已出至第19版,管理学方面罗宾斯的《管理学》已出至第10版,物流学方面约翰·J·科伊尔的《运输管理》已出至第7版,海商法方面William Tetley 的《海上货物索赔》已出至第4版,等等。此类教科书之所以能够经久不衰,一方面在于作者经过几十年的修订更新,日臻完善,另一方面在于作者出色的教科书写作技巧——大量配以各种案例。即使是面对法律这样极为枯燥无味的文科专业,在作者的笔下也能够通过一个个鲜活的案例,深入浅出,抽丝剥茧,抓住学生的注意力,逐步引领学生深入探究本学科的相关知识。同时,对于某些学科,案例的引入也可以提高学生分析问题、解决问题的能力,使学生能把学到的东西应用到实际工作中去。从教师使用的角度来说,教师在使用原版教材时,可以从中借鉴国外先进的教学理念、教学手段以及教科书的写作技巧。因此,在世界发展迅速、国际通用性和可比性强的学科以及国家发展急需的专业,可以直接引进先进的、能反映学科发展前沿的外文原版教材。

对于大连海事大学来说,目前有两个专业实行了英语加强班模式的双语教学。其中之一是 2011 级国际航运管理专业英语加强班,该班的教学除思想政治科目外,其他所有科目全部选用英语教学,在教材的选用方面也多选用引进版教材。

2. 海外组稿,合作出版[3]

实行拿来主义,直接引进原版教材为我所用,固然能够了解国外相关学科最新前沿知识,但是一个事物总是存在着正反两个方面。对于学生来说,直接使用原版教材价格昂贵,经济上略显吃力。以清华大学管理学、经济学等学科的英文版教材来说,前文提及的《经济学》定价为 88 元、《市场营销管理》为 68 元、《管理学》为 63 元、《运输管理》为 49.8 元、《宏观经济学原理》为 46 元……相较于我国大学教材价格区间大多控制在 20~30 元之间,还是贵了许多。虽然有些国内出版社为了降低成本,发行引进教材的影印本,但是影印造成的黑白效果减弱了某些彩色图片所要阐述传达的意义,有些甚至失去了教学效果。同时,在"为我所用"上某种程度也大打折扣。尽管在双语教学中引进国外原版教材无论是在专业水平上还是在外语语言水平上都能为学生创造良好的英语语言环境和学术环境,但毕竟教育体制不一样,教学计划、专业的课程设置不一样,终究有些课程只能使用教材的一部分,对购买此书的学生和教师来说,这也未尝不是一种浪费。因此,如果出版社能够在大量细致、科学的调研基础上,与国际知名出版社合作,开发遵循双语教学课程标准精神、符合中国双语教学实际的教材而非简单地引进出版,则在教材的建设上,会发挥更大的作用。从操作层面上,具体来讲,可以由中方专家按照课程标准的精神提出思路和方案,邀请来自国外相关学科著名大学的学者教授撰写。在稿件完成后,中方专家再根据我国学生学习的现状,就难度等方面对稿件提出意见,然后再由国外学者进行完善。例如,外研社与国外知名出版社海涅曼(Heinemann)教育出版集团合作开发的"悦读联播"系列就是基于以上这一思路形成的优秀读物。尽管外研社做的是英语基础教学读物,但还是有一些思路是相通的,是可以借鉴的。

3. 依托优质内容资源进行版权输出[4]

在版权贸易中,大学出版社不仅要把国外优质教育资源引进来,同时也应该能够走出去,充分挖掘优质内容资源,将与国际接轨的最新科研成就和文化贡献介绍出去,由此来发展自己的版权输出贸易,进而提升中国学术的国际知名度和影响力。在这一方面,目前来说,成功的版权输出大多集中在中国文化古籍、绘画书法方面,国家在这方面也有相关的政策扶持,如"中国图书对外推广计划"。而在学术出版领域,科技图书版权输出的成功案例略显不足。浙江大学出版社与美国 Waters 科技公司签订的《中药质量现代分析技术:中国药典一部参考手册》外文版权输出协议,在学术出版领域创我国近年来科技图书单本版权对外输出的最高版税记录——15 万美元[5]。而这样的案例并不多见。在致力于推动中国学术成果走出去方面做得较引人注目的则是上海交通大学出版社。2011 年,该社全年版权输出品种达 53 种。其中,该社就 2011 年 11 月出版的《钱学森文集(1938—1956 海外学术文献)》在同年 12 月与爱思唯尔(Elsevier)出版集团签订了版权输出协议,就《光物理研究前沿系列》丛书(全 8 种)与德古意特出版社达成英文版权输出协议。该社还与施普林格出版集团合作出版了中国学者的一系列英文版学术专著[6]。研究上海交通大学出版社的案例可知,所有能够达成版权输出的作者皆是相关科研领域的领军人物,代表着该领域的最高水平,而这些恰恰就是出版社竞相追逐的优质内容资源。

三、大学出版社版权贸易存在的问题及对策

对于大学出版社来说,进行版权贸易首要的问题是缺少人才。首先缺少能够进行版权贸易的专门人才——既懂出版又懂法律,既会英语又有经济头脑。尤其对于中小型出版社而言,这样的人才更不多见。引进或培养能够进行版权贸易的专门人才,则需要一定的时间和财力。与其这样,莫不如暂时先通过寻找版权代理公司的方式来完成。从另一个方面来说,在专业领域方面学者远比出版者要了解该领域的学术前沿,出版社要充分利用作者资源,依靠作者的力量促进版权贸易。若有学者能够主动在版权贸易方面穿针引线,对出版社来说,是一件事半功倍的事情。在版权引进方面,前文实证分析中所述的《(挪威)船舶保险手册》就是译者牵线搭桥促成的此事。而在版权输出方面,北京大学出版社的《中国经济专题》一书也是在其作者的支持下,输出了繁体中文、德文、英文、日文和韩文版权。

其次,图书引进来后,就面临着翻译,故又存在缺乏专门的翻译人才的问题。引进版图书内容的正确翻译是保证图书质量的最基本要素,尤其是内容拿捏与字词译法。在学术圈,对于教材的翻译,通常是项吃力不讨好的工作。这类作品往往不能算学术成果,也不可能像文学畅销书那样,靠版税获得更多回报。而且,像教材这类专业书籍,译者必须吃透学科相关知识,具备一定的专业素养和背景知识,还要有一定的文字功底,在恰切地理解原文的基础上,要用准确易懂并且符合中文语法习惯的译文将其表达出来,不至于把一部教材翻译得过于晦涩拗口。出版社若想保证引进版图书的出版质量,必须选择合适的译者,所以极有必要根据版权贸易的发展方向和重点逐步建立起自己的译者队伍。这支队伍中既要有专家学者,也可以是活跃于互联网上的志同道合的网络写手。英雄不问来处。

网络时代一切变得便捷和丰富。豆瓣网、网络杂志的作者群都是可以选择的潜在译者群体，这需要出版社用专业的眼光去"淘"这样趣味相投的译者，从而建立一支专业的译者队伍。

再次，引进版图书要求编辑人员不仅要具有较高的编辑加工能力，同时还要具备较高的外语水平和一定的专业背景知识。引进版图书的编辑在完成修改病句、错别字、误用的标点符号以及补遗删除、设计版式等一般编辑工作以外，还应该对照原版图书查找、修正、完善意思翻译得不恰当的地方，一一校对并细心打磨，从而保证图书的质量。

参考文献

[1] 柳斌杰.《著作权法》修订要面向时代、面向世界、面向未来［N］.光明日报，2011-07-25（02）.

[2] 汪鹏南.挪威船舶保险条款简评［EB/OL］.［2012-01-08］.http://www.cmla.org.cn/zywyh/theoryandpractice/nwbxtk.html.

[3] 张增顺.高教社国际化发展之路［J］.出版参考，2009（Z1）：16.

[4] 宋纯智."走出去"不是目的，国际化运作才是根本——辽宁科学技术出版社"走出去"之路［J］.出版参考，2007（18）：27.

[5] 吴娜，胡晓军.中国图书"走出去"势头强劲［EB/OL］.［2012-04-08］.www.bookdao.com/article/37217.

[6] 李广良.上海交大社：携手国际大社名社，致力中国学术成果走出去［EB/OL］.［2012-04-08］.www.bookdao.com/article/37161.

（作者单位：大连海事大学出版社）

困境与出路
——广西农村出版物发行网点建设情况的调查

陆帅刚

多年来,农村出版物发行一直是新华书店工作的重点,更好地为农村、农业和农民服务,是我区新华书店服务大局、讲政治的重要体现。然而,农村出版物发行工作也始终是我们工作的难点。加快发展农村出版物发行网点建设,不断扩大农村出版物覆盖面,服务"三农",最大限度满足农村群众对科学技术和精神文化生活的需求,也就成为我们研究和实践的一个重要课题。

一、网点不断消失

我区农村出版物发行网点建设经过多年发展,已形成以新华书店主渠道下伸网点为支撑、集个体网点为补充的农村出版物发行网络。但是,近年也出现网点建设滞后,网点严重萎缩问题,农民买书难、看书难的问题还没有得到根本性改变,这与社会主义新农村建设很不相适应。

1. 网点萎缩严重

近年,出版物发行网点建设出现步履维艰的局面,据新闻出版广电总局发布的全国新闻出版业基本情况显示,2010年、2011年全国国有书店和国有发行网点分别为9985个、9513个,与上年相比,2010年增长0.32%,2011年减少4.73%。

我区与全国大致相仿，农村出版物发行网点也出现严重萎缩。由于多种原因的困扰，作为农村出版物发行主渠道的新华书店，每年虽确保了对网点一定的投入，但孤军作战，成效不大。1991年，全区新华书店系统有各类农村出版物发行网点1420个（其中与新华书店有业务关系的其他类型的网点1197个），基本上保持每个乡镇有1个以上的发行网点。但之后不但没有增加，反而逐年减少，到了2010年，更是跌至低谷，据统计，当年全区有地级市14个，县（市、区）109个，乡镇1126个；而全区新华书店系统仅有各类农村出版物发行网点565个，与1991年相比减少855个。

2. 出版物农村占有率低

农村出版物发行主渠道大多不能延伸到乡镇，一般图书流到县城就被阻塞。由于渠道不畅，出版物农村占有率越来越低，城乡零售比重越拉越大，占全国人口3/4的农村，每年消费的图书仅为全国消费量的1/4，同时产业结构和产品结构也存在不合理，重城市轻农村发行。2010年、2011年，我区新华书店出版物销售总额分别为26.42亿元、28.60亿元，其中农村发行网点销售分别占总额的26.72%、23.57%，城乡零售比重分别为4.47:1和4.57:1，农村出版物发行不容乐观。在现有网点中，尚存规模小、功能弱、效益差的问题，据我们对10个新华书店2011年的调查，有4个没有往县以下发行一般图书，而6个全年分别发往各网点的一般图书也只有600~800个品种。尤其是一些网点没有自己的经营场地，每年只发春秋两季中小学课本，不卖一般图书。由于乡镇没有网点卖书，一些农民只好到县城的新华书店购买，有的行程四五十公里，往返车费几十元，还要费时一天。

二、网点生存为何艰难

当前，农村出版物市场仍处于培育阶段，农村出版物发行网点疏于管理，面向农村的出版活动滞后，集镇规划脱离实际需要，等等，这些问题制约了农村出版物发行网点的健康发展。

1. 体制改革客观上制约了网点发展

供销社网点曾经是我区农村出版物发行网点的主力军。从五十年代起，新华书店就和当地供销合作社建立了图书购销关系。但到上世纪八十年代后期，随着经济体制改革，农村供销社的经营体制和方式的改变，乡镇供销社门市部转由私人承包，不少新华书店的基层发行工作因此受到巨大的冲击。于是，一些新华书店转向与乡镇教办联营，建立教育网点。2001年以后，全国逐步深化教育体制改革，推行"以县为主"教育管理体制，逐渐撤销乡镇教办基层教育管理机构。由于乡镇的发行网点基本上依附于乡镇教办的教育网点，乡镇教办撤销后，大部分网点因队伍调整、人员短缺，不能够一如既往地落实网点经营管理制度。而作为必要补充的集个体网点，以及隶属各地教育部门勤工俭学办，大多受经济利益的支配，只卖学生用的教辅书，有的还经营盗版书，多处于"散乱差"和自生自灭状态。

2. 投入与产出不匹配

纵观我区农村出版物发行网点的经营状况，一个共性的问题就是投入大、产出小、亏损多。许多农村地广人稀、山高路远，交通困难，乡镇网点工作艰苦，加上农村经济基础薄弱，农民生活消费从总体上仍未摆脱以必需品为主的生存型消费模式。这些年，农村劳务输出大，有一定文化水平的青壮年劳动力都外出打工，留下的只有儿童及老人，农村出版物消费状况可想而知。以兴业县新华书店蒲塘网点为例，一般图书年销售额13万元，按平均毛利率30%计算，年销售毛利为39000元。而该网点100平方米铺面属租赁使用，按每月1000元计算，全年租金需支出12000元；聘用三位发行人员，按每月每人800元计算，全年工资为28800元，仅此成本就达40800元，还不包括水电费和税金等。蒲塘网点之所以至今能营业，主要是兴业县新华书店承担了该网点的各项费用支出。在调研中，一位县新华书店经理说，之所以亏损还要做，主要是出于对服务"三农"的责任感与使命感。

3. 网点被"边缘化"

我国一直很重视城乡出版物发行网点建设，新中国建立初期，中央就规定必须在城乡最繁华的街区建立新华书店。60多年来，这些出版物发行网点成为城乡文化基础设施的重要组成部分。但随着我国城镇化的快速发展，一些地区对出版物发行网点建设重视不够，出版物发行网点在城乡建设中缺少统筹安排和科学布局。特别是近年来，在城乡发展建设过程中，一些地区原有出版物发行网点被拆除，书店被挤占。一些乡镇规划新区，由于种种原因，未将网点建设纳入城镇规划。在符合城镇规划要求的前提下，要么是置农村出版物市场容量于不顾，要求建点超规模、大投入，而在黄金地段搞农村出版物发行网点要获取黄金效益谈何容易。另外，有的市县缺乏网点布局观念，注意力只集中在市县城区网点的改扩建上，片面追求单店规模，占用了大量资金，农村出版物发行网点建设停滞。

4. 缺乏长效的政策扶持

多年来，各级党委、政府始终保持对农村出版物发行网点建设的关注与投入。2005年，中央办公厅下发了《关于进一步加强农村文化建设的意见》，要求"中央和省、市三级设立农村文化建设专项资金，确保农村重点文化建设资金需求"。当年，广西新闻出版局提倡通过"三个一点"筹集网点建设资金，即上级拨付一点、地方政府扶持一点、网点自筹一点。在第一个"点"上，广西新闻出版局虽有网点建设扶持政策，但受资金影响，加上全区亟待建设和完善的农村出版物发行网点众多，常常是僧多粥少，就算是申请到专款扶持，额度也是有限的。第二个"点"，关系到地方财政的许多实际问题，即使地方政府有政策支持，最终也只是停留在文件中。

5. 品种和规模不适应需求

各级新华书店从名义上讲是按照行政区域来设置分支机构的，但实际上各店独立经营、自负盈亏，整个管理链条处于一种松散、低效的状态，加大了经营成本和管理成本，由于网点建设资金短缺，大部分网点对场地和设施投入不足，无从上规模、上档次，网点经营品种大多在300种左右，图书品种少，结构不优化，文教类图书比例偏大，经营脱离市场和价值规律。有效的营销手段不多，多限于黑板宣传、节假日降价等传统促销方式；管理模式则多为定销售计划、定费用指标。这种纯而又纯的经营结构，灵活性与激励性不足，开拓培育农村市场办法不多，加剧了网点经营的困难。近年，农村买得起、看得懂、用得上的出版物很少。在书价上，也疏于考虑农村读者的承受能力。其结果是，农民买不起书，出版者的积极性受挫不出书。更为严重的是，导致盗版者乘虚而入。最终后果是加剧农村图书市场的疲软。

三、如何破解难题

破解农村出版物发行网点建设难题，把服务"三农"的工作落到实处，是一个复杂的社会系统工程，要使其有大的发展和质的突破，唯有开阔思路，顺势而为，加快创新。

1. 提高思想认识，形成有效合力

首先要加强对农村出版物市场的理性认识，充分认识其现状、潜力和前景，突出农村发行网点建设的战略意义。其次要强化新华书店作为农村出版物发行网络主要支撑的认识。新华书店的性质、任务、方针以及积累的实力和经验，决定了新华书店在农村图书发行中主渠道的地位。不仅要站在服务大局、服务"三农"的高度加大投入，而且应着眼于长远发展创造新的空间；既要大力弘扬新华书店及时输送精神食粮的优良传统，又必须适应市场经济的发展培育和拓展市场。再次，出版社要多出版农村读者读得懂、买得起、用得上、见效快的图书。有关行政管理部门要加强"扫黄打非"力度,多渠道向农民宣传使用正版图书的好处和使用盗版图书的害处,坚决杜绝黄色、迷信等封建残余思想蔓延。通过这样,对建立健全农村出版物发行网络,开发和培育农村出版物市场,将起到强效的催化作用。

2. 加大政策扶持,给力网点建设

一是要认真落实中宣部、新闻出版广电总局、住房和城乡建设部在2011年联合发出的《关于加强城乡出版物发行网点建设的通知》,要求书店必须建设在最繁华的地方,任何地方不能挤占书店建设的城市规划;明确规定,各级党委政府要在政策、资金、税费、占地等方面给予出版物发行网点建设以必要的扶持。二是继续实行新华书店县店及以下网点销售增值税先征后退、新华书店所得税返还等优惠政策,并制定相应措施,确保返还的税金用于网点建设。三是认真落实"两办"《关于进一步加强农村文化建设的意见》,新华书店转制后,按现行文化体制改革试点工作有关配套政策内容。四是建立农村出版物发行网点专项资金。农村图书发行工作的基础建设主要靠政府投资,而经营则可以选择承包者,探索出公益性与经营性相结合的图书发行路子。自治区、市级设立农村出版物发行专项资金,对新华书店在农村网点建设、"三农"读物发行等方面给予补贴支持,对在农村出版物发行工作中取得突出成绩的单位和个人给予奖励和表彰。当地党委政府要针对农村出版物发行工作下发专门的配套文件,解决具体问题,职能部门要做好协调工作,避免在政策实施过程中的"梗阻"。这将对做好我区农村出版物发行网点工作,起到积极的推动作用。

3. 整合网点资源,实施集约化经营

当前,农村出版物发行网络渠道处在小型、独立、分散的状态,渠道的流量不足,得不到应有的规模效益。要改变这现状,通过全区新华书店国有资产统一授权经营,整合有效资源,实施规模化、集约化和专业化经营,不失为有效举措。这样一是有利于实施连锁经营,规范管理,实现资源的优化配置和共享,提高网点的赢利能力,产生良好的规模效益和协同效益,促进城乡现代图书流通体系一体化的发展;二是有利于增加金融受信额度,提高融资能力,吸引商超、便利店、文化大户、学校、农技站及个体工商户等社会资本参与,建立各种形式的发行网点;三是有利于以核心产业为重点,构建与核心产业能够对接的产业链,通过规模经营和优化产业结构,带动产业链上其他产业的发展,形成文化产业集群。广西新华书店集团有限公司在"十二五"发展规划中也提出:构建以市县书城、中心门店为核心点、乡镇门店为面的全区国有新华书店经营网络,争取到2015年实现"市市有书城、县县有书店、乡乡有网点,村村有书屋"的目标,广西新华书店集团有限公司对做好网点建设的信心和决心,让我们看到了我区农村出版物发行网点建设的美好前景。

4. 树立全局观念,创新网点建设

在战略上要立足长远,着眼全局,统一规划,分步实施,形成长效机制。在具体建点过程中应因地制宜,加强论证,采取自建、改造、购并等多种形式增设网点,确保建成一个,巩固一个,办好一个。对于不具备自建网点的乡镇,可引入加盟连锁、股份合作等新型机制,努力构建多维、立体的网络。既要使网点成为互相促进的有机系统,又要使网点各具特色。在鼓励农村网点和经营人员保证图书营业面积、品种和守法经营的前提下,根据当地市场自主确定经营内容。

5. 培育科技意识,激活读书热情

在一些农民眼里,只有从图书里获得致富的途径才会觉得图书有价值,才会去读书、买书。为此,应将农民读书活动纳入全民读书活动,联合当地宣传、文化、农业等部门到农村宣传科技兴农的理念、办科技培训班、读书讲座、邀请当地科技致富能手介绍经验等形式，鼓励和倡导农村全民读书；亦可组织青年志愿者到农村，有针对性地引导农民读书，协助实施农民素质教育工程。通过将科技服务、信息咨询、文化学习等融为一体，为广大农民提供一体化的服务，不断延伸服务的外延，培养农民学科技用科技的意识，激活农民的读书热情，将网点建成可持续发展的民心工程。

总之，我们必须要提高认识，深入持久、扎实稳妥地做好农村出版物发行网点的建设工作，只要我们的网点贴近农村和农民的生活，有效地适应了农民群众对文化、知识的需求，就能实现社会效益与经济效益的同步发展，我们的网点就能在服务新农村建设中焕发出蓬勃生机。

(作者单位：广西新华书店集团股份有限公司)

全球化背景下的政府规制与文化产业发展*

张秉福　侯学博

摘要：全球化背景下的政府规制对文化产业的影响越来越大，甚至对文化产业能否健康快速发展起着决定性的作用。为促进和保障我国文化产业又好又快发展，应着重从完善文化市场体系、规范文化市场秩序、扶持文化产业发展、促进文化产品内容多样化、创新文化产业走出去模式、维护国家文化产业安全等方面改革和完善政府规制职能。

关键词：文化产业　全球化　政府规制　作用　对策

在全球化时代，作为一种服务于经济社会发展战略的行政管理制度和手段，政府规制对文化产业的影响越来越大，甚至对文化产业能否健康而快速地发展起着决定性的作用。发达国家之所以能在世界文化产业格局中保持强势地位，一个重要原因就在于这些国家为应对全球化挑战主动进行政府规制创新。如何顺应世界潮流，结合我国国情，对文化产业政府规制进行适当调整和改革，以促进和保障我国文化产业又好又快地发展，

---

* 基金项目：本文系教育部人文社会科学研究规划基金项目"全球化背景下我国文化产业政府规制创新研究"（项目批准号：10YJA630199）的最终成果之一，亦为山东省高等学校精品课建设项目"马克思主义基本原理概论"（项目号：2012BK237）的阶段性成果。

实现党的十八大提出的建设社会主义文化强国的奋斗目标，是一个重大而紧迫的现实课题。

一、全球化背景下政府规制创新对文化产业发展的作用

1. 促进作用

文化产业领域的外部性、自然垄断性、信息不对称、公共产品性及消费者偏好不合理等市场失灵现象，决定了政府必须对文化产业进行适当规制。在当今全球化条件下，越来越多的国家高度重视政府规制在文化产业发展中的促进作用，综合运用各种手段创新和改善对文化产业的政府规制。事实证明，文化产业的迅猛发展是各国政府积极推动的结果，而适宜的政府规制是促进文化产业发展的关键。全球化背景下政府规制创新对文化产业发展的促进作用主要表现在：

第一，优化市场环境。传统的政府规制相对苛严，导致文化企业创新活力不足，文化市场资源配置效率较低。因此，20世纪80年代以后，越来越多的国家把促进文化产业市场化作为政府规制创新的基本原则，放松经济性规制成为世界性潮流。其主要内容，就是减少政府对文化市场的直接控制和管理，缩小国家干预文化产业的范围，放宽所有权限制，鼓励私有企业发展，拆除行业间壁垒，减少和降低对被规制行业价格、投资、服务等的限制。这种以市场化、民营化为导向的政府规制变革，优化了文化产业发展的市场环境，刺激了文化产业的内部结构调整，促进了市场竞争，提高了生产效率和服务质量，降低了价格和收费水平，扩大了市场需求，促进了经济增长，减少了行政腐败。例如，美国《1996年电讯法》为电视产业搭建了一个环境宽松、各方利益公平竞争的市场大舞台，引发了波及全球的兼并、集中、整合浪潮。电视业的兼并与整合带来了巨大的规模经济效益，使其迅速成为美国增长率排名第二的产业，并产生了时代华纳、维亚康姆等一批世界级巨型传媒集团。[1]

第二，扶持产业发展。文化产业作为新兴产业，其快速发展要依靠政府的大力支持，这是文化产业发展先进国家共同的成功经验。政府对文化产业的促进和扶持，能有效减少、矫正和克服文化市场失灵，保持文化产业的良好发展态势。文化产业发达国家政府历来非常重视产业促进政策在文化市场建构中的积极作用，把财政、税收、金融、投资等方面的优惠政策作为扶持文化产业发展的主要手段。发达国家对出版物出版一般实行低税率（如法国、德国、荷兰、意大利等对书刊的增值税较一般商品低许多），甚至零税率（英国、美国、日本等对书刊实行零增值税），对出版物进口免税，出口退税。[2]韩国政府先后设立了文艺振兴基金、文化产业振兴基金、信息化促进基金、广播发展基金、电影振兴基金、出版基金等多个专项基金，有针对性地资助重点文化产业发展。[3]正是由于政府的大力扶持，起步较晚的韩国文化产业近年来迅速崛起，现已成为公认的文化产业大国。

第三，提供各类服务。在全球化向纵深发展的背景下，越来越多的国家向服务型政府转型。服务型政府的根本理念是，管理就是服务，政府的存在是为了满足社会的需要，政府应该尽可能地为社会提供满意的公共产品。政府既是权力主体，更是义务主体，必须以为企业和消费者提供良好的制度和服务为己任。在服务型政府理念下，政府的文化服务职能不断强化，政府规制把视线从关注权力的运行转到服务的质量上来，因为服务型政府的规制是为服务而规制，把规制纳入总体的服务之中，而不是为规制而规制。例如，美国政府的国家电视台负有向其他电视台免费提供一些公众生活类电视节目的义务，以减少非经营性商业电视台的成本。[4]

2. 规范作用

规制是"政府为防止私人部门在作出决策时未充分考虑诸如公平、健康和安全等公共利益而对私人部门进行的监督和控制活动"[5]。因此，全球化背景下政府规制的作用不仅表现为扶持和促进文化产业快速发展，也表现为对文化企业和文化市场进行必要的约束和干预，以规范文化市场秩序，保障文化产业健康发展。这种规范作用主要通过以下途径实现：

第一，维护产业安全。文化产业是内容产业，具有社会精神属性和意识形态属性，因而其发展状况既涉及国家的经济安全，也涉及文化安全。在全球化背景下，各国都通过政府规制的引导和规范，防止外来文化冲击，确保本国文化产业安全。法国立法规定，全国1300多家电台在每天早上6时30分至晚上10时30分的音乐节目中，法语作品不得少于40%，各电视台每年播放法语电影不得少于节目总量的40%，违者处以罚款。[6]就连全球最大声疾呼自由贸易和开放市场的文化产业强国美国，在文化企业的收购和兼并上，也通过立法保护本国公民的优先权，禁止外国人拥有美国广播电视企业超过20%的所有权，[7]所以，澳大利亚人鲁伯特·默多克为了筹建自己的电视网，不得不加入美国国籍。

第二，保护知识产权。文化产业是知识密集型产业，文化产业的核心资产和价值是知识产权，文化产业是围绕着知识产权的开发和市场营销而展开的一系列经济活动，因而文化产业的健康有序发展有赖于对知识产权的有效保护。知识产权保护不是市场机制所能调节的，而是政府规制必须解决的问题。文化产业发达国家都十分重视知识产权保护。如美国通过《版权法》《电子盗版禁止法》《跨世纪数字版权法》等一系列法律法规的制定出台，切实维护文化企业利益，积极推动文化创意产品知识产权保护的国际化进程，提高美国版权产业在国际市场的竞争力。

第三，实施内容监管。文化产品具有娱乐功能、信息功能、教化功能和导向功能，在满足消费者精神文化需求的同时，能够潜移默化地改变其思想观念和行为方式。文化产品往往比普通商品更能俘获人心，其对未成年人的影响尤为显著。正是由于文化产业是一个具有很强公共性和影响力的特殊产业,因而各国政府都很重视对文化产品和服务的内容进行必要的监管,以最大限度地防止和减少不良文化因素的社会危害和影响。

政府对出版物进行审查是各国普遍的做法。目前发达国家政府对出版物通常采取事后审查(又称追惩制)的方式,即出版物出版之前不必经过政府指定机构进行审查,但出版以后,政府可以对违法出版物进行审查和处理。欧盟的《电视无国界指令》规定,禁止播出含有色情或极端暴力内容的节目。美国法律明确规定,任何猥亵、低俗和不敬的内容和语言都不得在无线广播电视中播出,所有可能对青少年和儿童产生不良影响的节目都必须在限制条件下播出。[8]美国联邦通信委员会通常采用罚款惩治违规的广播电视媒体。美国对互联网的监管也一直在进行,政府在自己的权限范围内对色情、暴力及其他违法信息的网上传播予以打击。

二、促进和保障我国文化产业又好又快发展的政府规制对策

全球化背景下的文化产业是对国民经济发展和意识形态安全具有重大意义的战略性产业,但目前我国文化产业还处于发展的初期,属于国际竞争力较弱的幼稚产业。国外文化产业政府规制创新的经验、特点和趋势深刻启示我们,为促进和保障全球化背景下我国文化产业又好又快地发展,应着重从以下几个方面改革和完善政府规制职能:

1. 完善文化市场体系

市场机制积极作用充分发挥的前提,是市场体系的完善。完善的现代文化市场体系包括文化产品市场、文化服务市场和文化要素市场。目前,我国文化市场有效发育不足,市场体系不健全,文化生产要素市场建设明显滞后,影响文化产业的正常发展。因此,我国文化产业政府规制首先要着力培育各类文化市场,尤其是人才市场、中介市场、资本市场、技术市场、

设施市场、产权市场等文化生产要素市场,以促进文化产品和市场要素的自由流动,实现文化资源的优化配置,拓展文化产业的发展空间。要破除行政性垄断,放宽各类文化市场准入,在已经丧失自然垄断性质的领域彻底取消准入规制,扩大投资主体范围和经营范围,大力发展民营文化企业。国有文化企业要按照现代企业制度的要求,建立股东会、董事会、监事会和经理层等机构,逐步完善公司法人治理结构,使文化产业具备科学、高效、规范的企业组织制度和管理制度。对政府组织和举办的各类文化活动,凡可以实行市场化运作的,都应当遵循公开、公平、公正的原则,积极引入市场竞争机制,提高经济效益和效率。要加快文化产品流通体制改革,消除条块分割和地区封锁,大力推广电子商务、物流配送、连锁经营等现代流通形式,为文化产品的高效传播构建现代流通渠道体系。

2. 规范文化市场秩序

政府规制创新的核心问题是处理好政府与市场的关系。虽然市场机制的完善对文化产业的发展至关重要,但市场机制本身也具有一定的盲目性、滞后性乃至破坏性。因此,政府规制在培育文化市场体系的同时,必须致力于规范企业行为和市场秩序。要加强文化产业立法工作,为文化市场的健康有序发展创造良好的法制环境。要加快文化市场综合执法体制改革,加强执法机构和执法队伍建设,健全责任制度,实行统一执法。要创新知识产权保护和文化资源保护的观念、手段及体制机制,制定和落实各类知识产权保护和文化资源保护的具体要求和下限规定,严厉打击侵犯知识产权、破坏文化资源的违法行为,切实维护创新者、投资者的合法权益,实现文化资源开发与保护的有机结合和相互促进。要综合运用行政、经济、法律等手段,加大对制造和传播含有暴力、色情、恐怖、赌博、吸毒、教唆犯罪及危害社会公德等内容的文化垃圾的打击力度,遏制低俗、恶搞倾向的蔓延和虚假、有害信息的泛滥,切实减少不良文化信息对社会公众尤其是未成年人的伤害，营造健康规范的市场环境和竞争秩序。要构建由文化企业、行业协会、新闻媒体及其他社会组织和个人组成的文化市场监督体系，完善文化市场违法行为举报奖励制度。只有在确立和强化市场在文化资源配置中的基础性、主导性作用的同时，实现政府规制与市场机制的内在结合与和谐共舞，才能使各方利益主体的博弈效果达到最佳，形成一种政府合法合理行政、行业协会自律自治、公众积极参与和监督、市场主体公平有序竞争、各方利益协调发展、社会福利不断增进的文化产业发展样态。

3. 扶持文化产业发展

处于发展初期的我国文化产业，迫切需要政府的大力扶持，促进发展是现阶段我国文化产业政府规制的第一要务。必须进一步完善政策法规支持体系，构建促进文化产业发展的长效机制。要通过财政贴息、补助、减免税等多种方式降低文化企业投资成本和风险，提高投资回报率。要加大对思想性、知识性、艺术性、观赏性俱佳，社会效益与经济效益相得益彰的创新性文化产品的奖励和宣传力度。要建立文化产业投资基金，完善文化企业融资担保体系，进一步解决文化产业发展资金不足和融资难问题。在大力发展国有大型文化企业，提高规模经济效益的同时，也要积极扶持各类中小文化企业，为我国中小文化企业在复杂多变的全球化背景下健康、稳定、快速、持续发展营造更为宽松有利的法治环境、政策环境、市场环境和社会环境。要充分发挥政府的公共文化职能，通过政府直接投资、税收优惠、信贷扶持以及政府采购、奖励等多种手段，鼓励和促进公益性文化产品和服务的创新创优和扩大生产，保障和增加高质量公益性文化产品和服务的供给和流通，校正文化市场失灵，更好地满足公众的基本文化需求，逐步实现基本公共文化服务均等化。

4. 促进文化产品内容多样化

一方面,文化产业作为内容产业,是诠释和传扬真善美之道的。虽说大道至简,但在文化产品中"道"的表现形态却应该是丰富多彩的。另一方面,在全球化环境下,人们的精神文化需求日益呈现多层次、多方面的个性化特征,审美情趣、欣赏习惯、评价标准等都在发生深刻的变化。这就要求文化企业不断创新文化产品和服务的内容和形式,量体裁衣地提供新产品,因需而变地拓展新市场,这是文化企业竞争力的重要来源和保障。但目前,在我国文化市场繁荣表象的背后,真正个性鲜明而又适销对路的文化产品和服务还不够丰富,从而使相当一部分业已形成的有效文化需求得不到满足。这就需要通过政府规制创新,促进文化产品内容的多样化。为此,必须深入落实"百花齐放,百家争鸣"的发展方针和理念,充分体现"海纳百川,有容乃大"的文化自觉和气魄,在确保社会稳定和出版物必要的意识形态功能的前提下,积极探索管理创新和思维创新,切实维护各类文化生产者的创作自由和经营自主权。为增强和确保文化企业的活力和文化市场内容的多样性,在某些规制领域可以采取一定的强制性措施。例如,可以要求社会制作公司的节目必须在广播电视台占有一定的播出比例,并对此类节目的播出时段和播出时长作出具体规定(尤其是下限性规定),通过有序竞争,促进节目制作环节的发展、节目交易市场的繁荣、节目内容的多样化和节目质量的提高。

5. 创新文化产业走出去模式

在全球化的环境下,对于任何民族文化而言,只有流通才能流传,即民族文化只有进入全球化的传播渠道,才能生存和发展。所以,文化产业走出去既是开拓我国文化产业发展空间的必然选择,也是提升中华文化国际影响力的客观需要。目前我国的国际文化交流和传播严重"入超","文化赤字"巨大,使通过政府规制推动文化产业走出去的任务更加紧迫和繁重。

我国文化产业走出去的根本策略，就是弘扬民族文化的优良传统，利用国际惯例的运作方式，把优秀的中华文化产品推向全世界，展示中华文化特有的魅力、风采和价值。为此，政府要积极创新文化产业走出去模式，逐步实施我国文化产业全方位对外开放，积极主动地开展对外文化交流。要推行更加灵活、宽松、自由的文化外贸政策，切实放松文化产品的出口审批规制，简化出口手续。要重点培育一批具有国际竞争力的外向型文化企业和中介组织，通过市场主体、市场渠道、市场竞争和名优文化产品、超越他人的文化服务开拓国际文化市场，扩大文化产品出口。要鼓励有比较优势的各类所有制文化企业通过独资、合资、合作、控股、参股等多种方式，在境外设立分支机构，使我国文化产品更直接地进入国际文化市场。要鼓励重点媒体在海外开展传播业务，鼓励代表国家水平的各类学术团体、艺术机构在相应国际组织中发挥建设性作用，鼓励出版机构对外大力翻译推介中国精品力作。[9]要在世界重要城市树立带有中华文化特色的标志性景观（标志性场馆、餐饮、服饰等）。要加大中文输出力度，促进中文语言的国际传播（中文应力争成为互联网上的通用语言，在世界各国设立中文学校，把中文推广作为对外援助附带条件等），以此作为我国文化产业参与国际竞争的先导。[10]

6. 维护国家文化产业安全

在我国文化产业与发达国家还存在较大差距的现阶段，为主动应对全球化带来的各种挑战，防范和化解文化产业发展中可能的隐患和风险，必须构建一个科学、完善、高效的国家文化产业安全保障体系。为此，要制定系统配套的法律法规和政策措施，将文化产业安全作为国家安全的重要组成部分纳入法制化管理和运行的轨道。要在深入把握我国文化产业现状及发展趋势的基础上合理设置文化产业发展的安全底线，建立文化产业投资安全风险评估系统和风险管理体系。要在放松经济性规制以促进发展和强化社会性规制以确保安全之间保持有效配合和动态平衡,使文化产业经济效益与社会效益相互协调、相互促进。要制定具体的文化产品内容安全标准,慎重、科学、清晰地界定什么是危害国家安全的内容,什么是有损社会公序良俗的内容。要加强对文化生产和服务的引导、监督和管理,对某些重要文化产品的市场进入实行必要的评估和审查。要采取先外围后核心、先渠道后内容、先体制外后体制内的逐步推进的文化产业对外开放策略。要充分、合理地利用WTO有关文化的例外条款,制定适合我国特点的文化安全政策,完善文化商品进出口管理制度,对我国文化产业(尤其是其中的重点产业和弱质产业)实施适度贸易保护,逐步提高我国文化产业的国际竞争力。要对进入我国文化市场的外国文化产品和服务对我国本土文化和社会秩序造成的影响进行监控,对国际文化商品的流动趋势对我国文化市场可能产生的冲击进行评估,及时准确地作出预告和警示,将国际文化资本对我国文化市场和文化产业的威胁控制在安全警戒线以下。[11]

参考文献

[1] 王甫,吴丰军.广电内容产业促进政策:中国问题与美英经验[J].现代传播,2007(4):9-11.

[2] 魏玉山.国外新闻出版国家监管体制[J].出版发行研究,2003(1):72-76.

[3] 冯华,黄凌鹤.后危机时代国外文化产业发展的趋势、经验和启示[J].当代世界与社会主义,2011(6):32-35.

[4] 官旴玲.国外文化产业政策对我国文化产业发展的启示[J].江西教育学院学报,2007(5):17-20.

[5] 左惠.文化产品供给论[M].北京:经济科学出版社,2009.

[6] 刘新民.国外促进文化产业发展的主要做法[J].党政

干部参考, 2011 (12): 44-45.

[7] 王国平. 广播电视业美国的运作模式研究 [J]. 求索, 2004 (8): 174-178.

[8] 李世成, 黄伟, 张许敏. 美国低俗电视节目的监管与启示 [J]. 中国广播电视学刊, 2011 (1): 72-73.

[9] 柳斌杰. 进一步深化改革开放 加快构建有利于文化繁荣发展的体制机制 [N]. 人民日报, 2011-11-10 (5).

[10] 郑百灵, 周荫祖. 关于我国文化产业发展的若干思考 [J]. 当代财经, 2002 (9): 51-55.

[11] 朱启松, 黄致真. 经济全球化与中国文化产业的发展 [J]. 西南师范大学学报: 人文社会科学版, 2004 (4): 113-117.

(作者单位: 山东科技大学)

拯救，首先要准确地把脉

——再谈实体书店的生与死

洪九来

摘要：针对当下实体书店倒闭风潮与拯救呼声高涨相交织的现象，本文择取拯救论中几个代表性的主张。如要求实行税收优惠政策、书店的减少不利于国民阅读率的提升、使城市失去了文化地标等等，从事实与逻辑上予以理性的否定，认为只有从书店的商业本质属性讨论其生死问题才有现实可行的意义，书店也只有主要依靠自身的转型，向专业化、跨界化、情感空间化等新的经营业态发展才有继续生存的机遇。

关键词：实体书店 拯救论 税收优惠 国民阅读 城市坐标

在当下中国，有关实体书店的"问题"意识以两种形态展开：一是在实际的产业形态上，实体书店尤其是民营书店的不景气呈愈演愈烈之势，2005年以来，全国各类实体书店已先后倒闭一万多家。仅以一年来上海地区为例，2012年春节前后，位于复旦学区的上海万象书店突然倒闭，影响更大的李风书园陕西路旗舰店也被披露经营发生困难。勉力支撑到今年春节前后，季风书园宣告难以为继，清产转让。同期，地处上海绍兴路文化街上的另一家知名的汉源书店似乎又传递出某种不妙的征兆。二是在媒体的舆论形态上，伴随着实体书店尤其是一些品牌民营书店如风入松、光合作用、季风等的关闭退场，相关人士痛心疾首、呼吁拯救的声音也一波逐一波，渐成主流。尤其是今年"两会"期间，多位参会人士疾声高呼，甚至写成正式议案提交讨论，使保卫实体书店的音调达到一个新高潮。如果把以上两种形态归并起来，当下实体书店的生死问题处于"倒闭——拯救——更多倒闭——更要拯救"这个"关门潮"与"扶持风"循环往复的魔力场中，似乎带有一点"黑色幽默"的味道。

既然传统实体书店似多米诺效应一样不断倒闭是客观事实，那么产生上述冲突现象的另一端——"拯救论"一定存在某种理论的漏洞或逻辑的不自洽。对此，笔者曾在《"活着还是死去"：拷问实体书店的生与死》（《编辑学刊》2012年第1期）一文中略陈异议，然有意犹未尽之憾。恰逢拯救书店的新一轮热潮之际，笔者愿就该呼声中几点核心主张做进一步的辩驳，重申自己先前的基本立场，并提出实体书店通过自我转型可能存活下去的几种新形态。

一

片面的税收优惠论在事实上不成立。在探究中国实体书店微利甚至负利的各种成因时，有一个众口同声的说辞：我国实体书店尤其是民营书店的赋税成本过高，不像欧美发达国家的书业能享受到低税率甚至零税率的优惠，这是导致书店经营不堪的重要原因之一。因此，要求政府采取减税、资金扶持等行政手段进行援救，理所当然就成了有效的拯救良方。笔者认为，中西方的图书业税收政策历史地形成较大差异，这是个不争的事实，但如果把解救书店之道过分寄望于减少税收这一政策恩惠，显得有点隔靴搔痒，不是破解书店困境的根本手段。从国内图书零售业的纵向度看，当上世纪八九十年代各类书店风起云涌时（尤其今天纷纷倒闭的民企书店基本上都是那时发家的),当时就处高位的税率问题好像没有阻碍门店的生意兴隆;而检视当下许多书店的实际经营现状,即使采取较大幅度的降税优惠措施,甚至还给予一定的现金补贴,恐怕也难有回天之力。从国际图书零售业的横向度看,书店倒闭风潮像流行性病菌一样肆掠欧美各国,低税收的优势显得微乎其微。如第一出版大国美国,且不说第二大图书连锁零售巨头鲍德斯已轰然倒下,第一大巨头巴诺书店也是危机重重。据统计,巴诺2012年实体书店和网站销售量下滑10.9%,同店销售下滑3.1%。该集团今年初宣布,在未来10年内现存689家零售门店中的1/3将要关闭。再看英国,据该国书商协会披露,2009年英国独立书店平均每周有两家关闭,至2012年前的5年中,已有1000家独立书店倒闭。法国的独立书店在2003~2010年间的营业额下降了5.4%,书店在整个图书贸易中份额已由传统的40%跌至25%左右。以上种种说明,实体书店遇到的困境是一个全球性的、整体的危机问题,是新技术冲击之下产业更新换代的阵痛表征。就此而言,我国现行的书店税率或高或低可能是个问题,但绝不是根本问题,应把要求税收优惠这种高调稍微降低到适当的音区,而不能喧宾夺主,否则会诱导现有企业走向更大的误区。

国民阅读问题与书店现状没有必然的因果关系。检视有关书店危机的各种舆论,会发现阅读问题往往成为许多论者拯救书店的一个重要依据,两者之所以发生关联大致是这样的逻辑推演:由于网店的低价竞争使实体书店纷纷消失,再加上低俗的网络内容泛滥、碎片化的阅读方式,使传统的书香气息与深阅读体验不复存在,导致当下的阅读品位低下、阅读率受挫。故而,保卫书店就是保护阅读。这种致思方式呈现出新技术背景下公众对知识生产与传播方式发生巨变的某种焦虑感,本意值得尊敬,但是它把数字技术对知识文本生产者、传播者、接受者等几个不同对象的威胁情况搅和在一起,视实体书店的倒闭为一切消极效应的替罪羊，在逻辑与事实上都是难以成立的。首先，一时一地的国民阅读问题受民族文化传统、知识生产状况、教育水平与导向、社会思潮与价值判断等综合因子共同影响，仅仅作为传播渠道之一的现代书店企业不是主宰性的力量，两者不成必然的正相关系。当下实体书店再不济不堪，在数量上比之于上个世纪八十年代还是绰绰有余，但我们能就此重现当年全民阅读的热潮吗？其次，新兴的网络书店与传统书店提供的都是图书服务，仅是销售渠道不同而已，尽管它们内部有利益纷争，但在应对更为严重的数字文本阅读挑战面前，它们是利益攸关的统一战线。在当下，网络书店不是传统图书阅读的真正杀手，反而在一定程度上还起到助推阅读的作用。最后，新型的数字化阅读方式是大势所趋，技术变革的冲击波非任意人力所能阻挡。尽管这种变革对人类未来的阅读到底影响到何种程度还在探讨中，但有一点基本规律是明晰的，即知识载体的更替与传播方式的异态本身没有罪过，关键还是看社会知识生产组织提供的内容样式与品质，"内容为王"是永恒不变的金科玉律，这才是阅读问题所追求的终极意义。就此而言，不能靠书店的多少来承受如此责任之重，多一个少一个无伤大雅。

近期公布的两组权威数据大抵可以印证上述观点。"第九次全国国民阅读调查"成果显示，2008年~2011年四年间，18~70岁国民综合阅读率稳健提升，从2008年的69.7%到2011年的77.6%，提高了7.9个百分点，升幅为11.3%。其中，2011年国民媒介综合阅读率为77.6%，比2010年增加0.5个百分点；图书阅读率为53.9%，比2010年增加1.6个百分点。而根据开卷《2012年中国图书零售市场报告》显示，从2008年起，我国传统图书零售业（主要指书店渠道）的增长速度开始动荡下滑，到2012年出现了负增长（-1.05%），而同期全国整体图书销售增幅较为稳定，2012年的销售额约为460亿元，比2011年增长了接近10%。两组同时段的数据比照下来，基本结论是：在传统实体书店销售额出现负增长的情况下，网络书店是支撑整体图书销售额增长的当然力量，自然也是提供阅读途径的强势力量；实体书店的减少没有对图书阅读率构成必然的负影响，由于其他各种因素的有效干预反而出现阅读率攀升的好势头；对国民阅读的内涵认知要与时俱进，正视各种茁壮成长的新媒体阅读方式。

书店不是城市文化形象中固化不变的实体地标。用"城市地标""文化灯塔""精神绿地"等众多颇具人文情怀的话语作为捍卫书店的理由，是主流舆论中立意最高、思虑最深的一点。与上述两点具体有形的保卫理由不同，这牵涉到无形的价值层面，难以用实证的方法去品评其是非对错，容易令论者陷入情感与理智的纠结之中。笔者的基本判断是：现代城市文明本身就是工业革命后带来的产物，其文化表征随着社会经济技术的推进不断被建构，不存在固化不变的实体坐标。就中国城市形象与出版文化的关系而言，西方传教士用老牛推拉印刷机床是开埠之初上海的文化景观，前店后厂报贩云集是20世纪初中国现代都市留给后人的文化记忆，"新华书店"四个红艳的大字是建国后很长时间内全国城市独有的文化地标，我们无法用主观意志去挽回这些已消逝的城市形象，同样，我们也无法拒绝由新媒体技术可能带来的城市新景观。需要补充的一点是：许多论者在强调实体书店的文化象征意义时，往往把它与现代城市的图书馆、博物馆、影剧院、音乐厅等类似物态空间相提并论，没有注意区分书店与这些文化场所在消费方式上的差异性。简单地说，参观（付费的）博物馆、看电影、欣赏音乐表演等，消费者通过即时买单获得感官上的愉悦，进而彰显这类文化场所蕴含的文化气息；但书店特殊的产品特性使消费者的物质支出与精神享受能够分离，可以充当免费的体验者，"书店看样、网上下单"，从而无法满足经营者正当的商业利益，这就是当下实体书店经营中尴尬的关键所在。如果我们无法解决实体书店的这种商业软肋，但又要它继续承担文化芬芳散发者的角色，唯一的出路就是让它如同图书馆、免费博物馆等成为纯公益性文化建设项目，像"大熊猫产业"一样由政府一手扶养，如此，有关书店的问题也就不会成为话题了。

二

笔者对主流的拯救论提出以上几点异议似有泼冷水之嫌，但无妨一个出版人、书籍爱好者对实体书店应有的敬意与关切。当下各方热议实体书店问题，应该抛开感情用事，至少在下面两项基本事实上形成共识，才能理性诊断实体书店的死穴，打通其赓续下去的活脉。一是所有对书店生死去留问题的讨论，应该是从它作为出版中介渠道具有产业经营性的视角出发，进行身份定位、问题诊断、前景预判以及提出解决之道。这不仅切合出版业具有文化性与产业性相交集、但本质上仍是产业属性这个基本发展规律，而且对现实中的书店行业有正确的导引作用。如果背离这个认同，用绝对的文化主义大旗一张了事，不免有蹈空之嫌，无助于问题的解决。二是对实体书店困境的严酷性与紧迫性还要有更多的自觉，清醒意识到大规模的危机还在潜行并待爆发之中，从而避免陷入倒闭越多、拯救声越高的循环轨迹中。开卷的调查报告已显示，越是经济发达的地区，实体书店的销售萎缩越严重，可以想见随着信息化工程的普及、网络运营商的服务跟进，中西部地区大量实体书店面临的命运。又据报道，目前网络书店又在开始搏杀"书业的最后一块处女地"——教材教辅，当当网一家已占该类图书网络销量的一半以上，可以想见随着这一市场的更加开放，原先以垄断这一中国图书市场最大份额为生的新华书店的未来。

传统实体书店尤其是民营书店要想求得继续生存，必须主要依赖自身的努力而不是他力的拯救进行产业转型，从而为城市空间留得些许书香。从目前较有活力、运行尚佳的书店个案预判,未来实体书店的生存模式大抵不外乎以下三种路线。

1. 专业化路线

我们不敢说"百科全书"式的大型书店模式在未来荡然无存,但肯定少之又少,因为与网络书店相比,其空间的有限性总是相形见绌。专精特的小书店模式之所以有生存的空间,不在于它有高格调的店面氛围,也不在于它一定挤占于繁华的闹市,更不在于脑子一热到处连锁复制,而在于它的经营品种独特、受众对象有针对性、服务理念专一、经营空间可控,总能在一个可能很小但有效的细分市场中觅得商机。例如去年被上海媒体热炒的沪上最大的民营旧书店——小朱书店搬迁事件,之所以现在它还能重新安顿下来,固然有媒体的呼吁,也获得了政府一定的资助,但关键还是它的经营内容有个性,10万多册不同时期的古旧书刊、低廉的要价、比较随性的经营风格,总能与芸芸大都市中那一群有恋旧情结的淘书人发生共鸣。又如今年入选"世界最美的书店"的两家中国书店,其中北京的"老书虫"经营者为老外,品种是各色外文书刊,人群自然是以操各种语言的外籍人士为主,再辅以小型沙龙、文学节等西方书店传统,完全是一派难以复制的异国情调,称得上是气质的独特化。另一家是日本白杨社在中国开设的零售书店蒲蒲兰绘本馆,专职于低幼儿童的图画阅读,它不是传统概念的儿童书店,在卖书之余更是亲子教育的乐园、美术益智的空间、版权交易的平台,走的是产品项目服务一体化的道路。它在上海梅陇的分店不足20平方米,是地地道道的"迷你"书店,经营照样有声有色。

2. 跨界经营路线

提到书店的跨界经营或曰"混搭"经营方式,诚品书店被视为最成功的典范,在其全部营收中,图书销售仅占三成左右,更多的收益来自诚品美食、文具、画廊、设计等品牌延伸领域。诚品模式基本上是一种多产业叠加的扩张策略,是在长期坚守中形成的，个案性色彩较浓，并不能为所有书店尤其是中小型书店所复制。当下实体书店应该跳出"图书加咖啡/茶叶"式的初级跨界框框，着力从书店本体的内涵与功能上拓展"水平营销"的深度与广度。例如，有人把一些书店人气尚存、消费为零的状况戏称为"展厅现象"，但如果我们学会逆向思维，把书店就做成一个以图书为纽带的文化展厅，是否可行呢？带有图书馆性质的阅读书吧、创意艺术的展示空间、小型学术集会的议事厅、特色教育培训与咨询的课堂、选题开发与产权交易的孵化基地，甚至城市旅游线路上的景观等等，只要能择取好合理的商业模式，如会员制、项目承担制、收益分享制等，那么这些吻合书店品质的内涵式跨界经营活动就是它生存的机遇，事实上这也是目前一些特色书店的制胜法宝。在时下谈书业的跨界经营还有一个不可漠视的更大领域，就是消除实体店与网络书店的利益隔阂，形成跨媒介融合发展态势。例如，目下读者"书店看样、网上下单"的困局看似难以破解，因为这是各有优长的实体店与网店分割形成的。但如果一些有地标性质的特色书店改变一下靠门店实际销售为生的营业思路，与京东、当当等网商平等合作，在利益分享的商业原则下充当展示窗口，为后者聚集现实的顾客群，形成共赢式的利益链关系，那么也就无须对上述困局愁眉苦脸了。去年重新开张的上海书城淮海路店开始尝试让读者店内浏览、网上下单的服务，同时开辟了数字阅读、下载、按需印刷等专区，呈现出实体店与 e 店一体化融合的迹象，值得关注。

3. 情感纽带路线

现代人群困处于无边的网络虚拟世界，心灵深处实际上会滋生一种抵抗虚妄、回复现实的心理需求，在有形世界中寻找情感交流与文化归属的栖息地。书店作为一种有形的知识空间，其气息与格调比较切合这种社会需求。此时，人们去书店好似一种程式化的仪式，视它为人生某一刻情感宣泄的场所或心灵安置的驿站；相应地，书店的实际功能也许比"文化展厅"还要走得更远，它可能是微型读者俱乐部的形式，但购书阅读动机不是第一位的追求；也可能就是某种文化会所形式，图书仅起到烘托活动气氛的物化作用；甚至有点像偶示外人的私人书房，自然不以卖书为第一要务。当然，更多的是开放式的、虚虚实实的散漫组织结构，以书店为集中的符号聚来散去。这类新概念书店近几年在一些大城市已初露端倪，如上海的2666图书馆、1984、千彩书坊、上书房，北京的老书虫，深圳的物质生活书吧等等，它们共同的特点是：外形不张扬，内部有格调；针对特定人群，或悠闲女性、商界才俊，或文艺青年、资深书迷，有一定程度的个性化门槛要求；最突出的是，都以"书店"的门面做生意，但唱的不是传统书店的生意经。总的说来，与大量还在苦苦挣扎的传统实体书店不同，这一类新型书店的商业埋念完全是后现代派的，图书以及书店这些实体本身的功能与意义是什么已退居其次，在特定人际交流中它们呈现出来的意象才是重要的，这是书店要实现的最大价值。也许它们大行其道的日子为期不远了，读书人还是早做一些心理调适准备，不要到时候视为另类引起更大的呼吁，无论如何，它们毕竟也披上了实体书店的外衣，总会飘出些许留存的书香。

（作者单位：华东师范大学传播学院）

国家出版基金项目遴选规律探析
——兼谈学术出版重大项目的策划

李长青

现代出版业可分为学术出版、大众出版、教育出版三大类。其中学术出版承担着学术传承、文化积累的重要使命。学术传承是出版业诞生、发展的关键推动因素，也是出版业的一个永恒的主题。做好学术出版，对于出版社打造图书品牌、提升学术品位、扩大社会影响具有重大作用。

国家出版基金是继国家自然科学基金、国家社会科学基金之后的第三个国家级重大常设文化基金。国家出版基金以公益性、重大性、精品性和传世性以及国家主导、打造精品、服务人民为指导，迄今已公开遴选资助了700多个出版项目，正在成为打造精品、引领方向、繁荣文化、促进发展的重要平台，其导向性、权威性和示范作用日趋明显，引起了社会各界越来越多的关注和重视。国家出版基金已成为学术出版重大项目、精品项目的风向标，代表了先进文化的前进方向。为此，笔者对四年来国家出版基金项目进行分析，借以探寻学术出版重大项目的策划规律。

笔者汇总了国家出版基金管理办公室先后公布的四批国家出版基金资助项目名单，共390家出版社（含联合申报单位，副牌并入主牌）711个项目获得资助，其中663个由图书出版社承担（2个为与电子音像社联合申报项目）。由于四批公示名单或未公布分类，或分类标准不太一致，同时考虑到各出版社科室设置及出书分工情况，故以"三个一百"原创出版工程分类方法为一级分类，以中国图书馆分类法为二级分类，设置了以下分类方法。

- 社科类
  - 政治类：中国书馆分类法 A、B、C、D、E 五类。
  - 经济类：中国图书馆分类法 F 类。
  - 文教类：中国图书馆分类 G、H 两类。
  - 史地类：中国图书馆分类法 K 类。
- 文艺类
  - 文学类：中国图书馆分类法 I 类。
  - 艺术类：中国图书馆分类法 J 类。
- 科技类
  - 理学类：中国图书馆分类法 N、O、P、X 类。
  - 生物类：中国图书馆分类法 Q 类。
  - 医学类：中国图书馆分类法 R 类。
  - 农学类：中国图书馆分类法 S 类。
  - 工科类：中国图书馆分类法 T、U、V 三类。
- 综合类：跨中国图书馆分类法多个分类品种。
- 少儿类：凡少儿读物即归入此类。

经过对663个项目分别从学科门类、社会影响、出版社性质、书名关键词语、年度变化等多维分析，发现国家出版基金资助项目具有如下规律：

一、推动文明发展能力越强，国家出版基金竞争力越强

单纯从总量上看，社科类居首，科技类、文艺类其次，少儿类、综合类居后（见表1）。但从质的角度看，必须消除门类年出书品种数的影响，才能准确地评估各门类的相对竞争力。分别计算出各门类国家出版基金项目的数量、比例和各门类年均新书的品种数、比例，以前者的比例除以后者的比例，就可以大体得到各门类的国家出版基金相对竞争力。结果发现，在一级分类上，文艺类和科技类的国家出版基金相对竞争力较强，在二级分类上，则依次为生物类、理学类、史地类、艺术类、

政治类、农学类、医学类、文学类较强（见表1）。

表1 资助项目内容类别分布

一级分类	二级分类	国家出版基金项目数量（个）	比例	年均新书品种数量（种）	比例	国家出版基金相对竞争力
社科类	政治类	123	18.55%	18352	10.86%	171
	经济类	31	4.68%	15926	9.42%	0.50
	文教类	83	12.52%	49490	29.28%	0.43
	史地类	78	11.76%	8169	4.83%	2.43
	汇总	315	47.51%	91943	54.39	0.87
文艺类	文学类	65	9.80%	16696	9.88%	0.09
	艺术类	83	12.52%	9561	5.66%	2.21
	汇总	148	22.32%	26257	15.53%	1.44
科技类	理学类	43	6.49%	3952	2.34%	2.77
	生物类	19	2.87%	1003	0.59%	4.83
	医学类	47	7.09%	8810	5.21%	1.36
	农学类	16	2.41%	2812	1.66%	1.45
	工科类	51	7.69%	24128	14.27%	0.54
	汇总	176	26.55%	40703	24.08%	1.10
综合类		3	0.45%	1368	0.81%	0.56
少儿类		21	3.17%	8788	5.20%	0.61
总计		663		169059		

乍一看，8个国家出版基金相对竞争力比较强的二级门类显得比较分散，但如果细加分析，却可以发现是有规律的。我们知道，社会结构包括经济基础和与之相适应的政治、精神上层建筑，即物质的、政治的、精神的三大部分，因而相应就有物质、政治、精神三大文明。出版业坚持"二为"方向，必然最终要落实到对三大文明建设的促进。如果将各类图书对三大文明的影响大体分为强、中、弱、无，并与各类图书的国家出版基金相对竞争力一起列表（见表2），就可发现，凡是对物质文明、精神文明和政治文明中某一文明有强大促进作用的门类，

其国家出版基金相对竞争力就比较强，而促进作用比较分散或不突出的门类的国家出版基金相对竞争力则相对较弱。

表2　各类图书的主要社会效益

分类		对三大文明的影响强度			国家出版基金相对竞争力
一级分类	二级分类	政治文明	精神文明	物质文明	
社科类	政治类	强	中	弱	1.71
	经济类	中	弱	弱	0.5
	文教类	弱	中	无	0.43
	史地类	中	中	无	2.43
文艺类	文学类	弱	强	无	0.99
	艺术类	弱	强	无	2.21
科技类	理学类	无	弱	强	2.77
	生物类	无	弱	强	4.83
	医学类	无	弱	强	1.36
	农学类	弱	弱	强	1.45
	工科类	无	弱	强	0.54
综合类		弱	弱	无	0.56
少儿类		弱	弱	无	0.61

二、与出版基金使命越合拍，国家出版基金竞争力越强

国家出版基金项目所涉及内容丰富，基本上中国图书馆分类法的各个分类都有项目入选，但各门类不同年度项目数各不相同（见表3）。仔细分析，我们可以发现，各分类相对竞争力的差异，恰恰反映了国家出版基金的国家性质、时代特点和历史使命。

表3　各类图书的不同年度数量分布（个）

分类		年度				总计
一级分类	二级分类	2009年	2010年	2011年	2012年	
社科类	政治类	28	21	42	32	123
	经济类	10	2	7	12	31
	文教类	20	10	17	36	83
	史地类	22	11	25	21	79

续表

分类		年度				总计
一级分类	二级分类	2009年	2010年	2011年	2012年	
社科类	汇总	80	44	91	101	316
文艺类	文学类	21	6	16	22	65
	艺术类	27	13	23	20	83
	汇总	48	19	39	42	148
科技类	理学类	22	6	9	6	43
	生物类	2	1	4	12	19
	医学类	12	9	10	16	47
	农业类	13	1	1	1	16
	工科类	8	4	19	20	51
	汇总	57	21	43	55	176
综合类			2		1	3
少儿类		10	4	3	3	20
总计		197	88	177	201	663

1. 社科类：服务政治文明，体现国家性质

社科类图书国家出版基金项目总量处于首位，占了所有国家出版基金项目的近半壁江山，但由于相对竞争力比较低的文教类和经济类在社科类中占了很大比重，故其总体的国家出版基金相对竞争力较低（0.87）。在社科类图书中，国家出版基金重点资助政治类和史地类（相对竞争力分别为 1.77 和 2.43）。政治类承担着奏响主旋律，指引当代政治文化基本建设的重要作用，而"文以载道，史以记事"，历史类著作以其微言大义，春秋笔法，教化八方，也是国家主流意识形态价值观、世界观的体现。对这两个门类的重点资助，正是国家出版基金国家性质的集中体现。

2. 科技类：服务物质文明，反映时代特征

科技类图书国家出版基金项目总量处于第二位，它的新书品种也位于第二位。"科学技术是第一生产力"，科技类图书对

我国社会物质文明建设具有重大的作用，因此，整个科技类总体国家出版基金相对竞争力为1.10。国家出版基金资助科技类的重点为理学类、医学类、生物类和农学类（均高于平均值1.00），并呈现出理学类和农学类逐年减少，生物类和工科类逐年增长的趋势。这个现象，一方面反映了国家对物质文明建设的重视，另一方面也反映了"21世纪是生物学世纪"以及新时期新兴工程技术日新月异发展的时代特点。

3. 文艺类：展示民族文化，扩大国际影响

在文艺类方面，文艺类图书两个二级分类各年变化趋势相反，故总体略有走低。国家出版基金资助的重点是艺术类（相对竞争力为2.21），这主要和艺术类既能陶冶情操，又常常还是中华文化的载体有关。出版此类图书，既有传承中华文化，增强民族凝聚力，也有推广中国文化经典，扩大中华文化国际传播力和影响力等社会效益。

三、书名关键词语热度越高，国家出版基金竞争力越强

书名是图书内容的高度概括，在国家出版基金项目中，有几个热点关键词在书名中频频出现，充分反映了国家出版基金遴选的导向性。

1. 国字招牌，体现国家水平

《国家出版基金项目申报指南》明确提出，基金资助项目必须站在世界前沿、弘扬民族文化、记录时代精神、展示创新成果，努力打造造福当代、惠及后世的代表国家级水平的文化精品。因此，有182个项目名字中含有"中国""中华"等字眼，如《中华民国史》《中国发展道路》《中国巩义窑》《中国多目标地球化学图集》《中国高等植物》等，所占比重高达27.45%，且广泛分布于中国图书馆分类法的各个分类中（见表4）。众多的国家级项目在国家出版基金资助项目中的集体亮相，充分体现了国家出版基金项目的重大

性和代表国家水平的导向性。

表4 历年"国"字项目分布

一级分类	"国"字项目数量（个）					国家出版基金资助项目数量（个）	比重
	2009年	2010年	2011年	2012年	总计		
社科类	19	12	22	28	81	316	25.6%
文艺类	15	8	21	13	57	148	38.5%
科技类	12	10	8	10	40	176	22.7%
少儿类	3	1			4	20	20.0%
综合类						3	
总计	49	31	51	51	182	663	27.45%

在这182个项目中，中央社和地方社各占91个，但地方社的数量在逐年增加中（见表5），说明地方社的竞争力正在增强，更多出版社的参与有利于推动此类重大项目的开拓。

表5 历年"国"字项目出版社分布（个）

社类别	2009年	2010年	2011年	2012年	总计
地方社	19	11	28	33	91
中央社	30	20	23	18	91
总计	49	31	51	51	182

2. 史志项目，传承中华文明

盛世修史、明时修志，是中华民族的传统之一，也是中华文明得以延续五千年的关键所在。至今仍广为流传的《史记》《资治通鉴》《永乐大典》《四库全书》等巨著都是产生于盛世。作为生活在"先进文化的代表"时代的出版人，我们的历史责任与文化责任不容推卸。国家出版基金肩负建设"经典文化"的责任，对各类史、志给予较高的支持力度也是题中应有之义。因此，在国家出版基金项目中史地类相对竞争力较高，仅历史类就占了74个。其实，史类著作的获资助率远不止上述，除了史地类中有35个的主题为"史"或"志"外，在其他门类中还有87个项目的主题为"史"或"志"。这122个项目广泛分布于中国图书馆分类法16个分类中（见表6），说明修史修志得到全社会的广泛认同。这些史志项目，对于加强文化积累、传承中华文明具有重要示范价值。

表6 史志项目的历年分类分布（个）

一级分类	二级分类	三级分类	2009年	2010年	2011年	2012年	总计
社科类	政治类	马克思主义	1	1	2		4
		哲学	1		1	1	3
		政治		2	7	5	14
		法律			2		2
	经济类			1	2	2	5
	文教类	文化	1		2	2	5
		教育				1	1
		语言文字		1			1
	史地类	地理		1			1
		历史	11	4	10	9	34
社科类	汇总		16	8	26	20	70
科技类	理学类	地球与环境	2				2
		科技史	4	4			11
	生物类					3	3
	医学类			1			1
	工科类	建筑	1		1	1	3
科技类	汇总		8	4	4	4	20
文艺类	文学类		2	2	5	8	17
	艺术类		5	1	4	4	
文艺类	汇总		7	3	9	13	32
	总计		31	15	39	37	122

3. 区域特色，反映多元文化

中国历史悠久、疆域广阔，34个一级行政区域，56个民族，共同构成了丰富多彩、统一多元的中华文化。研究中国，既要研究总体，也要关注各区域、各民族的特色。因此，有62

个项目为区域研究（38个）或民族研究（24个），分布于中国图书馆分类法中11个分类中。这些项目主要是地方社申报（55个），不但数量多，而且分布广（见表7）。可见，利用区域优势、结合自身特色，也是策划学术出版精品项目的好思路。

表7 区域特色项目的历年分类分布（个）

社类别	一级分类	二级分类	2009年	2010年	2011年	2012年	总计
地方社	社科类	政治类	2		1	3	6
		经济类	1			2	3
		文教类	2	2	1	3	8
		史地类	3	1	2	3	9
	文艺类	文学类	1	1	2	2	6
		艺术类	3	2	2	5	12
	科技类	理学类			1		1
		生物类				2	2
		医学类	2	1		1	4
		农业类	2				2
		工学类			2		2
地方社	汇总		16	7	11	21	55
中央社	社科类	政治类			1		1
		史地类	1	1	1	1	4
	文艺类	文学类				1	1
		艺术类		1			1
中央社	汇总		1	2	2	2	7
总计			17	9	13	23	62

4. 名家文集，展示大师风采

名家、大师，是一个民族在特定历史时代的学术精英，他们的学术活动和学术思想也是该民族在该特定历史时代的精神之光。名家、大师影响时代，影响人类，他们的作品是一个时代的里程碑。因此，编辑出版名家文集，不仅是极为严肃的学术研究工作，也是文化建设、学术研究的重要内容，是文化积累、文化传承的重要环节。特别是作为名家一生创作的展示与总结，名家作品全集可以恢复名家全貌，保持历史的完整与真实，为普通读者和研究者提供了最为全面可信的研究依据。如果说阅读选集如同截取历史的断面，那么总览全集则就像纵观历史的全景，还原和展示名家的全人和原貌。从这个意义来说，一套名家全集就是一部学科历史。所以，有51个项目为以名家、大师冠名的文集、全集等，如《季羡林全集》《张大千全集》《竺可桢全集》《岳美中全集》《钱学森文集》等。这些项目在四批中均有，分布于中国图书馆分类法13个分类中（表8）。

表8 名家文集项目历年分类分布（个）

一级分类	二级分类	三级分类	2009年	2010年	2011年	2012年	总计
社科类	政治类	马克思主义	1				1
		哲学			4		4
		政治			2	4	6
	经济类			2			2
	文教类	文化	3		1		4
	史地类	历史	3				3
社科类	汇总		9		7	4	20
文艺类	文学类		3	1	2	6	12
	艺术类		3	2	1		6
文艺类	汇总		6	3	3	6	18
科技类	理学类	地球与环境	1	1			2
		数学	1				1
		物理	2	1	1		4
	医学类				1	3	4
	工学类	建筑				1	1
科技类	汇总		4	2	2	4	12
少儿类					1		1
总计			19	5	13	14	51

5. 研究项目，荟萃创新成果

科学研究是指为了增进知识（包括关于人类文化和社会的知识）以及利用这些知识去发明新的技术而进行的系统的创造性工作，它的基本任务就是探索、认识未知。及时出版最新科研力作，将极大地丰富人类知识宝库，有利于开拓新领域，促进知识转化成生产力。《国家出版基金项目申报指南》强调鼓励多样，注重创新。因此，荟萃创新成果的项目颇受青睐，其中仅书名含有"研究"二字的项目就有43个，分布于中国图书馆分类法10个分类（见表9），如《马克思主义哲学基础理论研究》《民国诗词学文献珍本整理与研究》《高速铁路与区域经济发展研究》《中药饮片用量标准研究》等；此外，书名中不含"研究"二字却有研究之实的项目，如《大飞机出版工程》《船舶与海洋出版工程》等也非常之多。可见，关注研究成果，也是策划学术出版重大项目的一大法门。

表9 研究性项目历年分类分布（个）

一级分类	二级分类	2009年	2010年	2011年	2012年	总计
社科类	政治类	4	1	4	5	14
	经济类	1		1	3	5
	文教类			1		1
	史地类	2		3		5
社科类	汇总	7	1	9	8	25
文艺类	文学类	1		1	1	3
	艺术类	1		1	1	3
文艺类	汇总	2		2	2	6
科技类	理学类			1		1
	生物类			2	1	3
	医学类	1	2		1	4
	工学类			2	2	4
科技类	汇总	1	2	5	4	12
总计		10	3	16	14	43

四、结 语

作为国家重大常设文化基金,国家出版基金已成为打造学术精品图书、推动文化大发展大繁荣的强大动力。国家出版基金的终极追求,是成为这个时代的文化标志。作为一个出版人,最大的梦想就是能够出版一批可以流传久远的高端学术著作。然而,在此之前,我们常常由于市场等诸多因素的限制而难以如愿。如今,国家出版基金的常态化运作,增加了我们圆梦的机会。

通过对国家出版基金项目的分析,可以看出,只要紧紧抓住促进物质文明、精神文明和政治文明发展的这一导向,结合出书分工和传统优势,既关注热点关键词,又巧妙地把握空白点,以前世没有、当世急需、文化传承为目标,突出公益性、重大性、精品性和传世性,总体规划合理,主创队伍严整,内容质量较高,注重创新传承,就可大大促进学术出版精品的产生。学术出版的春天正在向我们走来。国家基金,给力出版,精品可期!

(作者单位:福建科学技术出版社)

试论出版人的文化自觉
——以张元济等编辑出版家为例

范 军

出版，无论是从事业的角度还是从产业的范畴来说，都是属于文化的一个重要部分。党的十七届六中全会提出，要培养高度的文化自觉和文化自信，努力建设社会主义文化强国，这标志着我们党对文化建设的认识达到了一个新的高度。这里的"文化自觉"，也应该充分体现在我们今天的编辑出版活动之中。而近现代先进的、优秀的出版家如张元济等人的出版理念和实践活动，为我们深入认识文化自觉、努力培养文化自觉提供了宝贵的可资借鉴的历史资源。

从语义上讲，文化自觉就是对文化的自我觉醒与觉悟。费孝通则从学理上给出了解释：文化自觉是指生活在一定文化中的人，对自己的文化有"自知之明"，即明白它的来历、形成过程、特色和发展趋势，从而增强自身文化转型的能力，并获得在新的时代条件下进行文化选择的能力和地位。此外，还应该具有世界眼光，能够理解别的民族的文化，增强与不同文化之间的接触、对话、相处的能力。联系到出版活动，这种文化自觉首先应该搞清楚是谁的自觉，又如何自觉。这些都是很值得深入思考、积极探讨并付诸实践的。

一、出版家应该是思想文化的先觉者

冯骥才说："文化自觉首先是知识分子的自觉，即知识分子

应当任何时候都站守文化的前沿,保持先觉,主动承担"。[①] 他还曾说,当社会迷惘的时候,知识分子应当先清醒;当社会过于功利的时候,知识分子应给生活一些梦想。知识分子天经地义地对社会文明和精神予以关切、敏感,并负有责任。没有责任感就会浑然不知,有责任感必然深有觉察,这便说到了知识分子的本质之一——先觉性。先觉才会自觉,或者说自觉本身就是一种先觉。

中国现代出版史上就不乏这样的先觉者,张元济(1867—1959)便是那个时代具有"文化自觉"的出版人的优秀代表。戊戌变法时期,张元济积极投身维新运动;而百日维新的夭折,使他深切认识到,"任何政治改革强加于冷漠、毫无生气和愚昧无知的大众,必然毫无结果"。[②] 这不禁让我们想起鲁迅先生当年的弃医从文。张元济把救治的良方,寄托在自下而上逐步改良教育、培养人才、传播新知、转变风气。惟其如此,才有可能给变法提供稳固的基础,最终取得社会的进步。"这样的躬身反省,培植了他后来选择与教育紧密相关的出版作为他终生事业的思想基础。"[③] 1902年,张元济正式加盟商务印书馆,与夏瑞芳相约:"以扶助教育为己任"。他办学、办报,最后投身出版,自谓"昌明教育平生愿,故向书林努力来"。有了这样的文化自觉,才有了商务印书馆高水平的各类教科书,才有了对珍稀古籍的抢救与整理,才有了西学的选择和引进,也才有了各种开风气的现代期刊。中华书局的创始人、杰出的出版家陆费逵能够在激烈的竞争中开创出一片新天地,为祖国的文化出版事业作出重大的贡献,也是与他献身书业的职业理想紧密相连

[①] 冯骥才等:《学者四人谈:什么是"文化自觉"怎样做到"文化自觉"》,载2011年11月14日《北京日报》。
[②] 转引自汪涛:《张元济:书卷中岁月悠长》,33页,大象出版社2002年版。
[③] 吴永贵:《民国出版史》,193页,福建人民出版社2011年版。

的。他曾说:"我们希望国家社会进步,不能不希望教育进步;我们希望教育进步,不能不希望书业进步;我们书业虽然是较小的行业,但是与国家社会的关系却比任何行业为大。"这正是陆费逵服务社会40年,其中服务出版业达38年之久的根本缘由,也是中华书局在商业时代始终坚持多出书、出好书的根本缘由。其实,无论张元济还是陆费逵,作为那个时代的精英都是有机会进入或再入政坛,做大官的;也有机会进入实业界的其他领域,发大财的。但他们咬定青山绝不放松,献身书业无怨无悔。

今天的人们时常说起现代史上"文化人"办出版的佳话。开明书店是章锡琛、夏丏尊、叶圣陶一班文化人办的,文化生活出版社是巴金、吴朗西一拨文化人办的。他们的业绩和出版理念至今泽被后人。什么是"文化人"。我理解就是有文化自觉的人。这种人,不一定有很高的文凭,很大的名头,但一定有文化的理想和追求。我们当今需要的正是文化人办出版,而不仅仅是企业家办出版,更不是商人办出版,官僚办出版。

二、出版家应该是文化领域的专门家

文化自觉首先是包括出版家在内的文化人充分认识到文化的重要性,积极做社会发展的启蒙者。这里一个很重要的问题是知行合一。从出版领域来说,出版家在文化方面如何有所担当,切实行动,无疑是更为迫切和重要的。我们需要的不是空想家、空谈家,而是埋头苦干的实践家、实干家。但如何去干,如何才能干得有成效?笔者以为关键是要做文化领域的行家里手,内行人做内行事,专业人做专业事。编辑出版工作需要广博的知识,过去讲要"杂家"。王云五就是博而杂且在出版中获得巨大成功的代表。但我们觉得,出版家更多的是文有所擅、学有所专、研有所长的某一方面的专门家。当他们的文化自觉变为出版领域的实际行动时,往往是在自己擅长的园地有所开拓和贡献。中国现代出版史上一些杰出的编辑家出版家都是这样。

我们知道,张元济先生为古籍的整理出版献出了他毕生的心血和精力,也是他一生事业中最重要的贡献。[①] 张元济是我国现代著名的文献学家,于版本、目录、校勘之学有精深研究。国学大师张舜徽的《中国文献学》,列专章论述的现代文献学家只有两个,张元济就是其中之一(另一个为罗振玉)。文献学家的深厚素养,加上出版家的文化自觉,最终成就了张元济在古籍整理与刊刻上的不世之功。对于整理出版古籍的目的,张元济在《印行四部丛刊启》中表述得很清楚:"自咸同以来,神州几经多故,旧籍日就沦亡,盖求书之难,国学之微,未有甚于此者。"又在《百衲本二十四史序》里说:"长沙叶焕彬(德辉)吏部语余,有清一代,提倡朴学,未能汇集善本,重刻《十三经》、《二十四史》,实为一大憾事!余感其言,慨然有辑印旧本正史之意。"可见,张元济刊行古籍的目的,一是为抢救民族文化遗产,使其免于沦亡;二是为了解决学者求书之难,满足阅读和研究需要;三是为了汇集善本,弥补清代朴学家未能做到的缺陷。此外,他还在《校史随笔自序》中提出了古籍整理更重要的任务,那就是通过校勘、考订文字的讹、衍、阙、脱,来恢复古书的本来面目,使"不可信"变为可信。张元济一生整理刊行了多套大型古籍,无疑是其民族文化自觉意识和文献学家素养完美耦合的结晶。

出版的领域十分广阔,不同的编辑家出版家有不同的专业优势。巴金之于文学出版,钱君匋之于音乐出版,夏丏尊、叶圣陶之于教育出版,陈伯吹、叶至善之于少儿出版,也都体现了文化自觉和专业特长的良性互动。我们今天讲出版人的文化

---

① 详参王绍曾:《近代出版家张元济》(增订本),57—137页,商务印书馆1995年版。

自觉，特别需要强调出版人不仅应该做编辑出版领域的行家里手，更强调其在某一个学术文化领域有深厚的素养和独到的研究。

三、出版家应该是社会文化的引领者

社会是复杂的。处于市场经济条件下的出版物市场需求有健康向上的，也有低俗落后的；读者的阅读爱好有正面积极的，也有负面消极的。出版家必须经常给社会提供一些东西，这些东西并不一定都是社会所想要的，而往往是社会所需要的，这才叫"引领"。

我们所熟悉的教科书编辑出版，一方面是重要的有利可图的大市场，另一方面它又与社会的文化建构、教育改革和国民培养关系密切。张元济在老商务首先就注意到科举废除后适应新式学堂需要，把编辑中小学教科书看成是当务之急。他和蔡元培等一道，引进现代教育理念，建设现代学科体系，在具体编辑实践中学习借鉴日本的教科书编写经验。从1904年开始，陆续推出完全不同于《三字经》《百家姓》《千字文》的各类教学用书。1912年中华民国成立以后，商务适应形势的变化，推出新的教科书。1919年，我国发生以文学革命为标志的五四新文化运动，以白话代替文言，已经成为广大群众的要求。商务在1920年编辑出版了白话文的《新体国语教科书》，此后还推出了运用新式注音符号、实行分段的新教材。这些都是教科书的重大改革。黎锦熙在《三十五年来之国语运动》一文中，肯定"出版界是真能得风气之先的"。这个开风气之先的"出版界"，指的就是商务印书馆，还有中华书局。

由于出版的范围很广，编辑家出版家便可以在"引领"的具体领域各展长才。邹韬奋办《生活》周刊和生活书店，侧重于从政治文化上激荡时代潮流；茅盾接手主编《小说月报》，是以流行一时的鸳鸯蝴蝶派作品为革命对象，擎起了新文学理论

与创作的大旗；作为编辑家的鲁迅在翻译出版俄苏文学、弱小民族文学作品方面不遗余力，开创先河。如此等等，不一而足。

我们今天的出版人如何引领社会文化呢？笔者认为必须要在传播社会主义先进文化、弘扬社会主义核心价值体系方面有所作为。要始终把握住社会主义先进文化的前进方向，高举中国特色社会主义伟大旗帜，把弘扬社会主义核心价值体系贯穿到编辑出版工作的各个方面、各个环节。特别是要积极出版马克思主义中国化最新理论成果和具有时代精神与特点的精品力作，推出更多能够纳入中华民族永久记忆和世界永久记忆的伟大作品。

四、出版家应该是异域文化的"盗火人"

文化自觉涉及正确处理好民族优秀文化与外来文化的关系。从出版业来说，出版人要以积极的态度对待外来文化，广泛参与世界文化的对话和交流，大胆吸收一切有利于我国文化建设的有益经验和优秀成果，在中华民族伟大复兴的道路上实现中华文化的繁荣兴盛。广泛汲纳、融会一切外来优秀文化成果，是推动中华文化繁荣兴盛的必然要求。

费孝通在谈到"文化自觉"时提出，对民族文化的自信与自觉，不带任何"文化回归"的意思，不是要"复旧"，同时也不主张"全盘西化"或"全盘他化"。自知之明是为了加强对文化转型的自主能力，取得决定适应新环境、新时代文化选择的自主地位。文化自觉是一个艰巨的过程，只有在认识自己的文化、理解所接触到的多种异域文化的基础上，才有条件在这个正在形成中的多元文化的世界里确立自己的位置，然后经过自主的适应，和其他文化一起，"各美其美，美人之美，美美与共，天下大同"。中国现代出版家中，不乏世界眼光的"盗火者"——把文明之火引进古老的中国，促进社会的转型与进步。

还是以张元济为例。早在晚清王朝总理衙门任职时，张元济就认识到了解西方、西学的重要,自学英语,阅读西书。戊戌变法失败后遭到贬黜,他南下上海供职于南洋公学译书院,主持翻译出版工作。入主商务印书馆编译所以后,张元济把引进西学、沟通中西文化作为重要的职责之一。王绍曾说:"商务在沟通中西文化方面所作的贡献是尽人皆知的。这和张先生一贯重视汉译科技和社会科学名著是分不开的。"[①] 而商务一些重要译著的出版,大都出于张元济的精心挑选。商务出版的译著不仅数量多,而且内容好,品质高,影响大。邹振环所著《影响中国近代社会的一百种译作》(中国对外翻译出版公司,1996)中,有42本是由商务初版或最先译成单行本的。著名的"严译八种名著""林译小说""汉译世界学术名著"等等,无不昭示着以张元济为代表的商务人的世界眼光和文化自觉。

可见,作为现代出版人,我们必须是睁眼看世界的人。文化的封闭必然导致文化的落后。而我们现今光是"看"是远远不够的,还必须努力去"做",师法张元济等老一辈出版家,把中西文化的沟通体现在具体的编辑出版实践中,在文化的"引进来"和"走出去"上都狠下工夫。

作为知识分子,我们新时代的出版人有理由、有责任担当思想文化的先觉者,时刻保持清醒的头脑;担当文化领域的专门家,不断学习,充实自我,真正按照文化规律去发展文化、建设文化;担当社会文化的引领者,在先进文化创造与传播方面贡献力量;同时担当异域文化的"盗火者",开阔眼界,海纳百川,吸收一切人类文明的优秀成果为我所用。我们也知道,文化自觉除了包括出版工作者在内的文化人的自觉,还包括甚至更重要的是党和政府领导层的文化自觉。现在,从上层看这个问题已经得到了高度重视。但关键的问题是要避免"好经被念歪",不让文化自觉变成所谓"政绩工程",变成对文化GDP

---

① 王绍曾:《近代出版家张元济》(增订本),26页,商务印书馆1995年版。

的狂热追求,变成大嚷大哄的文化"表演"。作为文化人,作为出版工作者,我们也有责任有义务为党和政府建言献策,反对功利主义、形式主义,切切实实地推动我国社会主义文化的健康、持续发展。

(作者单位:华中师范大学出版社)

数字时代"扫黄打非"的落点与内化

刘建华

摘要：数字时代"扫黄打非"面临新挑战，本文梳理了"黄""非"传播的八个特征，指出"扫黄打非"工作的落点在于消费者、移动互联网、社会化阅读三个层次，基于这些落点，提出了四个内化型解决路径，分别是个体内化型路径、家庭内化型路径、学校内化型路径与组织内化型路径。

关键词：数字时代 扫黄打非 落点 内化路径

习近平总书记在全国宣传思想工作会议上指出，意识形态工作是党的一项极端重要的工作，宣传思想工作就是要巩固马克思主义在意识形态领域的指导地位，巩固全党全国人民团结奋斗的共同思想基础。要继续推进文化体制改革，推动文化事业全面繁荣和文化产业快速发展，建设社会主义文化强国。美国经济学家彼得·德鲁克认为，在现代经济中，知识已成为真正的资本与首要的财富。[1]文化产业作为知识经济中的一个新兴产业，是经济形态从低级阶段演进到高级阶段后出现的一种新型产业经济类型。"黄""非"出版物的泛滥，不仅不能促进文化事业繁荣与文化产业发展，反而是对文化建设的一种破坏。本质上讲，"扫黄打非"通过保护人民文化权益，创造良好的文化市场环境，才能促使好的创意与作品产生。

数字时代"黄""非"出版物具有如下传播特点。一是传受主体界限模糊。数字技术催生的大众互联网，赋予人们自由传播的权利,媒介接近权与使用权大大提高,每个人既是接受者,又是传播者。二是传播内容个性化。传播的即时与互动特性,使得生产者可以快速获知消费者的多元需求,为其提供个性化服务。三是传播形式隐匿。主要是"黄""非"网站服务器设在海外以及网络技术给发布者提供了更加隐匿的传播方式。[2]四是传播空间无极限。传播空间无极限一是指心理空间的无极限;二是指地理空间的无极限;三是指关系空间的无极限。五是传播速度迅捷。以云计算、大数据为代表的新理念与新技术,使得更大容量"黄""非"信息的传播更为迅速便捷。六是传播行为互动。七是传播载体多媒体化。数字技术、移动技术、云计算、大数据等新技术的出现,使得"黄""非"内容可以用多种媒体进行表现与传播,"黄""非"的全媒体传播已是一个现实。八是传播管控事后化。在网络这个虚拟空间,只有当"黄""非"信息传播后,被用户消费,才被举报或者发现,传播管控进入事后化时代。

一、数字时代"扫黄打非"的落点

基本而言,数字时代"扫黄打非"的落点表现在消费者、移动互联网、社会化阅读三个层次,它们是依次推进的关系。

第一落点是消费者。消费者之所以成为第一落点,原因有三:一是"黄""非"信息只有与消费者相结合,也就是为用户所阅看,才能产生不良后果,影响人们身心健康,破坏全民族创造力。二是消费者是"扫黄打非"工作的最后一块屏障,也是最能有效挡住"黄""非"信息的关口,在所有的"把关人"中,消费者既是其他所有"把关人"(如执法组织、大众媒体、编辑记者等)所保护的对象,同时自己也是"黄""非"信息的最后"把关人",消费者为了个体利益与家庭利益,为了自己的前途命运,也会成为自觉的"黄""非"信息把关人,将其拒之门外。三是消费者站在"扫黄打非"工作一边,既有可能也是可行的。管理部门和人民群众都要矫正对于"扫黄打非"工作的观念，有些人认为"扫黄打非"只不过是烧点黄色光盘，打掉几个盗版团伙，实际上，"扫黄打非"关系到人民群众的正当文化权益，关系到文化事业繁荣与文化产业发展，关系到国家文化软实力。这是一个非常重大的国家战略问题，从这个意义上而言，消费者在全身心参与"扫黄打非"工作方面，是有可能也是可行的。

第二落点是移动互联网。截至2012年9月底全球移动互联网用户已达15亿。据中国工信部统计数据，截至2013年3月底，中国共有11.46亿移动通信服务用户，占全国人口的84.9%其中，有8.1739亿用户接入移动互联网，占全部用户的71.34%。[3]

移动互联网在与其他媒体的竞争中，具有如下优势：移动社交将成为客户数字化生存的平台，手机游戏将成为娱乐化先锋，手机电视将成为时尚人士新宠，移动电子阅读填补狭缝时间等。同样，"黄""非"信息传播也将竭力占领移动互联网平台，以更少的成本获取更大的利益，造成的破坏力也是不可估量的。移动资讯、移动娱乐、移动社交、移动电子阅读、手机内容共享、移动商务等移动互联网发展模式，是"黄""非"信息传播的最佳温床，中国8亿多移动互联网用户，将成为"黄""非"发布者最大的市场。因此，移动互联网今后将成为"扫黄打非"的主战场。

第三落点是社会化阅读。社会化阅读是指以读者为核心，强调分享、互动、传播的全新阅读模式，它更加注重人、注重基于阅读的社交，倡导共同创造UGC、共同传播和共同赢利，在多方位的互动基础上（读者与读者、读者与作者等），实现阅读价值的无限放大。典型案例是"无书网"电信天翼阅读平台等。

社会化阅读的本质就是挖掘关系，实现社交，达至利益共享,形成不同的圈子。在这些重叠交叉的圈子中,利益一致者聚在一起,分享各自信息,在社会交往中享受阅读的利好。这种形式日益成为原子式孤独个体的趋好,为这个风险社会中分散的个体提供一个多重聚合的松散平台。同时,这个平台也必然成为"黄""非"的重点目标与阵地,通过这种社会化阅读平台"黄""非"信息畅通无阻,传播面更宽,破坏性更大。因此,"扫黄"工作的第三落点必然是众多的作为主流趋势的社会化阅读社区与圈子。

二、数字时代"扫黄打非"的内化型路径

找到了"扫黄打非"工作的落点,立足于消费者的主体地位与最后"把关人"角色,数字时代"扫黄打非"应沿着内化型路径开展工作,沿着消费者→移动互联网→社会化阅读这条基本路径,我们可以推动内化进程。内化是一个心理学概念,由法国社会学家杜尔克海姆提出,其含义是指社会意识向个体意识的转化。内化的途径主要是:反对灌输,倡导内化;反对客体化,倡导主体论;反对强制,倡导自主。

"扫黄打非"工作其实是一种关于精神性内容的工作,它的执行者、打击对象与保护对象都与人的思想相关,也就是说,"扫黄打非"绝不是一种机械的物理工作,而应该将其理解成一个能动的有自我意识的生命体。"扫黄打非"工作是有生命力的,是一个由执法者、生产者(传播者)、消费者构成的恶性生态系统,在执法者生态主体力量有限,生产者(传播者)生态主体攻势凶猛的情况下,为了取得"扫黄打非"战争的胜利,通过解构"扫黄打非"生态系统,建设良好的生态系统,必须依靠作为核心主体力量的消费者。必须使消费者认清"黄""非"信息对国家文化软实力与民族国家文化合法性地位的危害,使"扫黄打非"内化其感性认识与理性认识,化为其自主自愿的抵制行为。

一般而言，"扫黄打非"的内化型路径主要有以下几条。

1. 个体内化型路径

这是一种全面性的整体内化型路径，指的是社会中的每个个体都认识到"黄""非"对个人身心健康、家庭和睦团结、国家文化软实力与民族合法性地位的威胁，使其成为自己的理性认识，并自觉主动地抵制"黄""非"信息传播，从根基上消灭"黄""非"泛滥的市场。每个个体都呈现一种主动性与积极性，成为社会主义文化事业繁荣与文化产业发展的促进者。然而，这种内化型路径带有一种理想化色彩。现实情况是：或者"扫黄打非"这个社会意识难以成为个体意识；或者是认同了"扫黄打非"这个理念，但在实际行动上却未能执行或者是部分个体真正内化了"扫黄打非"理念，并化为自己的实践行动。如此等等，不一而足。目前，"黄""非"市场不小，从反面佐证个体内化型路径的难度之高。但是，这并不是说我们可以放弃这个路径，相反，这是我们长期追求的一个目标，在一代代人的不断追求中，必然会实现全面的个体内化型路径。

2. 家庭内化型路径

家庭内化型路径指的是"扫黄打非"这个社会意识化为家庭内部的整体意识，并化为整体抵制"黄""非"信息的实践行为。实现这种路径，必须做到：一是家长自身（包括父母双方）都已经成为内化型主体，"扫黄打非"理念已成为其理性认识，譬如《一位母亲强烈呼吁："扫黄打非"不可手软》，母亲的含泪控诉在全国引起了空前反响，社会各界强烈要求严惩制造和贩卖精神毒品的违法犯罪分子。[4]这说明该母亲已成为"扫黄打非"的个体内化型主体。二是家长要适时对孩子进行必要的性教育，青春萌动期，少男少女对性有一种强烈的好奇，如果没有正常的性教育引导，在接触淫秽出版物后，他们便会想入非非，手淫甚至发生性行为在所难免。"高中时很多男生因为上色情网站而染上了手淫的恶习，有的甚至逃课或晚上通宵去网吧浏览,大学时期,同寝室8位同学中,有6位有过性经历,其中2位有让女生堕胎、2位有去过色情场所的经历。"[5]三是家长与孩子要保持互动沟通,及时掌握孩子思想动态,采取有效措施,使孩子的不良倾向得以纠正,防患于未然,使整个家庭朝内化型路径挺进,最终成为抵制"黄""非"信息的坚强堡垒。

3. 学校内化型路径

学校内化型路径是指"扫黄打非"理念不但要内化为整个组织的文化理念,也要内化为管理者与教师的个体理性认识,更要内化为学生个人的理性认识。唯有如此,"扫黄打非"才能从根本上解决问题。通过对一代代人的良好理念的教育,把"扫黄打非"理性认识带到将来工作的各个部门,必将从根本上遏止"黄""非"信息的传播与消费。要实现这个路径,应从三方面入手:一是学校要与教材编写出版单位合作,精心编写有关"扫黄打非"工作的教材,这种教材不是生硬说教,而应侧重把"扫黄打非"理念内化于相关教材中,通过教学,内化成学生的理性认识与实践行为。二是学校要与家庭合作,及时沟通,互通有无,做到对孩子校内外思想动态的全景把控,如此,便不会出现那位母亲哭诉孩子从好学生变成差学生的惨痛教训。三是学校教师及管理者要与学生合作,以一种朋友式的、互为主体的方式进行交流沟通,尊重学生,使其能敞开心扉,向老师及管理者倾诉喜怒哀乐,通过适当引导,使"扫黄打非"理念如同春风化雨,成为学生的理性认识与自觉行为。

4. 组织内化型路径

组织内化型路径一是指数字时代(尤其是移动互联网时代)社会化阅读所形成的不同圈子与社区的内化,这种组织是一种弱联系组织,是一种社交性组织形式。这种弱组织更有利于"扫黄打非"理念的内化,只要稍加引导,以圈子与社区中的意见领袖为切入口,便能顺利地把"扫黄打非"社会意识内化为圈子与社区的共同认识，并化为一致的实际行为。譬如史蒂芬的"打开乌托邦"在线上，一本书可以变成一个集合的社区，一个分享的平台，在这里，记录用户的反应以及对话，当然，也可以潜移默化地影响参与者的思想。二是指公益组织的内化，"扫黄打非"工作可以利用各种公益组织力量，使之内化为公益组织的共同思想认识。譬如红丝带等艾滋病公益组织，在宣传防艾的各种活动中，一项重要工作是倡导人们洁身自好，洁身自好的前提之一是杜绝接触"黄""非"出版物，避免不良影响，养成良好的社会伦理道德与家庭责任意识。在实践中，公益组织不仅自己需要实现"扫黄打非"理念的整体内化，而且通过自己的行为，促进了该理念在更大范围的内化与实践。三是指企事业部门的内化，公司与各种事业单位是社会的主体组成部分，"扫黄打非"理念的内化更是不能缺位，只有这些社会主体组成部分真正实现了"扫黄打非"理念的内化，在追求经济效益的同时兼顾社会效益，才能从根本上促进个体内化型路径，也才能真正消灭"黄""非"市场。四是指政府组织的内化，主要是指执法部门的内化，"扫黄打非"不能流于形式，不能仅仅通过运动式的整治来解决问题，而应该内化为一种长期战争的理念，内化为日常工作的理念，内化为与广大人民群众联手作战的理念，一步步压缩"黄""非"生存空间，最终净化文化市场环境，促进文化事业全面繁荣与文化产业快速发展。

四、结 论

"扫黄打非"不是一种机械化的物理工作，而应该将其理解为一个生态系统，是由执法者、"黄""非"生产者（传播者）、消费者扭结在一起构成的一个恶性生态系统。必须破坏这个生态系统，遏止"黄""非"的泛滥与危害，促进全民创造力，维护社会主义核心价值体系，形成共同价值观认同，增强国家文化软实力，维护民族国家文化合法性存在地位。因此，一是要厘清数字时代"黄""非"传播的新特征,二是要扣准"扫黄打非"的落点,三是要以一种生命体的视角,认可参与者的主体地位,使"扫黄打非"理念内化为个体、家庭、学校、组织的理性认识,内化为自主自愿的行为,从而取得"扫黄打非"工作的根本胜利。

参考文献

[1] 叶险明."知识经济"批判[M].北京:人民出版社,2007:1.

[2] 刘小标.网络淫秽色情信息传播特点与对策研究[J].中国出版,2012(4):72.

[3] Http:// telecom.chinabyte.com/460/12601460.shtml,2013-10-06.

[4] 杨毅."扫黄打非":文化产业健康发展的重要保障[J].中国出版,2013(2):63.

[5] 薛宝库.打击手机网络色情风暴[J].吉林人大,2010(9):28.

(作者单位:中国新闻出版研究院)

后　记

中华优秀出版物奖是与中宣部"五个一工程"奖、中国出版政府奖并列的出版领域国家级三大奖项之一，代表了中国出版行业的最高水平和最新成果，由中国出版协会主持评选，每两年评选一次。作为中华优秀出版物奖子奖项之一，全国优秀出版科研论文奖自2006年设立以来已成功举办五届，共评选出优秀论文近270篇。

第五届全国出版优秀科研论文奖评选活动于2014年8月全面启动。本届评选根据中央办公厅、国务院办公厅《全国性文艺新闻出版评奖管理办法》和中央宣传部《关于中华优秀出版物奖、韬奋出版新人奖的批复》要求，遵照制定的评奖标准、程序和办法开展。在坚持高标准、严要求的同时，重点选拔具有高学术价值的优秀、原创作品，通过论文评选倡导原创、科学、务实的出版科研观，推动出版业基础研究与应用研究进步。

本届评选得到了各省（区、市）新闻出版管理部门和出版协会、总政宣传部新闻出版局、在京中央单位所属出版发行单位及出版科研机构、高校的积极响应。经过初评、复评、终评，共有30篇论文获评本届全国优秀出版科研论文。这些获奖论文把脉当前行业热点、难点问题，反映了新闻出版业改革发展的主脉络，紧密结合编辑出版工作实践，致力于解决编辑出版工作中实际存在的问题，显示出研究的贴近性和可操作性，对于出版工作和出版科研具有一定的指导意义。为此，我们将本届获奖论文汇编成册，以便出版从业者参考借鉴，也为有关部门和领导决策提供参考。

中国新闻出版研究院魏玉山、范军、黄逸秋、谌薇、张叶琳等几位同志参与了本书编审工作。由于时间有限，本书有不当之处，敬请批评指正。

全国优秀出版科研论文奖办公室
2015年6月8日